西條剛央
編著

構造構成的発達研究法の
理論と実践

縦断研究法の体系化に向けて

北大路書房

まえがき

　本書は，発達研究法における最新のメタ理論である「構造構成的発達研究法」の概要書であると同時に，経時的変化を捉えることに焦点化した「縦断研究法」の専門書でもある。発達研究の理論と実践の双方を視野に入れ，6つの章と9つのコラムから構成されている。

各章の概要
　1章では，本書全体のメタ理論となる構造構成的発達研究法の全体像が示される。まず，その原理となる構造構成主義の基本的な考え方が概説される。その上で，構造構成主義的観点から，発達現象はどのようなものとして捉えられるのか，その「発達観」が明らかにされる。その後，構造構成的発達研究法の方法論的基軸について論じられる。また，「横断研究法／縦断研究法」といった発達データ収集法（発達研究法）の特徴や，それらを相補完的に用いたトライアンギュレーションの方法と具体例について紹介される。これらの議論を通して「構造構成的発達研究法とは何か」が明らかにされる。
　2章では，まず縦断研究を行う際の困難さや留意点について総合的に論じられる。次に，研究目的やデータに照らして選択する基準となるように，さまざまな縦断研究法がタイプ分類され，それぞれの特長や留意点について説明される。加えて，それぞれの研究例を挙げながら説明される。これによって，イメージしやすく，かつより詳細を知りたいときは当該の研究に当たることができるようになっている。また，そこでは，数量的アプローチから質的アプローチに至るまで，またその対象も多標本データから一事例まで包括的に取り上げてある。こうした多岐にわたる縦断研究法の整備は，本邦初の試みといってよいだろう。
　3章では，縦断研究に適した統計法が，それらの特徴等を踏まえて紹介されている。ユーザーの観点から重要となる実際に使用する際のソフトや，それらを用いる際の留意点についてもまとめてある。筆者の知る限り縦断研究に特化した形

で，かつユーザーの立場を重視してまとめられた統計学的論考は国内には皆無であると思われ，その意味ではこの章自体が先駆的な試みであり，縦断データを解析する際に大いに役立つと考えられる。

4章では，縦断データにおける個人内変化と個人間変化の同時的検討を可能とする「潜在曲線モデル」（潜在成長モデル）の分析法が，具体的研究を通じて提示される。潜在曲線は多標本縦断データを扱う研究者にとって最も強力な統計ツールの1つということができるが，それを使用する際のデータの制約や，得られた結果を解釈する際など，実際上の困難が伴う側面もある。この章では，ユーザーの観点からソフトウェアの使用法や得られた結果の解釈などに関する留意点なども含めて，「使える」潜在曲線モデルの提示が行われる。

5章では，質的アプローチを用いた事例的縦断研究法が展開される。従来の縦断研究において，研究者は，観察対象を外部から客観的に捉えることができる不変の観察装置として扱われてきた。そうした前提が有効に機能するときもあるのと同様に，他方，観察者が観察システムの内部に入り込み，観察し対象に関わることにより自らの認識も変化していく動的な（発達する）観察装置として捉えることも可能である。この章では，自己洞察を方法に組み込むことにより，フィールドに関わることにより変化していく研究者自身の認識の変容過程が明らかにされていく。これは最近台頭しつつある質的研究法という方法論を活かした，まったく新しいタイプの質的縦断研究法といえる。縦断データの特質を活かした質的研究モデル，あるいは観察者の経時的変化を組み込んだ縦断研究モデルとして参考になるだろう。

6章では，「典型人」という概念を基軸に，個々の多様な発達的変化を包括しつつモデル化する具体的方法が提案されている。少数の典型例に縮約し，読み手が共時的・通時的に比較しながら変化を理解できるよう表現を工夫することに，その眼目がある。具体的には，短大入学以降の時系列的変化に基づき，短大生の気分推移を4つの典型的パターンに分類した上で，その時間的経過を全体的に捉えた。この独自性の高い分析法は，中〜多標本縦断データを扱う場合に有効なモデルとなり得るであろう。

コラム

　縦断研究を行うにあたり，方法論的な議論はもちろん重要である。他方で，実際に縦断研究を進めるということは長期間にわたり，研究参加者とつきあっていくということでもある。そのため縦断研究をうまく実践するには，データ収集に伴う実際上の問題も視野に入れていく必要がある。そこで，本書では，縦断データ収集に伴う経験談や，逸話，失敗談，コツ，留意点，おもしろさといった周辺的な話題をコラムとして各章の間に挿入してある。

本書の特徴

　卓越した職人芸的な技術は，優れているゆえに読み手に巧みに隠される形になってしまう。欠点はすぐに知覚できるものであるが，優れた研究から，それを優れたものたらしめている技巧を受け取ることは困難なものである。したがって，各章の執筆者には優れた発達研究を行うコツ（構造）を明示的に示すように心がけていただいた。

　また，本書を開いてもらえればわかるように，各章は，読者が利用しやすいように本文の横に解説部を並置する独自の構成にした。そして解説部には，読者の学習を促進するために，引用・参考文献，補足的説明や付言しておきたいことなど周辺的情報を盛り込むことにした。

　本書は，その内容の高度さと比較してみれば，各章とも言葉を砕いてわかりやすく書かれていると思う。したがって，縦断研究を行う発達研究者にとってはもちろんのこと，発達に関心のある大学生や大学院生などの教科書（参考書）として活用していただくこともできるだろう。さらにいえば，発達研究とは動的なプロセスや変化を扱うことに他ならないことから，本書は，教育，保育，臨床といったさまざまな現場領域にとって有用な視点と方法を提供するものとなると考えている。

　本書が，発達研究者はもちろんのこと，領域やテーマを問わず時間的変化を扱う多くの研究者に活用していただければ望外の喜びである。

編著者　西條剛央

『構造構成的発達研究法の理論と実践』もくじ

まえがき

1章　構造構成的発達研究法とは何か？ ……………………………………… *2*
　1節　発達心理学の抱える根本問題　2
　2節　構造構成主義の認識論的・科学論的前提　5
　　　1　構造構成主義　5
　　　2　構造主義科学論　6
　3節　構造構成的発達観　6
　　　1　発達するのは個人か？　集団か？　8
　　　2　発達は一様か？　多様か？　9
　　　3　発達は線形か？　非線形か？　12
　　　4　構造構成的発達観のまとめ　14
　4節　方法論的基軸　14
　　　1　従来の方法論的制約　14
　　　2　構造構成的方法論の基軸：関心相関的選択　16
　5節　3タイプの発達研究法の特徴　21
　　　1　横断研究法　22
　　　2　多標本縦断研究法　24
　　　3　個的縦断研究法　27
　6節　発達研究におけるトライアンギュレーション　29
　　　1　各発達研究法の特徴　29
　　　2　トライアンギュレーションの実例　29
　1章のまとめ　31

2章　縦断研究法のタイプ分類とその選択基準……………………………………… *36*

1節　広義の縦断研究とは何か　36
2節　縦断研究の困難さ　38
 1　変数の選出　38
 2　影響関係の捉え方　38
 3　測定に関する問題　39
 4　長期縦断研究の問題点　39
 5　代表性の問題　40
 6　相関を基軸とする発達研究の問題点　40
 7　コストの問題　41
 8　統計分析上の問題　41
3節　多標本縦断データと相関に基づく分析法　42
 1　相関を基軸とした発達的分析の問題点　42
 2　クロスラギッド相関による分析　43
 3　発達関数と成長曲線モデル　44
4節　1人ごとの行動記述　46
5節　質的縦断研究法　47
 1　伝記的に寄り添う　47
 2　関わる中での自らの変容　49
 3　場の改善のためのアクション・リサーチ　50
6節　縦断的なアプローチのいくつかの実例　50
 1　相関と χ^2 検定を組み合わせた縦断データの分析例
  ——父母子関係の妊娠期からの検討　50
 2　縦断的相関データの多変量的分析の例——テレビメディアの影響　53
 3　成長曲線モデルの適用例　58
 4　ダイナミック・システムズ・アプローチ的な分析
  ——母子相互作用場面での2歳児の情動調整プロセスの個人差　61
 5　幼児の観察を基礎とした年齢比較の例
  ——仲間との相互作用の始まり　62
 6　幼児の縦断的な観察において特定の行動に注目して分析した例
  ——ふざける行動　65
 7　場の改善のアクション・リサーチの例——幼稚園の園環境　69
2章のまとめ　73

3章　縦断データに適した統計手法とその選択………………………… **78**
　1節　データ構造　79
　　　1　データボックス　79
　　　2　外的妥当性　81
　　　3　欠測構造からみた縦断データ　84
　　　4　さまざまな縦断データ　86
　　　5　1節のまとめ　88
　2節　データ構造に対応した統計手法　89
　　　1　I（実験参加者数）が大きいとき　90
　　　2　T（時点数）が大きいとき　100
　　　3　補足　105
　　　4　2節のまとめ　106
　3節　縦断データにおける欠測　107
　　　1　欠測メカニズム　109
　　　2　対処　112
　3章のおわりに　112

4章　個人差を織り込んだ発達データの分析
　　　――関心相関性に基づく成長曲線モデルの適用とその結果の解釈……… **117**
　1節　関心相関性に基づく研究手法の選択　118
　　　1　教育研究と多標本縦断データ　118
　　　2　英語の学習意欲の発達を捉える　119
　　　3　従来の分析手法による縦断研究　120
　　　4　関心相関性と現象に対する願いとこだわり　124
　2節　成長曲線モデルの考え方と使い方　127
　　　1　成長曲線モデルとは何か　127
　　　2　成長曲線モデルによってわかること　128
　　　3　成長曲線モデルの分析方法　129
　　　4　成長曲線モデルの発展形　132
　3節　英語学習意欲の変化の成長曲線モデルによる検討　133
　　　1　方法　133
　　　2　結果　134
　　　3　考察　136

4節　モデルの構成・解釈・考察と関心相関性　137
　　1　モデルの構成と関心相関性　137
　　2　結果の解釈と関心相関性　139
　　3　考察と関心相関性　140
　5節　関心相関性に基づく研究態度　142
　　1　分析手法中心的研究態度への警鐘　142
　　2　関心相関性と研究態度　143

5章　「私」の発達の縦断研究，縦断研究における「私」の発達……………　**148**
　1節　縦断研究における研究者の存在　148
　　1　縦断研究とは何か？　148
　　2　研究者が記述されるのはどのような時か？　150
　　3　対話をすすめるために　153
　2節　分析対象とその方法　156
　3節　フィールドワーク過程の再検討　158
　　1　フィールドエントリー前後　158
　　2　フィールドワーク初期の過程／研究の生成　160
　　3　フィールドワーク後期における展開　168
　4節　総合的考察　175
　　1　A園における実践形態の変化　175
　　2　縦断研究における研究者の発達　176
　　3　現場との〈倫理的対話〉　178

6章　「典型人」構成による質的縦断データ分析法……………………………　**186**
　1節　質的縦断データ分析法の構造　186
　2節　短大入学における移行体験　188
　　1　研究の目的とデータの特徴──より自然な台詞を得るために　188
　　2　典型人構成と手がかりとしての数値データ──違いを潜ませる　191
　　3　双対尺度法と追加処理──時系列を空間化して一望する　194
　　4　解釈──位置関係を読み取る　197
　　5　時間への多元的志向性──質的データへの複眼の可能性　201
　　6　縦断データにおける欠損──調査の「場」にいないことの意味　205
　　7　具体例を読み取る──道具の有効性の確認　208
　3節　典型人構成の応用可能性について　210

Column

Column 1　乳幼児に関する縦断研究　34
Column 2　アタッチメント研究における縦断研究　74
Column 3　子どもの村における縦断研究がもたらす可能性　76
Column 4　ニホンザルの追跡観察に学んだこと　115
Column 5　チンパンジーを縦断的に研究するということ　146
Column 6　縦断研究協力者に面接者はいかに出会うか　182
Column 7　異文化における縦断調査経験から：研究者の文化の影響　184
Column 8　縦断研究における倫理：保育園というフィールドで　214
Column 9　縦断研究とフィードバック　216

あとがき　219
執筆者紹介　223

構造構成的発達研究法の理論と実践

縦断研究法の体系化に向けて

1章　構造構成的発達研究法とは何か？

西條剛央
Saijo Takeo

1節　発達心理学の抱える根本問題

[1] Gergen, K. J. 1994 Toward transformation in social knowledge (2nd ed.). New York : Springer Publishing Company. 杉万俊夫・矢守克也・渥美公秀（監訳）1998　もう一つの社会心理学：社会行動の転換に向けて　ナカニシヤ出版
[2] Mahoney, M. J. 1985 Psychotherapy and human change processes. In M. J. Mahoney, & A. Freeman (Eds.), Cognition and psychotherapy. New York : Plenum Press. Pp.3-48.
菅村玄二　2003　カウンセリングの条件の再考：構成主義によるクライエント中心療法の再解釈を通して　心理学評論, 46, 233-248.
菅村玄二　2003　構成主義、東洋思想、そして人間科学：知の縦列性から知の並列性へヒューマンサイエンスリサーチ, 12, 29-48.

　従来の発達心理学は，客観主義的な認識論を背景とする自然的発達観を前提としていたが，最近ではポストモダンの潮流の中で，複雑系の科学，社会構築主義[1]や構成主義[2]といった新たな認識論の台頭により，発達を捉える視点そのものが多様化しつつある。
　たとえば，従来の自然的発達観は線形性，一様性が基本であった。しかし，複雑系の科学の潮流から，発達の非線形性，多様性を強調するダイナミック・システムズ・アプローチ（以下 DSA と略記する）といった新たな発達理論が生まれてきたことにより，一様性と多様性，そして線形性と非線形といった矛盾する発達観が並び立つ事態となっている。これによって，発達は本来的に一様

のか多様のなのか，線形なのか非線形なのかといった新たな問題が生じることになった。

また，DSA[3]の台頭に伴い，個々人の発達軌跡を単位として，発達の非線形性・多様性を捉える分析法が未整備であるという発達心理学の方法論的欠陥が露呈することとなった。すなわち，発達心理学は，時間の経過とともに変化する発達過程を構造化するための独自の方法，すなわち「縦断研究法」とでもいうべき，本来発達研究の中核をなすべき方法を整備してこなかったことが明らかになったのである[4]。

また新たな認識論の台頭は，方法論レベルにも影響を与えている。従来の発達心理学は，客観的測定と実験的検証に基づく「数量的アプローチ」が主であった。それに対して構成主義，社会的構築主義といった認識論の台頭に伴い，現場に入り，参与観察や間主観的な解釈などにより発達を記述する「質的アプローチ」という新たな方法が導入されつつある[5]。こうしたアプローチの多様化は，数量的／質的といった方法論を基軸とした新たな信念対立の契機となっている。これによって，発達研究には従来の通り数量的アプローチが妥当なのか，あるいは新たな質的アプローチの方が向いているのかといった新たな問題も生じることになった。

以上のように，新たな認識論の台頭に伴い，相反する発達観の並列，方法論の欠如，アプローチの多様化に伴う信念対立といったように，諸問題が複雑に錯綜しているのが，発達心理学の現状といえよう。

これは発達心理学が変革期にあることを意味している。つまり，今後，こうした認識論や方法論の多様性から，分裂・相互不干渉の図式へと至るのか，あるいはその多様性を内包したまま新たな秩序へと組織化していくかの

菅村玄二　2004　臨床心理学における構成主義とは何か？：基本主題をめぐって　臨床心理学，4，273-278.

[3] 詳しくは以下の拙著で論じている。
西條剛央　2004　母子間の抱きの人間科学的研究：ダイナミック・システムズ・アプローチの適用　北大路書房

また，DSAの原著にあたりたい場合は，以下を参照のこと。
Smith, L. B., & Thelen, E.（Eds.）1993 *A dynamic systems approach to development : Applications*. Cambridge : MIT Press.
Thelen, E., & Smith, L. B. 1994 *A dynamic systems approach to the development of cognition and action*. Cambridge : MIT Press.
Thelen, E., & Smith, L. B. 1998 Dynamic systems theories. In R. M. Lerner（Ed.）, *Handbook of child psychology*. Vol. 1. New York : John Wiley & Sons, Inc. Pp.563-634.

[4] そのため，多くの発達研究者は，縦断データをとってはみたものの，縦断データの特長を活かしつつデータをまとめ，分析する方法がまったくわからず途方に暮れていたといえよう。

[5] 本書の2章で無藤隆が紹介している。また，5章では松嶋秀明により，質的アプローチを縦断研究へ援用した「質的縦断研究法」の新たなモデルとなる研究が紹介されている。

岐路に立たされているといえよう。これは現在の発達心理学全体が抱える根本問題ということができる。

こうした発達観や方法論の問題は，突き詰めれば新たな認識論（世界認識の在り方）の台頭に起因している。したがって，個々の理論や方法論レベルで議論しても，問題の表層をなでるだけになってしまうため，認識論レベルまで降りていき，その根本から問題を解き明かす必要がある。たとえれば，川の上流（認識論）に起因する問題に対して，下流（方法論）に手を加えても問題の根本的解決をすることはできないため，上流（認識論）から整備していく必要があるのである。

発達心理学に通底するメタレベルの問題を解明するためには，メタ理論が必要となる。そして，こうした発達心理学の諸問題を解明するために体系化されたのが，本章で論じる「構造構成的発達研究法」に他ならない。

構造構成的発達研究法とは，「学問のるつぼ」といえる人間科学の信念対立を超克するために体系化されたメタ理論である「構造構成主義」[6]を発達研究法に導入（継承）したものである。これによって，発達観や方法論などが多様化している発達心理学における信念対立を解き明かす新たな「原理」（考え方の理路）を提供することができると考えられる。また，それは発達現象を構造化するために，発達研究に関する理論，方法論，アプローチ，分析法といったソフトをより効果的に活用可能にするハードにもなる。そして本書の表題にあるように，構造構成的発達研究法は本書全体の理論的枠組みでもある。

したがって，本章では，上述した問題を解明するために，構造構成主義を踏まえつつ，認識論から発達観，そして方法論といった順に論じ，「構造構成的発達研究法とは何か」を明らかにしていく。

[6] 構造構成主義とは，哲学的原理から方法論的枠組みに至るまで体系的に整備された枠組みである。ここでは最小限の説明に限定するが，構造構成的発達研究法を深く理解するためにも次の拙著を一読していただければと思う。
西條剛央　2005　構造構成主義とは何か：次世代人間科学の原理　北大路書房

2節　構造構成主義の認識論的・科学論的前提

1　構造構成主義

　最近では社会的構築主義[7]なども一部で採用されるようになってきたが[8]，従来の発達心理学のほとんどは，われわれの外部に1つの客観的実在が自存するという客観主義的前提に依拠していたといってよいだろう。

　構造構成主義は，個々人に立ち現れるすべての「現象」を出発点とする立場をとる。ここでいう「現象」とは「外部実在」とは異なる。「外部実在」には，夢や幻想は含まれることなく，それはいわゆる主観的なものとは完全に切り離された客観的（自然的）実在に限定される。

　それに対して「現象」とは，「われわれに立ち現れるすべての経験」のことを意味する。したがって，そこには夢も幻想もモノもすべて含まれることになる[9]。角度を変えていえば，「現象」は「外部実在」をも内包するより包括的（存在論的）な概念なのである。

　また，原理的に考えれば，研究も人間の営みである以上，完全に厳密な客観性は保障することはできない（といわざるを得ないはずである）。そして，構造構成主義は，原理的思考を徹底するため，仮説や理論や測定数値等々はすべて人間が「構成」した2次的な「構造」に位置づけられる[10]。それゆえ，「構造」には，「命題」「仮説」「理論」といったものが包括されることになる。

　そして，あらゆる「構造」は人間が「構成」したものであることを認める点が，「構造構成主義」が「構造構成主義」たる所以の1つとなる[11]。

[7] 社会的構築主義とは「現実は社会的に構築される」という認識形式を前提とする認識論である。本書5章の松嶋の論考により詳しく説明されているので参照のこと。
[8] たとえば以下の松嶋論文は，社会的構築主義を活かした優れた研究として挙げられるだろう。
松嶋秀明　2002　いかに非行少年は問題のある人物となるのか？：ある更正保護施設でのソーシャルスキルトレーニングにおける言語的相互行為　質的心理学研究，1，17-35.

[9] そして「外部実在」は原理的に疑い得るが，「現象」は疑いようがないという意味で明証性が確保されている。構造構成主義では，「外部実在」ではなく，「現象」を第一義に尊重する立場をとる。主観−客観図式の解消や，や錯覚の位置づけが根本的に変更されるなど，このことがもたらす意味変更は想像以上に大きい。詳しくは[6]の10章を参照。
[10] ここでいう「構造」を建築物か何かのような「骨格」や「機械仕掛け」といった「実在物」かのように受け取られることはあるが，それは誤解である。そのような「存在的」（実体的）に捉えられるものは本来「システム」と呼ばれるべきであり，それに対して「構造」とはあくまでも非実体的な，存在論的概念であることに注意しなければならない。詳しくは[6]の6章を参照。
[11] 「構造構成主義」は，信念対立を解消する認識論的基盤となる「哲学的構造構成」と，科学的知の生産性を高める方法論的基盤となる「科学的構造構成」の2つの営為領域から構成されている。[6]の10章に詳しい。

2 構造主義科学論

従来の発達心理学を科学論的な側面からみれば，それは外部世界に埋もれている「客観的法則」や「真理」を発見することを目指すのが科学であるとする立場だったといえよう。

それに対して，構造構成主義の科学論的前提は，池田清彦が体系化した「構造主義科学論」[12]に基づいており，「現象」をより上手にコード化するための「構造」を「構成」し続けることが，構造構成主義における「科学」ということになる。この場合の「構造」とは，〈コトバとコトバとの関係性とそれらの全体〉を意味する[13]。そしてここでいう「コトバ」とは，言葉（単語）の中核的意味（それが意味するそのコト）とでもいうべきものであり，「同一性」「シニフィエ」[14]などといった方が正確ではあるのだが，ここでは基本的に「コトバ」と表記することとする。

そして，これを発達研究の営みに置き換えれば，「発達現象」をより上手にコード化するための「構造」を「構成」し続けることが，構造構成的発達研究法の基本的志向性ということになる。

[12] 池田清彦 1990 構造主義科学論の冒険 毎日新聞社

[13] たとえば，〈水は「酸素」と「水素」から成っている〉という命題は，「構造」といえる。なぜなら，これはA＋B⊇Cという関係形式で，Aに「酸素」，Bに「水素」，Cに「水」を代入したものだからだ。
　このような「構造」は，同一性としてのコトバを含んでいるため純粋に客観的なものではないが，コトバとコトバの関係自体は客観的（共通了解可能）なものである。したがって，構造化することによって，非客観的なコトバ（たとえば「水」）が，客観的な形式を付与した分だけ，より客観的になったのは確かなのである。

[14] コトバ（シーニュ）はシニフィエとシニフィアンから成り，それらは表裏一体である。たとえば，「犬」というコトバ（シーニュ）は，われわれの共通了解を可能とするそれらが示す何らかの同一性（シニフィエ）と，「犬」とか「イヌ」とか「いぬ」といった文字あるいは「inu」という音声（シニフィアン）から成り立っている。

3節　構造構成的発達観

「発達観」などは，「客観的な」発達研究に無関係だと思っている研究者は少なくないだろう。

しかし，それは短見というものである。

そのことを了解してもらうためには，「発達を本質的に規定しているのは遺伝か環境か」といった二者択一的な問いに囚われた結果，多くの発達心理学者が膨大な時

間と労力をその不毛な論争に費やすことになったことを挙げれば事たりるであろう。

　客観主義的（要素還元主義的）世界観に基づき，発達を規定する原因を特定の要因に還元できるという前提に立ったならば，「遺伝か環境か」といった問いに囚われるのも無理のないことである。このように，認識論が発達研究を行う際の「問いの立て方」を規定し，またそれによって不毛な信念対立に陥ることはよくあることなのである。

　そして，前提や問いの立て方から解き放たれた後には，なぜそのような問題に囚われていたのかも不思議なほどに，その呪縛（呪）は消えてなくなる。その結果，そうした二者択一的問いは，その構造上，「車が走るのはエンジンがあるからか，道路があるからか」と問いを立てるのと同程度ナンセンスなものであることがわかる。

　しかし，それはその「呪」が解けた後に事後的にいい得る言明にすぎない。それが解ける前には，自分がそうした前提に囚われていることに気づくことすらできないため，その呪を解こうという動機すら生まれ得ないからである。これが，前提に囚われることを「呪」と呼ぶ所以でもある[15]。

　それでは，そのように発達のありようを「どちらか一方だけが正しい」という言い方ではなく，両方を排除しない形で言い当てる認識方法としてどのようなものがあるのだろうか？

　そうした認識原理を備えているのが，構造構成主義なのである。

　先に述べたように，構造構成主義は，個々人に立ち現れる「現象」そのものを出発点とする。そしてわれわれにとっての「現象」とは必ずしも「一様」ではない。そ

[15] この種の「呪」は，自覚の有無を問わず特定の前提に依拠して行われる「実証研究」や，それによって産出された「データ」によって解くことはできない。この「呪」は言葉によってかけられたものであるため，原理的思考により前提を問い直す「哲学的思考法」によってしか解くことができないのだ。いわば実体のない「呪」には「科学的実証の剣」は無効化されるため，「原理的哲学の魔法」が求められるといえよう。とはいえ，これは科学より哲学の方が優れているということではない。この点については[6]の2章においてわかりやすく論じられているので参照のこと。

れどころか，現象とは，あるときは「多様」な姿を現し，あるときは「一様」な姿を現すという矛盾を含み，動的に変容するということもできよう[16]。

構造構成主義は，認識の次元を上げることにより，矛盾を矛盾ではなく受け取ることができるようにするメタ性を備えている[17]。したがって，発達現象もそのような観点から捉えることになる。

次に，実際に構造構成主義の観点から，「発達現象」はどのようなものとして捉えられるか，従来の考え方と対比させつつ見ていこう。

1 発達するのは個人か？ 集団か？

通常，発達心理学者は，個々人がどのように発達していくのかに関心があることから，発達心理学者のいう「発達」とは「個人がどのように成長していくのか」を指すことが多い。

しかしながら，従来の発達心理学は，データとしては集団をベースとした集団の発達を扱っているにもかかわらず，あたかも個人の発達現象を扱っているかのように論じることが多かった。

それに対して，氏家[18]は「発達するのは個人であって，個人が属する集団ではない」と述べたが，これは安易に平均値化し，集団の発達を扱いながら，個人の発達を明らかにしたつもりになっていた発達心理学に一石を投じる重要な指摘といえよう[19]。これは DSA の考え方とも呼応するものである。

しかし，原理的に考えると，「母子関係の発達」，「組織の発達」という言い方も可能なように，発達する対象は「個人」に限られるものではない。つまり，「本来的に発達するのは個人なのか集団なのか」というのは適切な問

---

[16] 当然のことではあるが，もしわれわれの現象に矛盾した事態が含まれなかったならば，「矛盾」というコトバ自体が生まれなかっただろう。

[17] [6] の 10 章を参照。

[18] 氏家達夫 1996 子どもは気まぐれ：ものがたる発達心理学への序章 ミネルヴァ書房
この本は複雑系の観点を発達現象に導入することにより，新たな発達像を描き出した良書である。

[19] ここで重要なことは，研究者がどのようなレベル（ユニット）で発達を捉えようとしているかを十分に自覚，認識することといえよう。問題とされるべきは，集団の発達を構造化したのにもかかわらず，個人の発達過程を捉えたと主張することや，その逆に個人の構造を集団の構造へと無自覚に置き換えることなのである。

いとはいえない。「発達するのは何か」ということですら，それは発達を捉える側の観点に依存する側面があり，研究者の関心によって，発達するのは「個人」になったり「集団」になったりするためである。

したがって，構造構成主義において，発達研究の対象となるのは，「個人」「二者関係」「三者関係」，あるいは「集団」といったように，それぞれの関心に応じて適切と思われる「ユニット」(単位)を設定すればよいことになる。

2 発達は一様か？　多様か？

さて次に，発達の一様性と多様性の問題について考察する。これを考えていく上で，従来の発達観とはどのようなものだったのかを検討してみよう。

永野[20]は，「『発達』を意味する英語，フランス語，ドイツ語のいずれも『内側に包まれていたものが開く』という意味を表す言葉」であることを踏まえつつ，一般的にいって「発達」とは「自然におこなわれる展開」という意味を内包してきたことを鋭く指摘した。

これは発達を「自然物」として捉える「自然的な発達観」ということができる。それは，人間の外部に自然界が独立自存しており，その自然界の法則に従って変化するといった世界観とでもいえることから，この背景には「客観主義的世界観」があるといってよいだろう。そうした自然的発達観から人間を考えると，「這えば立つ，立てば歩む」という「自然の変化」は，あたかも植物の成長と同じように，決まった時期に，一定の順序で起こることが暗黙裡に前提とされることになる[21]。

このように，自然的発達観は一様な発達観につながりやすい。そして発達が一様であることが前提とされれば，個々人の発達軌跡は加算してよいことになる。なぜなら，

[20] 永野重史　2001　発達とは何か　東京大学出版会
この本は「発達とは何か」という難問に正面から取り組んでいる労作である。「発達」に携わる者であれば一度は読んでおきたい1冊といえよう。

[21] [20]参照。

個々人の発達軌跡の基本的な「形」が同じであるなら——その変化の時期を調整する必要はあるが——発達軌跡を重ね合わせることにより,誤差を排除し,より正確な「発達」を描けることになるからである。こうした前提に立つと,平均的な発達こそが「真の発達」かのように論じることにもつながるのである[22]。

それに対してDSAは,発達の多様性を強調する。そして,個々人の発達軌跡の「形」が多様であるという前提に立てば,それらは安易に加算することはできなくなる。なぜなら,異なる「形」の発達軌跡を重ね合わせてしまったら,個々人の発達軌跡の「形」自体が相殺されてしまうことになるからだ。

それでは,発達とは本来的に一様なのだろうか? はたまた多様なのだろうか?

たとえば,ヒトの身長は青年期までは伸びていき,その後はほとんど変化せず,老年期になると低くなってくるという意味では発達は一様といえる。しかし,より詳細な観点からみると,実際には,急に身長が伸びる時期や,その伸びが止まる時期があり,その時期や伸び率などは多様といえる。より端的にいえば,「生まれて死ぬ」という観点からは発達は一様であるが,「生まれてから死ぬまでの過程」は多様ということができる。

このような簡単な例からも,「発達は本質的に多様か一様か」という問いは適切なものではないことがわかる。ある観点からは発達は一様にみえ,他の観点からは多様にもみえるというように,発達が多様であるか一様であるかは観点によるのである。1つの外部実在を前提とせず,立ち現れとしての現象を出発点とする構造構成主義においては,一様性と多様性といった一見矛盾するものが,もはや矛盾ではなくなる[23]。

[22] 統計学の祖といわれるケトレ(Quetelet, L. A. J.)は人種ごとに平均値を算出すれば,それが真のその種の特徴を表すと考え,「平均人」という概念を提起した。

[23] このように問題を解き明かし,問題を終わらせてしまうことを「解明」という。竹田(1989)の台詞をかりてより正確に言えば,「問題を『解明』するとは,この矛盾の必然性が十分に理解でき,そのことによってパラドクスとして現れていた謎が奇妙なものとは感じられなくなり,そこには探求すべき問題がなにひとつ残らないというかたちで問題が終わること」というものである。
竹田青嗣 1989 現象学入門 NHKブックス

それでは，実際の発達研究を行う場合には，発達は一様であることを前提としても，あるいは多様であることを前提としても，問題ないのだろうか？

結論を先取りすれば，研究実践上の戦略として，個々人に立ち現れる多様な「現象」を尊重する原理からは，まずは発達の多様性を前提とすることになる。ただし，これは発達の一様性を否定するということではない。多様性を前提として研究しても，結果として，発達の一様性が確認されることはあろう。

しかし，少なくとも個人の発達を明らかにしようとする限りにおいて，個人差は「ずれ」や「誤差」ではなく，それこそが現象そのもののはずである[24]。逆に平均的な発達曲線の通りに発達する人は，誰一人いないことも少なくない。たとえば，子どもの発達課題が段階的に達成された場合に，子どもたちの各達成月齢を平均値化すると，なだらかな曲線になることから，子どもは徐々に達成できるかのようになってしまう[25]。

また，多様性から一様性（一般性）を導き出すことはできるが，逆に一様性（一般性）から多様性を導き出すことはできない。たとえば，個々人の多様なデータを加算したり，平均値を出したりすることは容易にできるが，一度平均値等に圧縮してしまったデータからは，個々人の多様なデータ（発達軌跡）を導き出すことができなくなってしまう。

したがって，構造構成的発達研究法の出発点（前提）としては，多様な発達の仕方があることを認め，平均値からのズレを安易に問題視したり，人と異なる発達の仕方をする人を外れ値扱いするようなことはしない。

以上のように，構造構成主義においては，原理的には発達が一様か多様かは観点によることになるが，発達研

[24] 「多様性」を前提とすれば，「個人差」というコトバも現在ほど意味をもたないようになるかもしれない。そもそも「多様」なのであれば「個人差」があるのは当然のことに過ぎなくなるからだ。

[25] 心理学は「母集団への一般化」を重視するが，いくら母集団へ一般化できても，その構造がそもそも個体にあてはまらないのであれば，つまり「個体に一般化」できないものであれば，意味がないことを失念しているように思える。

究実践の出発点としては，戦略的に発達の多様性を前提とすることになる。

3 発達は線形か？ 非線形か？

次に，発達の線形性と非線形性について考察してみよう。「発達の線形性」とは，平たくいえば，直線的に成長する発達の様相のことといえよう。他方，「発達の非線形性」とは，急激に上昇したり，退行したりと「ジグザグ」に発達していくような発達の様相といえる[26]。

個々人の発達軌跡を加算することは，暗黙裡に発達の線形性を前提としていなければできない。なぜなら，平均値化されることによって，個々の発達軌跡の非線形性は，打ち消されてしまうからである。したがって従来そうした処理に終始することが多かった発達心理学は，線形的な発達観をもっていたといえよう。

DSAは発達を非線形な現象として捉える。つまり，発達を，急激な上昇，退行を繰り返しつつ変化していくものとして捉える。そして，発達が非線形であると考えるならば，安易に発達軌跡を加算し，平均値化することはできなくなる。

それでは，発達は本質的に線形なのだろうか？ 非線形なのだろうか？

これは，もはや明らかであろうが，構造構成主義の立場からは，線形か非線形かは観点によるのであって，その問い自体が妥当なものではないことになる。

ある観点からみれば，発達は線形として捉えられるし，また別の観点からみれば発達は非線形として捉えることができる。たとえば，テニス歴3年の人を最初にテニスを習ったときの実力と，3年後の実力をその最初と最後の2点を起点としてみれば，直線的に上達しているよう

[26] 複雑系と心理学の関係については[18]に加え，以下の文献が参考になる。
菅村玄二 2005 複雑系科学，心理学，そしてカウンセリング：構成主義を媒介にして 三輪敬之・鈴木平(編) 身体性，コミュニケーション，こころ 早稲田大学複雑系高等学術研究所(編) 複雑系叢書 第二分冊 共立出版

に，つまり線形的に発達しているように見えるであろう。

他方，微視的な観点から，日々の実力をみれば，調子のよい日もあれば，調子の悪い日もあり，技術は上がったり下がったり，時には停滞したりしながら，徐々に上手くなっていったというように，非線形的に捉えられるであろう。

しかしながら，これももはや明らかであろうが，構造構成的発達研究の実践上は，線形性，非線形性のどちらを前提としてもよいということではなく，基本的には，非線形性を戦略的出発点とすることになる。

発達の線形性を前提とすると，個々の発達曲線を安易に加算してしまったり，最初と最後だけを測定するといった粗雑な測定で満足することになる。そして，そのようなデータからは，個々の発達の非線形性を導き出すことは不可能になってしまうのである。

たとえば，プロ野球選手の発達を捉えることを想定してみよう。日々の打率の推移を記録したときに，個々の発達軌跡は上がったり，下がったりしているといったように，非線形性の様相を示しているというのが一般的なところだろう。しかし，シーズンの最初と最後だけを測定することにより，その発達を捉えようとすれば，そのような発達の非線形性は失われてしまう。そうしたデータからは，スランプ，絶好調，勝負所で強い・弱いといった個々人の貴重な情報（構造）はすべて捨象されてしまうのである[27]。

それに対して，個々の非線形な発達軌跡からは，それらを加算したり，特定の2点間だけ取り上げるなど数量的な処理を施すことによって，線形的な発達像を導き出すことは可能である。

このように，原理的には発達が線形か非線形かは観点

[27] それどころか，線形性を仮定するならば，横断的（断面的）に発達を捉えればそれで十分発達を捉えられることになるため，そもそも縦断的にアプローチする必要すらなくなってしまうのだ。これは認識論的な「前提」がいかに「方法」を規定するかという好例といえよう。発達研究に「認識論」といった抽象的な問題はまったく関係がないし，意味がないという考えが短見であるという根拠はここにある。

によるのだが，研究実践上の戦略としては，安直に発達の線形性を前提とすることは現象の多様性を損なう危険性があることから，まずは発達の非線形性を前提として出発する必要があるといえよう。これも多様性を尊重する原理から導出される構造構成主義の戦略的出発点ということができる。

4 構造構成的発達観のまとめ

　以上，従来の客観主義的・自然主義的な発達観を踏まえた上で，構造構成的な発達観と研究戦略上の立場を確認してきた。その結果，構造構成的には，発達は集団に起こるのか個人で起こるのか，一様か多様か，線形か非線形かといった問いは表層的なものであり，それは原理的には観点によることが明らかとなった。また，それと同時に，構造構成的発達研究を行う上での戦略上は，個体性，多様性，非線形性を出発点とすべきことも明らかとなった。

4節　方法論的基軸

1 従来の方法論的制約

　世界をどのように認識するかによって，そのアプローチ法は異なってくる。つまり，認識論的前提は，おのずと方法論を規定することになる。それでは，それぞれの認識論（発達観）に依拠するならば，方法論はどのような特徴を帯びるのだろうか？

　先述したように，客観主義を前提とした場合は，世界のどこかに実在する「法則」を「発見」するのが「科学」ということになる。この前提に依拠すれば，発達研究と

は，ヒトに埋め込まれている「発達」を引き起こす法則（プログラム）を「発見」することを目指すことになる[28]。

したがって，発達に関して提起された仮説が「本当かどうか」を見定めることによって，それが発達を規定する法則といえるのかを確認することになる。つまり，発達を規定する仮説的な法則が，「本当にすべての人たちに妥当する法則なのか」を確認するために，「検証」されるのだ。そしてその検証の枠組みに乗せるためには，数量的，統計的，実験的なアプローチが妥当な方法ということになる[29]。

もっとも，発達現象が起こる「現場」（家庭，保育園等々）において発達を捉えようとする研究実践者の中には，現象には測定や数値化，条件統制そのものを受けつけないことがあることに気づいている人はいたであろう。また，発達現象には間主観的にしか読み取れないコトもあり，それを捉えることができる質的アプローチが妥当であるという実感をもつ者も少なくなかったといえよう。

しかしながら，客観主義的前提のもとでは，一般に質的アプローチは「イイカゲン」なものとされて，科学的研究法とは認められてこなかった。その結果，客観的な測定・数値化を基本とする「数量的アプローチ」と，間主観的な解釈や参与観察などによる「質的アプローチ」が対立することも少なくなかったように思う。

実は，こうした対立も認識論的前提から導かれるという側面がある。「1つの真理（正しさ）がある」とする客観主義的な前提のもとでは，「どちらが正しい方法か」という二者択一的な問いが立てられやすいからである。それゆえ，「量的アプローチが正しい！」「いや質的アプローチが正しい！」といったアプローチ間の信念対立に陥ることになるともいえよう。

[28] 夏目漱石の『夢十夜』に，金剛力士像を彫る運慶が出てきており，なぜそのようにうまく彫れるのか，と聞かれると，彫るのではなく，木の中に金剛力士像が埋まっていてそれを掘り起こしているだけだ，と答える。客観主義的世界観とはある意味，そのようなものということもできよう。

もっとも『夢十夜』の話は，もっと深い次元の話に違いないけれど。

[29] 事実，発達心理学においては，それが一般的な方法とされてきたといえよう。最近では質的アプローチもジャーナルに少しずつ掲載されつつあるが，まだまだその数は少なく，質的アプローチの枠組みを理解した上で適切に査読（論文審査）できる人も多くはない。

あるいは，ラディカルな立場の社会的構築主義等では，何でもアリの相対主義に陥り，それこそ妥当な方法などないことになり，共通知見が構築される枠組み自体が生まれ得ないことになる[30]。

それならば，「質的アプローチでも，量的アプローチでもいろいろな方法を自由に使えばよいではないか」という意見もあるだろう。しかし，そのような主張は——研究実践者としての妥当な実感だとは思うが——やはり「イイカゲン」で「何でもアリ」といったニュアンスとともに場当り的な「折衷主義」のラベルを貼られることも少なくない。

このような背景には，方法の背後には暗黙裡に何らかの認識論が仮定されていることから，相容れない認識論は相互に還元できないという「共約不可能性」といった哲学的な難問がある。認識論は，世界認識の根底をなすものとされる。したがって，たとえば，通常「主体の外部に１つの客観的世界が実在する」という「客観主義」と，「現実は社会的に構築される」という「社会的構築主義」といった相容れない認識論どうしは，あたかも，水と油が遊離するように，共約不可能とされてしまうのである[31]。

したがって，こうした「共約不可能性」に終始する限りは，信念対立に陥るか，よくても「あなたと私（の枠組み）は相性が悪いのでお互いに干渉しないようにしましょう」といった相互不干渉の図式に陥ってしまうことになるのである。

このように従来の認識論的前提のもとでは，方法論レベルでもさまざまな問題が立ち現れることになる。

[30] 西條剛央 2002 生死の境界と「自然・天気・季節」の語り：「仮説継承型ライフストーリー研究」のモデル提示 質的心理学研究, 1, 55-69.

[31] これは現代思想レベルにおける「主観‐客観問題」といってよいだろう。

2 構造構成的方法論の基軸：関心相関的選択

先に述べたように，構造構成主義は，構造主義科学論

を科学論とすることから,「科学」とは,「現象を構造化すること」ということになる。したがって,「科学的方法」とは「現象を構造化する方法」に他ならないことになる。

それゆえ,現象を構造化する方法である限りは,それは客観的な観察・測定を基軸とする数量的な方法でもよいし,参与観察や自己報告といった主観性を活かした質的な方法でもよいことになる。

(1) 想定される批判

こうした方法論的多元主義とでもいうべき主張に対しては3つの方向性の異なる批判が提起され得る。第1に,質的アプローチの科学性に関する批判が想定できる。それは「科学とは数式で表されている構造を追求するものだから質的アプローチは科学にはなり得ない」というものである。

しかし,「足す」ということを「+」と表現し,「全部足す」ということを「Σ」と表記するように,数学的な記号は,フツウのコトバで表現し直すことが可能であるように[32],原理的に考えれば,数式で表現することは,科学の条件などではない[33]。つまり,現象を構造化するならば,質的アプローチは科学たり得るのである[34]。

第2に,先に挙げた「共約不可能性の問題はどうするのか」という批判も考えられる。つまり方法論の背後には暗黙裡に認識論が仮定されているのだから,やはり共約不可能性の問題が立ち現れるではないかという批判である。

しかし,「現象」を疑わない構造構成主義には,外部実在を疑わない客観主義も,社会的な言説の存在を疑わない社会的構築主義も原理的には等価なものとして包括されることから,構造構成主義は通常の認識論のメタレベ

[32] 山本貴光・吉川浩満 2004 心脳問題 朝日出版社
[33] 事実,昔はそのような記号はなかったし,現在数学的記号を用いて表現されることが多いのは,たんに便宜的な理由によるものでしかないのである。「科学」といわれる領域の中で,数式で表現されていたり,数量化されていたりすることが多いのは確かだろう。しかし,実際に「多いこと」と,「原理的な条件であること」はまったく別の問題である。
[34] ただし,科学の条件を満たすには,「構造化に至る軌跡」(構造化に至るまでの条件の開示)を行う必要もある。詳しくは[6]の8章を参照のこと。

ルで機能する「超認識論」とでもいうべきメタ性を備えている。これによって認識論は，世界認識の根底ではなくなり，1つの「視点」として理解できるようになる。したがって，構造構成主義においては，相容れない認識論間の共約不可能性の問題も，解消されることになる。

第3の批判としては，「それでは結局いかなる認識論でも常に等価であるといった相対主義になるのではないか」といったものも考えられる。しかし，構造構成主義には「関心相関性」という中核原理があることから，相対主義に陥ることはないのである。

これはどういうことであろうか？

これを説明する前に，「関心相関性」について概説する必要があろう。

(2) 「関心相関性」とは何か？

『関心相関性』とは，〈意味・価値・存在は，身体・欲望・関心・目的と相関的に（応じて）立ち現れる〉という「原理」である（図1-1）。たとえば，この観点からすると，通常は何の価値もないように思える「水たまり」も，生存に関わるほど喉が渇いていた場合，「飲料水」という存在（意味・価値）として立ち現れることが明示的になる。このように原理的に考えれば，「身体・欲望・関心・目的」と相関せずに（まったく無関係に），独立して自存する「意

図1-1　関心相関性

味・価値・存在」などはあり得ないのである。

　こうした原理性をもつことから，関心相関性は，自他の関心を可視化（対象化）するための「認識装置」として機能する[35]。そして「関心相関性」を「方法論的な視点」（認識装置）として用いる場合「関心相関的観点」と呼ばれる。

(3) 関心相関的観点による認識論的多元主義

　この関心相関性観点によれば，発達研究における認識論を基軸とした信念対立は，研究者の「関心」に先立って，たとえば客観主義と社会的構築主義のいずれの方法が妥当なのかと問うている点にあることが明らかとなる。

　構造構成主義においては，それぞれの認識論は，研究者の関心や研究目的と相関的に価値付けられるべきものとして位置づけられる。たとえば，人間的事象の物理的側面を扱う場合は，外部実在を仮定する客観主義的認識論が妥当であり，意味的側面を扱う場合は，社会的構築主義的認識論の方が妥当な枠組みになりうる。

　このように関心相関性により，何でもアリの「相対主義」との批判を回避しつつ，認識論的多元主義が実現できるのである。

(4) 関心相関的選択による方法論的多元主義

　構造構成主義では，方法が目的を達成するための手段である限り，絶対的に妥当な方法などは原理的にあり得ず，方法の妥当性は目的と相関的に判断されることになる[36]。

　したがって，これを発達研究に導入することによって，認識論，理論，方法論，アプローチ，分析法といった発達研究を構成するツールを，関心（目的）と相関的に選

[35] 関心相関性は，ユーザーの関心に応じて，①自他の関心を対象化し，②研究をより妥当に評価し，③信念対立を解消し，④世界観の相互承認を可能とし，⑤目的の相互了解や関心の相互構成を促進し，⑥方法の自己目的化を回避し，⑦「バカの壁」を解消するといった多様な機能をあらわす。これらの機能については［6］の4章にて詳しく論じている。
　なお，「バカの壁」については以下参照。
養老孟司　2003　バカの壁　新潮社

[36] もっとも，限定的に強みを発揮する方法や，汎用性の高い方法，あるいは制約が多すぎて現実的にはほとんど役に立たない方法があるのは確かである。

択することが可能となる。これが『関心相関的選択』と呼ばれるものであり，構造構成的発達研究法の方法論的基軸となる（図1－2）。また，現実には当該の研究で採用すべき理論や方法は，研究対象の性質や現実的制約，目的などから相互特定的に規定されることになるであろう[37]。

図1－2　関心相関的選択

なお，目的を達成するために従来の方法で適切なものがなければ，既存の方法を適時「修正」したり，あるいは新たに「創る」という方法も，関心相関的に選択されるべき重要な選択肢の1つであることは強調しておきたい[38]。

以上のように，構造構成的発達研究法では，発達現象の構造化という関心に照らし合わせつつ，多様なアプローチ・研究法を相補完的に活用することにより，いずれの方法が絶対的に正しいのかといった難問に陥ることなく，かつ何でもアリの相対主義に陥ることなく，発達現象の立体的な構造化が可能になるのである。

(5) 発達研究への関心相関性の導入法

関心相関的観点を「方法論的な視点」として用いると明記（宣言）することによって，それが「視点」（くさび）となって「目的」との整合性を強く意識することが可能

[37] この点については，山森光陽が本書4章4節と5節で，具体的研究に基づきわかりやすく論じている。これは拙著[6]でも論じられていない部分であり，具体的研究に関心相関性を導入する「モデル」として参考になる。

なお，4章は自分の中核となる「関心」（「こだわり」や「願い」）が相対化できている立場から説明されているといえる。それに対して本書の5章は，松嶋秀明によりフィールドでの自己の変容過程を省察しつつ，ある種の「痛み」の中で自己（の関心の在処）を相対化していく過程が厚い記述により描かれている。研究／現場／教育といった境界を行き来するタイプの研究者にとっては，自己を相対化していく具体的プロセスとその内省の仕方という観点から役立つだろう。

そして，こうした反省的な作業においては，「その時点で自分の関心（立脚点）はどこにあったのか」といった捉え直しを基軸とすることから，自他の関心を相対化する認識装置である「関心相関性」が有効に機能するであろう。

ただし，5章にて松嶋秀明が自己の相対化には「足下を崩されるような『痛み』」（本書178頁）を伴う場合があると論じているように，関心相関性という「認識装置」（道具）があることと，その作業が容易（困難）であることは別である。それは，虫眼鏡が，虫の構造を探求する際に有効に機能することと，虫の構造を知り尽くすことが別なのと同じといえる。

アイデンティティの根本にかかわるような場合は，自己を相対化するには「痛み」を伴う場合もあるだろうし，そうでない場合は，比較的容易に自己の相対化を行えることもあるだろう。

[38] よく既存の方法を規範として遵守する研究者は多いが，それは本末転倒であろう。関心相関的観点によれば，方法は方法でしかないのだから，目的を達成するためにより適切なものがあるのであれば，それは工夫して開発するほうが正統であるといわなければならない。

華道や茶道のような伝統芸能ならいざしらず，科学的研究におい

となる。というのは，関心相関的観点からいえば，研究の「目的」を中軸として研究が構成されることになるからである[39]。

したがって，論理的整合性のある研究として構成するためには，「なぜその方法を選択したのか」を目的と整合するように，必然的かつ明示的に示す必要がある。それによって，高い内的一貫性，論理的整合性を備えた研究として構成することができるだろう。

また，その研究で採用した方法の妥当性の評価や，得られた結果の評価も，この「目的」に照らし合わせて判断されることになる。これによって研究目的と関係のない「無いものねだり的批判」[40]は提起されにくくなるであろう。また，そうした批判が突きつけられた場合にも，それに対する高い理論的防御力を備えていることから，そうした批判を退け，研究をよりよいものにする建設的な意見に焦点化して議論を重ねていくこともできると考えられる。

て「家元」の作法を正確に引き継ぐことのみを是とする態度は健全な態度とはいえないだろう。

[39] このアイディアは，以下の論文にて展開されている「関心相関的構成法」という論文構成の技法から援用したものである。実際は本書5章で松嶋秀明により具体的に展開されているように，「関心」それ自体が生成されていく側面がある。特に仮説生成的な研究でそれは顕著であり，そうした場合「論文作成過程」においては，「構造探求過程」で探索的に得られた「構造」から，逆算的に論文の「目的」を再設定する必要がある。そしてその「目的」に照らし合わせつつ，論文を再構成していくのである。詳しくは次の論文を参照してほしい。
西條剛央　2005　質的研究論文執筆の一般技法：関心相関的構成法　質的心理学研究, 4, 186-200.
[40] 「無い物ねだり的批判」の不毛性については，本書の3章1節2項(81-83頁)において「データボックス」(DB)という観点からも論じられており，勉強になる。

5節　3タイプの発達研究法の特徴

発達研究法を関心相関的に選択するためには，どの発達研究法が，どのような関心を満たし，目的を達成することに向いているのかなど，その特徴を明らかにしておく必要がある。それぞれの発達研究法の有効性と限界を明示化しておくことによって，目的に応じた柔軟で適切な選択が可能になると考えられるからである。

通常，発達研究法というと，横断研究法と縦断研究法の2つに大別される。しかし，発達現象の多くは段階的に移行したり，急激に発達，退行したりといった非線形的な様相を示し，集団の相関や平均値に基づくデータで

は――たとえ縦断的に収集したものであろうとも――個々の多様な発達プロセスは捉えられない。そのため構造化の対象が「集団」か「個」かを明示的に分別する必要がある[41][42]。

したがって，ここでは縦断研究法をさらに，集団ベースの「多標本縦断研究法」と個人の発達軌跡を単位とする「個的縦断研究法」といった2つに分けて，横断研究法／多標本縦断研究法／個的縦断研究法の3つの発達研究法の特徴について概観する。

1 横断研究法

横断研究法とは，発達を月齢や年齢といった時間軸に沿って断面的に区切り，それぞれの時期に人数を集めて検討することにより，発達を静的に捉えようとする方法である。したがって，断面的発達研究法，静的発達研究法と言い換えることも可能であろう[43][44]。

(1) 横断研究法の特長

横断研究法の最大の特長は，短時間に多量のデータを幅広い年齢の範囲で収集可能な便宜性にあるといってよいであろう。それゆえ次のような関心を満たすことに向いているといえよう。

第1に，乳児期から老年期に至る長期発達を扱いたい場合に有効である。というのは，ラットを対象とするなら問題ないが，人間を対象とする場合，研究対象となる人間と同時に，研究者自身も歳をとっていくため，幼少期から老年期に至るような長期発達研究を行うことは実質的に困難だからである。

第2に，ヒトとそれ以外の動物種（例：類人猿）や多様な文化，いくつかの世代といった異なる集団間の特性

---

[41] 実験心理学でも集団ベースの通常の実験研究と少数例に基づいて検討する「シングルケース実験計画法」は明確に分けて議論されている。なお，ここでいう「個的」とは「シングルケース」とほぼ同義で用いていると考えてよい。
ちなみにシングルケース実験計画法については以下の[42]を参照のこと。

[42] 岩本隆茂・川俣甲子夫 1990 シングルケース研究法：新しい実験計画法とその応用 勁草書房

[43] 「横断研究」とは，もともと'cross sectional method'の訳であり，「縦断研究」とは'longitudinal method'の訳である。どういう経緯でこの訳になったのかは浅学ゆえに知らないのだが，一目瞭然に意味が了解できるものではないように思う。
個人的には'cross sectional method'を「断面的発達研究法」とし，'longitudinal method'を「経時的発達研究法」とした方がその内実を正確に反映しており，わかりやすいと思う。
「だったら本文でもその訳を使えば良いではないか」と思われるかもしれないが，事はそう簡単ではない。なぜなら多くの発達心理学者が「横断研究」と「縦断研究」という用語をその内実とともに了解してしまっているからだ。この事態には，まさにソシュールの記号学（一般言語学）における言葉の「恣意性」が反映されているといえよう（正確には翻訳の恣意性とでもいうべきか）。この場合の恣意性とは「名称（翻訳）は完全に好き勝手に付けて良い」という意味ではなく，言葉とは原理的に「恣意的」（社会的）なものだということである。われわれが「犬」のことを「inu」と呼ぶのは，すでに周囲の人（親とか）がそう呼んでいたからに過ぎず，明確な根拠はないのだ（詳細は[44]や[6]の5章参照）。
「だったらごちゃごちゃいう必要はないだろう」と思われるかもしれないが，事はそれほど単純ではない。なぜなら，これから学習する人たちにとってわかりにくい言葉（訳）であることは確かだからだ

の比較といった側面から，発達をみるという関心にも適した方法となり得るであろう[45]。

第3に，発達の概観を把握するために有効な場合がある。たとえば，平均的な発達曲線を算出するといった目的を満たす場合などは，縦断的にデータを収集する必要はなく，横断研究で十分である。

第4に，対象者への負担が少ないことから，多数の要因を検討しやすいということが挙げられる。縦断研究の場合，研究協力者に繰り返し調査に協力してもらうことになる。したがって1回の調査（測定・観察）あたりの研究対象者への負荷を軽減するため，質問項目や，観察時間などは最小限にしなければならない[46]。それに対して横断研究では，基本的には1回の調査（観察）で終わることから，比較的多くの質問に回答してもらうことや，長時間の観察も受け入れてもらいやすくなる。

第5に，上述したような多数の要因を考慮しつつ，発達の概観を把握できるといった特徴から，発達の急激な変化が起きる時期やその要因をある程度絞り込むなど，縦断研究の予備的研究[47]として活用することが可能である。その上で，特定された時期や要因に焦点化した縦断研究を行うことによって，さらなる発達メカニズムの解明につなげることも可能となる。

(2) 横断研究法の限界

次に横断研究法の問題点を概観してみよう。

第1に，横断研究法は「プロセスとしての発達」を扱うことができないことが挙げられる。横断研究法とは，先述したように年齢ごとに断面的にアプローチする方法であり，時間の経過を含む本当の意味での〈発達〉を扱う方法ではない。言い換えれば，発達を静的に把握する

（理に叶っていないから）。したがって，ここで細々と新たな呼称（訳出）の提案をしているわけである。

これを読んで「なるほど！」と思った発達心理学者が多く現れて，いろいろな教科書でこの用法を使い始めて，大学の授業でも徐々に教えるようになれば，少しずつ変わっていくかもしれない。

[44] 丸山圭三郎 1983 ソシュールを読む 岩波書店

[45] コラム4・5で論じられているように，他の動物種との比較といったことは横断的アプローチの特権ではなく，縦断的にアプローチすることも可能であるし，理想的にはそれが望まれるといえよう。ただし，コラムを読んでいただければわかるように，霊長類を対象とした縦断研究のたいへんさは想像を絶するものがありそうだ。もちろん，それだけの価値があるのは間違いなく，それに取り組むには「覚悟」とその労力（コスト）を凌駕する「知的好奇心」が必要なのだろう。

[46] 自戒を込めていえば，研究者は欲張りなので，ついついたくさんの項目を調べたくなってしまうが，結局は取らせていただいたデータを十分に分析し切れないことも少なくない。縦断データ収集後，かなりの時間が経過してしまったとしても，それでも縦断的成果をまとめていき，社会に還元していきたいものである。そのような時に，縦断データならではの知見を得るために，本書が活用されたならば，それも間接的には縦断データの社会的還元に貢献できたことになるのかもしれない。おそらく，理論や方法論，研究法といったものは，社会への知の還元に際して，「間接的に」役立つものなのだろう。

[47] 予備的研究といっても，価値が低いというものではけっしてない。それをステップとして質が高く効率的な縦断研究が初めて可能になるからだ。したがって予備的研究といえども，それはジャーナルなどに公刊する価値は十分あることを忘れてはならないだろう。

方法であり，ダイナミズムとしての発達を捉えることはできない[48]。

第2に，横断研究法は，対象とする発達現象の線形性や一様性を前提としてよい場合は問題とならないが，発達の非線形性を前提としなければならない場合に多くの問題が露呈する。たとえば，先に述べたように，発達現象の多くは段階的に移行したり，急激に発達したり，時には退行したりといった非線形的な様相を示すことから，発達曲線を加算することによって，その非線形性を打ち消すことになってしまう。平均値に基づく横断データでは，このような個々の多様な発達軌跡は捉えられないのである。

また，このような限界から，個々の発達の多様性を考慮しにくいという第3の問題点もまた明らかになるといえよう[49]。

2 多標本縦断研究法

多標本縦断データの代表的な分析法として，平均値化する分析や年齢間の相関（パス図）に基づくものを挙げることができよう。また，「カテゴリ×年齢」のクロス表による χ^2 検定などの分析法が考えられるが，それぞれの詳細については，2章で議論されているので，ここでは集団ベースの多標本縦断研究の有効性と限界について大まかな議論をしておく[50]。

(1) 多標本縦断研究法の有効性

横断研究法と比較した場合，多標本縦断研究のメリットとしては，変数間の因果関係や，影響力の推移などを，より説得的に議論することができることが挙げられる[51]。

また，集団の発達に関心のある場合は，集団ベースの

[48] 論文の題名などをみていると，「～の発達的研究」などと付いているものは，内容は「横断研究」であることが多い気がする。「縦断研究」であれば，「縦断研究」であることをアピールするため題名に「縦断研究」という言葉を入れることが多いからだ。内容が「横断研究」ならば，表題に「横断的研究」と明記した方がその内実を正確に反映していてわかりやすいように思う。またその知見の有効性と限界について自覚的に論じることもでき，また読まれると思うので，私はそのように明記することにした（たとえば以下）。
西條剛央 2004 母子間の"離抱"に関する横断的研究：母子関係を捉える新概念の提唱とその探索的検討 発達心理学研究, 15, 281-291.

[49] 発達のある段階ごとの何らかの変数の平均値の比較をする場合「分散分析」が用いられることがあるが，これらの統計モデルは「農業」の分野から発展してきたものである（[34]参照）。畑A(実験群)には肥料を与え，畑B(統制群)には何も与えないことにより，肥料の効果を調べることから発展してきたのである。つまり1本1本の作物の「発達」(成長)を検討するものではなかったのである。
もちろんだからといって意味がないといっているわけではなく，目的によっては有効に機能することもあるのだが，そういうものだということを十分自覚して活用すべきといえよう。

[50] 多標本縦断データだからといって，必ずしも集団ベースの分析が行われるわけではない。

[51] この点については，無藤隆が本書の2章3節2項において「クロスラギッド相関による分析」(43-44頁)という観点から論じている。

縦断研究は，そのまま発達現象の構造化に直結する[52]。つまり，発達のユニットと，構造化の対象（集団）が一致するため都合がよいものとなる。たとえば，学級全体の発達を議論したい場合などは，学級全体として，どのような変数の影響がどの程度影響して発達が促進するのかを明らかにすることができる。

(2) 多標本縦断研究法の限界

多標本縦断研究の問題点として，第1に，コストパフォーマンスの悪さを挙げることができよう。まずこれは標本数と関係なく，縦断データを収集するためには，いかに資金があろうと，共同研究により人手があろうと，3年の経時的データを集めるには，絶対に3年かかってしまう[53]。つまり，その時間を短縮することはできないという原理的制約がある。

それゆえ，多標本の縦断データを収集する多標本縦断研究法の労力は並大抵のものではない。そして，こうした研究実践上の制約は，けっして軽視できるものではない。逆にいえば，縦断データはそれだけ貴重なものということができる

それだけに，その貴重な縦断データの長所を活かした構造化の方法が求められるのであるが，学会発表や学会誌では，収集した多標本縦断データを平均値に落として分析する研究者も多くみられる。しかし，そのような横断的な処理（分析）に終止する限り，横断データでも同じことが可能であり，縦断データの特長はまったくといってよいほど活かされていないことに注意する必要がある[54]。それは縦断的に収集したデータを横断的に処理するという意味で「縦断的横断研究」と呼ぶのが相応しいといえよう。

[52] 当たり前のことだが，このことがきちんと指摘されている論考はほとんどみたことがない。

[53] 考えてみると，この世の中に「絶対」と言い切れることはあまりない。その中の1つが「時間」に関することといえよう。おそらく，これは人間が一人の例外なく「絶対に」(100％)死ぬということと，原理的には同じことなのだと思う。

[54] 実際に，私は縦断研究と名のつく数多くの研究やポスター発表を見て回ったところ，縦断データを用いた横断的研究がほとんどであることに気がついた。つまり，せっかく縦断データをとっても，必ずしも縦断データ独自の意義のある分析がなされてこなかったのである。

この経験は，縦断研究法の体系化の必要性を認識させる契機の1つとなり，次のような小論を書くこととなり，ひいては本書を編む出発点となった。
西條剛央 2001 縦断研究のための土壌創り：「縦断研究法」の体系化に向けて　発達心理学研究, 12, 242-244.

発達研究者が，縦断データを採ってはみたものの，縦断データの特長を活かしつつデータをまとめ，分析する方法がまったくわからず途方にくれることは少なくない。縦断データの収集に費やす膨大な時間・労力・費用といったコストの割に，縦断の特長を活かした独自の知見が得られにくいのが現状なのである。

また，多標本縦断研究には，相関を基軸とするタイプの研究は多いが，そうした研究の場合，いくつか留意すべき点があるので指摘しておこう[55]。

まず，縦断データといえども，相関に依拠する限り，必然的にそこで表現される「発達」とは，「変化」ではなく，「安定性」にならざるを得ないことを踏まえておく必要があろう[56]。

また，相関により構造化している対象のレベル，つまり集団における相関なのか，個人における相関なのかを認識することは重要なこととなる。南風原と小松[57]は，集団における相関係数は個人内の共変関係と必ずしも類似したものとはならないため，前者の関係から後者の関係を推測したり，また逆に後者の関係から前者の関係を推測したり，あるいは完全に同一視したりしてはならないと注意を促している。

したがって，集団の相関をベースとしたパス図による発達モデルも，特定集団の変数間の関連性を示したものであり，個々人の発達プロセスを構造化したものではないことに注意する必要がある[58]。

もちろん，先述したように集団データに依拠する方法論は目的によっては有効に機能するのは確かであり，また，そのような変数の影響力の推移から個々人の発達を語ることは可能である。重要なことはどのレベルの発達現象を構造化しているのかに自覚的になることといえよ

[55] 相関研究の問題点については，無藤隆も本書2章2節6項(40-41頁)で「自己相関」の観点から，3節1項(42-43頁)においては「第3の変数」の観点から論じており参考になる。

[56] 西條剛央・清水武 2003 菅原ら論文(1999)を改めて検証する：発達研究枠組みの再考 発達心理学研究，14, 90-92.

[57] 南風原朝和・小松孝至 1999 発達研究の観点から見た統計：個の発達と集団統計量との関連を中心に 橘口英俊・稲垣佳世子・佐々木正人・高橋惠子・内田伸子・湯川隆子(編) 児童心理学の進歩1999年版 金子書房 Pp. 213-238.

[58] これは縦断データに限ったことではないが，相関を解釈する際には，重要な情報は効果の大きさであって，無相関検定による有意性にのみ注意しなくてはならない。たとえ検定によって有意であっても，その説明率はごく小さいことはあり得るからである。その場合，「小さな影響が確実に認められるといえる」といった解釈をすることになるだろう。

う。そしてどこまでが「構造化」できたのか，そしてどこからが「推測」なのかを明らかにしつつ議論しなければならない[59]。

3 個的縦断研究法

ここでは個的縦断研究法とは，個々の発達軌跡を基本単位とする分析法である。「個」や「個々の多様性」を尊重するアプローチということもできよう。DSAはこの代表的な枠組みといえる。

(1) 個的縦断研究法の有効性

ここでは個々の発達軌跡を単位とする「個的縦断研究法」の有効性と限界を考えるにあたり，あらためて横断データにはない，縦断データの「特長」について考察する。縦断データの特長とは，第1に，個々の発達の軌跡（プロセス）を描ける点にある[60]。個人差を理論的に説明可能になりうるのも，個々の発達軌跡の記述から派生する利点といえる。また，同一の個体を追跡することから，発達における因果関係を論じることができるのも縦断データの特長といえる。

このようなことを踏まえれば，個々の発達軌跡を単位とする個的縦断研究は，上記の縦断データの特長を活かした研究法ということができよう。

(2) 個的縦断研究法の問題点

個的縦断研究法の問題点として，第1に，多標本縦断研究法と同様に，コストパフォーマンスの悪さが挙げられる。多標本縦断研究法と異なる点を挙げるとすれば，特にDSAのように発達の非線形性を前提とする場合には，測定間隔を短くしなければならないため，密度の高

[59] こうしたことは一見あたりまえのようだが，実際の発達研究をみてみると，得られた「構造」の射程に対する認識は十分にされていないように思われる。
この点を認識するためには，構造化の対象となったユニットは，個人なのか集団なのか，またその構造は，断面的な(共時的)構造なのか経時的な構造なのかあるいはその両方なのかという観点から省察することは有効となる。本書の4〜6章の研究実践例に基づく論考は，この点でもかなり自覚的に論じられており参考になるだろう。

[60] これはシンプルだが，意外に忘れられがちなようだ。

いより緻密な時系列データが必要となる点ということができよう[61]。

それに加えて，個的縦断研究法は，縦断データの特性を活かす発達研究法といえるのだが，そのためには，通常の横断研究と異なる独自のアプローチが必要となる。そして，縦断研究の最大のネックはこのための分析法が整備されていなかったことといえる。

まず，縦断データは「時間」という変数を組み込んで分析する必要がある。これは，分析（表現）すべき次元が1つ増えることを意味する[62]。そして，時間の変遷に伴い，発達軌跡は多様化する可能性もあり，そうした発達の多様性を考慮しつつ一般性を導き出すような方法も求められることになる[63]。したがって，そのようなデータのまとめ方，分析法，統計手法等独自の方法論が求められる。

しかし，そのような方法は整備・体系化されておらず，縦断研究は職人芸的に行われてきたのが現状である。特に多様性や非線形性を前提とし，個々の発達軌跡を単位とすることによって，縦断データの特長を活かすための分析法は整備されてこなかった。

個人の動的で多様な発達を構造化するためには，独自の「方法」が必要となる。そしてそれが「構造構成的発達研究法」が整備しなければならない技術であり，「縦断研究法」といわれるべきものといえよう[64]。

[61] 測定間隔をどの程度にすべきかは，マニュアル的に決められるものではない。つまり，1週間に1回取ればよいとか，1年に1回では粗すぎるといったように絶対的に「正しい測定間隔」など決められるものではないし，決めるべきではない。測定間隔は，対象者の数などと同じように，「現象の性質」と「現実的制約」から規定されることになる。構造的に示せば「現象の性質」→「測定間隔」←「現実的制約」＞となるだろう。またあえて基準をいうならば，関心のある現象の「変化」を捉えることが可能な測定間隔が求められるといえよう。

しかし現実には，対象者への負荷も考慮しなければならないので，理想的な測定間隔でデータを収集することはできないかもしれない。したがって，理想状態を基準として「測定間隔が粗い！」と批判したり，研究内容を妥当に評価しない無い物ねだり的な態度は避けなければならない。

研究者（審査者）は理想を追求するあまり，ややもすると自分ができないことを他者（研究実践者）に要求するところがあるが，そのような非建設的態度に陥らないよう心がけたいものである（自戒を込めて）。

[62] それゆえ，通常そのデータ構造は，「3相データ」といわれる。荘島宏二郎が本書の3章1節「データ構造」（79-81頁）でわかりやすく論じている。

[63] 本書の中でも特に4章（山森光陽）と6章（川野健治）では，多様性を前提とした上で，一般性を導き出す方法について具体的かつ平易に説明されている。

[64] したがって，本書の4章以降で紹介する縦断研究法は，基本的には，優れた個的縦断研究法といえるものを集めている。

6節　発達研究におけるトライアンギュレーション

　次に，上述してきたさまざまな発達研究法の特徴をまとめた上で，「関心相関的選択」による「トライアンギュレーション発達研究法」の具体例を概説しつつ，その有効性を確認する。トライアンギュレーションとは，複数の方法を用いて現象を構造化することである。

　ただし，以下で示すトライアンギュレーションの「やり方」は発達研究法に限定されるものではなく，分析法，統計モデルの選択といったさまざまなレベルに通底するものになることから，トライアンギュレーションの1つの「モデル」として考えてもらいたい[65]。

[65] トライアンギュレーションの具体例としては，川野健治が本書6章の2節5項「時間への多元的志向性：質的データへの複眼の可能性」(201-205頁)においてより詳しく論じている。

1　各発達研究法の特徴

　5節で論じてきた各発達研究法の特徴をまとめたものが，次の表である（表1-1）。

　詳細を繰り返すことはしないが，この表から読み取れるいくつかの点を指摘しておこう。第1に，あたりまえのことであるが，いずれも長所と短所があり，どれが絶

表1-1　各発達研究法の比較

発達研究法	長所		短所	
横断研究法	発達概観の把握 集団の静的構造 多数の要因	○ ○ ○	個人の発達軌跡 発達の非線形性 発達の多様性 発達のメカニズム	× × × ×
多標本 縦断研究法	変数間の相関関係 集団の動的構造	○ ○	個人の発達軌跡 発達の非線形性 発達の多様性 発達のメカニズム	× × × ×
個的 縦断研究法	個人の発達軌跡 発達の非線形性 発達の多様性 発達のメカニズム	○ ○ ○ ○	多数要因	×

対的に妥当な方法であるとはいえない。第2に，横断研究と多標本縦断研究は，その短所を大幅に共有している点が挙げられる。第3に，横断研究法と個的縦断研究法は，長所と短所がちょうど入れ替わっていることがわかる。つまり，これらは潜在的に相補関的な関係になり得るといえよう。

2 トライアンギュレーションの実例

複数の発達研究法を用いた，トライアンギュレーションの有効性を示すために，上記の3点め，つまり横断研究法と個的縦断研究法が潜在的に相補関的関係になる点を活かした研究をごく簡単に紹介する（表1−2）。

表1−2　横断研究法と個的縦断研究法によるトライアンギュレーションによる相補完的関係

発達研究法	長所		短所	
横断研究法	発達概観の把握 集団の静的構造 多数の要因	○ ○ ○	個人の発達軌跡 発達の非線形性 発達の多様性 発達のメカニズム	× × × ×
DSAによる 個的縦断研究法	個人の発達軌跡 発達の非線形性 発達の多様性 発達のメカニズム	○ ○ ○ ○	多数要因	×

西條[66]は，横断研究法とDSA（個的縦断研究法の1つ）の双方を採用して，母子間の「抱き」の発達研究を行った。この表から，それぞれの発達研究法が抱える欠陥（右側の網かけ部分）を，お互いの長所により補い合っていることがわかるであろう。

つまり横断研究により多要因を検討し，影響要因や変化のみられる時期を絞り込み，その上で個的縦断研究法（ここではDSA）によって発達のメカニズムを明らかにしている。このように，それぞれの特長を組み合わせる

[66] 研究の詳細は，『母子間の抱きの人間科学的研究：ダイナミック・システムズ・アプローチの適用』(2004, 北大路書房)にて論じているので，そちらを参照していただきたい。

ことにより，効果的な発達研究を可能としているのである（図1-3）。

横断研究法
多要因を検討可能な特長を活かして，個的縦断研究で焦点化して検討すべき要因を絞り込む。

個的縦断研究法
個々の発達軌跡を描くことにより，変化点を特定し，変化が起こるメカニズムを明らかにする。

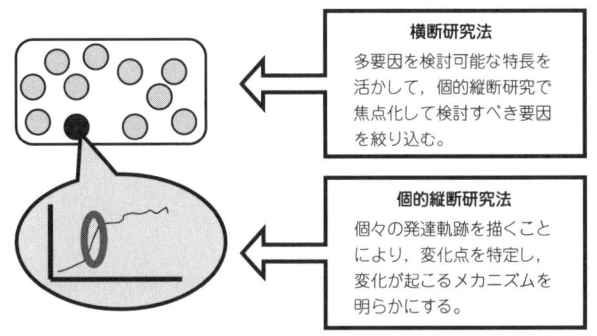

図1-3　トライアンギュレーションによる相補完的アプローチのイメージ図

1章のまとめ

　以上をまとめ，構造構成的発達研究法について総括する。構造構成的発達研究法では，原理的には，集団か個人か，一様か多様か，線形か非線形かといった二者択一的問いは，どちらが正しいという問題ではなく，それらは観点によると考えることから，一見矛盾するような事態をそのまま受け入れることを前提とする。

　しかし，それと同時に，研究戦略上は，多様性や非線形性を尊重する立場をとる。そして「関心相関的選択」により，相対主義に陥らずに，発達現象を構造化するために適した多様な方法を選択することが方法論的基軸となる。つまり，関心相関的選択は，それぞれの長所と短所をきちんと見極めることにより，より柔軟かつ妥当な使い方をする機能をもつのである。

　ただし，構造構成的発達研究法は，既存の発達研究法

や理論的枠組み，分析法などを否定し，無用にするものではけっしてない。そうではなく，構造構成的発達研究法とは，認識論を含めたさまざまな発達研究法やアプローチに対してメタレベルで機能する発達研究法の「メタ理論」といえることがわかるであろう。それゆえ，既存の発達理論（研究法）と，構造構成的発達研究法のいずれが正しいのかといった問いは，料理をする際に，包丁が重要か，鍋が重要かといった問いと同じぐらい意味のない問いということになる。

構造構成的発達研究法は，「いずれの枠組み（理論・研究法・アプローチ）が絶対的に正しいのか」といった信念対立に陥らず，関心や目的と相関的に適切な枠組み（ソフト）を選択するための「視点」として機能するメタ理論（ハード）なのである。

また，構造構成的発達研究法を，誰一人考えついたことも，実行したこともない斬新な発達研究法として提起したというつもりは毛頭ない[67]。そうではなく，それは優れた発達研究者が研究実践において，おそらくはすでに実行されていたとみられる職人芸的な営みを，哲学的・認識論的枠組みから方法論に至るまで体系的に基礎づけたものなのである[68]。言い換えれば，職人芸的営みをメタ理論として体系化（定式化）したものなのである。

そしてこのことの意味はけっして小さくない。まず，このメタ理論を「視点」として活用することによって，発達をめぐる不毛な信念対立に陥ることなく，建設的に議論を進めることができるようになろう。また，これを「視点」として定めることにより，研究実践的にも，より質の高い発達研究を安定して生み出すことが可能となると考えられる。さらに，構造構成的発達研究法は「発達心理学の哲学」といえる側面もあることから，発達研

[67] 考えてみると，世の中に「完全にオリジナルなもの」なんてそうそうあるものではない。そもそも完全にオリジナルである必要がない。学問的に重要なことは，現状より一歩でも前に進めることにあるからだ。

[68] 実際，従来も以下の章で示されるような優れた発達研究は職人芸的に行われてきた。そうでなければ，そもそも本書は編むこともできなかっただろう。

究法を教育する際に，認識論と方法論を不可分なものとして学習者に伝える際にも，有効に活用することができよう。

Column 1

乳幼児に関する縦断研究
資料収集の構え，一次的処理と個体変化の軌跡

陳　省仁

　これまで乳幼児を対象とした縦断研究に何回も参加したが，残念ながら自分の仕事として満足した研究はまだない。おもな理由は自分の非力だが，縦断研究は容易ではなく成功させるにはいくつも条件が必要であることも事実である。院生のとき，研究室の縦断研究プロジェクトの参加を通して，乳幼児研究の実際をいろいろ学んだ。しかし，ふり返ってみれば，今ではあたりまえのことを当時当事者として必ずしも理解せず，十分な準備がないまま実施に突入したような気がする。ここでは，これらの反省から乳児の縦断研究を開始する事前の資料収集の構えと，事後の資料の処理の側面から3つの点を述べる。

　1．準備の段階において，大まかな計画だけではなく，データ収集のスケジュール，観察や計測をどのような道具でいかに行うか，その後，データをどのように解析をし，どのような論文を書くかについて，かなり具体的なイメージをもつ必要性がある。言い換えれば，初心者が考えがちの研究の順序と逆にして，まずは，書きたい論文の仮説や結論から逆推して，目的指向的データ収集を行うという発想である。このことは，縦断研究に限らず，すべての研究についていえると思う。縦断研究は多大な時間と労力の投入が必要であるため，逆推に基づいた事前の計画と準備が縦断研究を成功させることに有効であろう。

　2．上に書いたのは理想論で，そのようにできればそもそも本文は余計なのになる。筆者の経験から，縦断研究を数人が共同で計画し実施する場合と個人ですべて行う場合が多い。前者，特に経験の豊かで有能のリーダーがいる場合，資料収集や分析そして最終の書き上げなどは理想的に運ぶであろう。しかし，現実はそうではないことが多い。よくあることは後者である，つまり研究者のあなたが1人ですべてを工面しなければならない状況，あるいはそれに近い状況にある。そのようなときに，資料収集の時期の決定や，対象者との連絡

と観察や計測の実施などは何とか最低限のスケジュールを踏みはずさないことはいうまでもなく重要であるが，研究計画をただの資料収集に終わってしまわないために，収集と同時に第一次的処理を行っておくことに心がける事が大事である。80年代以降，乳児に関わる縦断研究の多くはビデオ記録が重要な資料収集の手段の1つとなり，おびただしい量のビデオ記録が貯まる状況の中で，第一次的処理は特に肝心である。第一次的処理の一例として，ビデオ記録における目当てのエピソードの頭出しはそれに当たる。この処理は相対的に機械的であるため，「外注」も可能である。この処理を収集とほぼ同時に行っておけば，より核心的分析がより容易に着手可能になる。

　3．最後は資料の処理について一言。データ分析に関して，せっかく1人1人の研究対象者から縦断的に収集された資料をグループ平均などサンプルに基づいた統計処理をしてしまえば，母全体を代表する数値を得ることができても，個人の発達的変化の軌跡が見えなくなり，縦断的資料の価値を失ってしまう。乳児に限らず，縦断研究の真価は個体の変化する軌跡を提供することである。そういう意味でも，短期間に起きる発達的シフトや臨界的変化をも捉えるために，観察や計測の間隔をなるべく短くすることが必要である。

　近年学会の発表や学会誌の論文を見る限り，ある規模をもつ縦断研究の数が減っている。これは，発達心理学研究の目標に対する考え方の変化と関係すると思われる。特に，研究に使われる方法や分析法の多様化によって，時間と労力がかかる縦断的研究は敬遠されている。しかし，乳児期の行動発達のメカニズムの解明には，短い間隔で観察や計測が繰り返される縦断研究が不可欠であることは論を待たない。

2章 縦断研究法のタイプ分類とその選択基準

無藤　隆
Muto Takashi

1節　広義の縦断研究とは何か

　本章では，まず広い意味での縦断的な方法のいくつかのタイプを挙げ，各々の要点を述べたい。また，私の研究室で行ってきた，各々のタイプに該当するものの研究例を挙げ，具体的にそれらの要点がどのように実現され，また留意されているかを検討する。

　広い意味での縦断的な方法を，ここでは，研究の対象となる人（もの）を時間に沿って追いつつ，その資料を収集し，時間的な変化を分析の主眼とするものとしておきたい。ごく短い時間の実験でもプリテストとポストテストの間の差を見たり，その過程でのミクロな変化を検討すれば，時間的な変化を扱った研究には違いないが，縦断的と広義であれ呼ぶためには，もっと長い間の発達

的と思われるような変容を含み込むものとするのが通例の用法であり，ここでも，そのように考えておきたい。

　また，発達心理学の主流の研究においては，多量の対象者について繰り返し測定を行いつつ，数年以上（時には生涯にわたり）その人たちを追いかけ，統計的な手法により分析するやり方を，縦断的な方法として指し示すことが多い。ここでは，そういった方法論を主眼としつつ，質的に追跡するものや，個人ではなく特定の「場」について検討していくものを，広い意味での縦断的な方法に入れて，検討していく。

　以下の方法の各々はさらに個別の章や節で詳細に整理されることになる。本章では，基本的な考え方を主として論じたい。

　最初の3つはおもに量的な方法によるが，特に最初の2つは多量の対象者による大がかりな研究である。第3のものは比較的に少人数のことが多いが，量的な指標を用いることが原則であり，ただ，統計的に複雑な手法は用いない。後半の3つの手法はおもに質的な方法論によるものである。個人の伝記的な記述を中心とするものが多いが，その人に関わる人や研究者による観察資料などによる場合もある。

　残りの2つは通常，発達研究に含めない。その1つは研究者自身に焦点を合わせ，自らの変容や成長，またそのことによる新たな視点から理論的広がりを図るものである。最後のものは，教育研究やコミュニティや組織の研究で用いられるものであり，時間をかけて，場（フィールド）の変革を行うものである。

2節　縦断研究の困難さ

1 変数の選出

　まず，必要な変数を見出し，測定しなければならない。先行研究を通して何が関連するかの見通しをつけねばならない。特に，ある影響関係を取り出したいとして，多くの現象は他の要因も影響を及ぼしていることも多い。現実の社会の中の影響を取り出したいとして，その場合，理論的にも実際的にもどの程度の影響の大きさかを見出したいと思うだろう。

　影響関係があるとしても，実際に重要なほどの大きさでないのかもしれないし，ほとんどの影響が他のところから来ているのにそれに気づいてないと，理論化にあたり十分なものになり得ない。

2 影響関係の捉え方

　影響の大きさは，通常，相関関係ならその二乗で表現できる。他の多くの要因が並行して影響しているとすれば，それを分析に組み込むと，当該の変数がどの程度影響しているかをより正確に推定できることになる。

　もう1つの変数の組み込み方は，媒介や緩和の働きをする場合である。たとえば，男女や年齢などの変数の値毎に分析を分けると，影響関係が異なることはよくみられる。さまざまな変数の場合分けを組み合わせて，その各々ごとの分析を1つの統計的分析の中で一挙に行う手法も開発されている。

　間に立つ変数を入れると，因果関係が明確になる場合もある。XとYの間にZという変数を組み込み，Xから

Yへの直接的な影響関係とZを介した間接的な影響関係を分けるのである。より理論的に洗練されるばかりではなく，そのZという変数が実践的に介入可能なものなら，そこを「攻める」ことにより，Zを介した影響関係を変えていくことが限定的であっても，有効な目標となる。

3 測定に関する問題

測定についての問題も錯綜したものがある。適当な指標がない場合もあるが，信頼性・妥当性が高いものがあっても，施行にきわめて手間がかかることもある。そのコストは時に膨大なものとなる。

また，繰り返し測定することの弊害もある。それが対象となる協力者への負担を増す。そればかりでなく，繰り返しの測定が対象者に慣れを生んだり，いい加減に答えたり，逆に過敏に反省を促したりするかもしれない。測定自体のもたらす歪みとともに，測定されて研究に参加していること自体が日常の生活への構えを変えるのかもしれない[1]。

4 長期縦断研究の問題点

また長期にわたる縦断研究に共通する問題点は，長い時間をかけ，また繰り返し負担をかけるために，調査から脱落する人たちがしだいに増えていくことである。その「消耗率」が高すぎると，研究の結果はきわめて歪んだものとなる。

脱落した人たちと残った人たちの最初の段階での特徴を比べることで，ある程度はその歪みの程度は推定できるが，歪みの出ることは通常は避けられない。まして，2，3割を越えて多くが脱落したのなら，その結果を現実の場面に当てはめられるかどうかは相当に疑わしいと

[1] このような対象者に対する繰り返しの測定の負担の軽減と，より精度の高い測定を目指して，テストに関わる統計的な研究の進歩は着実なものがあるが，まだ十分には発達研究に応用されていないので，紹介は省く。

考えるべきだろう。

5　代表性の問題

　これはそもそも，標本の代表性がどの程度確保できるか自体も問題である。もっとも心理学では慣例的に対象者の代表性については気を使うことが少ない。おそらく心理学の暗黙の前提としての普遍主義があり，適当な誰かをとれば，その誰かは他の人と同じような特性を示すと考える傾向が強い。

　だが，特に，多くの変数を測定し，それらの影響関係の詳細を検討しようとするとき，どのような人たちを集めて調査しているかが結果に大きな制約を与えているかもしれない。たとえば，大学生であったとしても，それが入学がむずかしい大学であるなら，いくつかの変数の値の幅は世間全体での幅の広さの片側に寄ってしまい，検出される影響関係は時に小さくなってしまう。あるいは，家庭などもただ同然で協力してくれるところは比較的に世間で言う「よい家庭」ないし余裕のある家庭が多くなり，良好な親子関係の中の相対的な違いの検討となるかもしれない。

6　相関を基軸とする発達研究の問題点

　通常の相関分析をベースとした縦断データの解析は，変わりにくい面を取り出すことになりやすいことにも注意がいる。心理学で扱う多くの変数は，同じ変数のある時点と次の時点の間の相関（自己相関）をとると，それがかなり高くなるのである。高い数値の人は次の時点でも高く，低い人は低いという傾向が強い。

　そもそも，期間が短いときに「再テスト信頼性」と呼んで，それがかなり高いことを変数の測定の基本的要件

としているくらいであり，心理学では変わりにくい面を扱うという前提がある。また，相関では特定の変数が全員が同様に伸びていく場合，数値の順位はほとんど変化しないから，相関が高くなる[2]。

7 コストの問題

多くのことを考慮し，また現実場面での有効性を重視すれば，よけいに，測定すべき変数が増え，対象となる人数が増える。それは望ましいように思えるが，しかし同時に，経費・手間を大きく増やすことになる。研究は大規模化し，時に国家的なプロジェクトになっていく。個人が行うささやかな研究の入る余地はそこでは消えていかざるを得ない。

8 統計分析上の問題

なお，統計的な分析は急速に進歩しつつあるものの，なお，統計処理のむずかしさは否めない。変数が多くなり，いくつもの時点になってくる。しかし，各変数の信頼性はさほど高くない。さらに，発達研究ではとりわけ，変数の測定の妥当性は時によって変化し，測っているものが変化している可能性もある。特に，何年も間に入ると，発達の時期の違いが測定内容に影響し，同一の質問が同じ内容を測定しているとは限らなくなる。

変数の間の関連について理論的に想定できる道筋が限定できるのならよいのであるが，そうでないと，さまざまな組み合わせの可能性が爆発的に増えてしまい，統計処理可能な範囲を超える。そこで，実際の分析では，ごくわずかの変数に絞ったり，また変数群を概括して統計処理したりというやり方を行うことが多い。その結果，当初のねらいほど，変数の統制が可能でなくなる。

[2] 縦断的に調査したときに同一変数が時間を追っても相関が高く，つまりあまり変化しないことが多いのは，実際に，多くの人が思うよりも人間は変わりにくいものだからかもしれない。

多くの人が成長する子ども時代は成長の速度は違ってもほとんどが成長するのだから，相対的な差はそうすぐに変わるものではない。相対的な個人差は比較的安定しているものである上に，環境があまり変わらないとすれば，変化は検出されにくい。同一の家庭に暮らしているとか，同一の学校に通っていれば，通常は環境は大きく変化はしない。

環境による影響などを調べたいときには，環境の大きな変化の時期，たとえば，小学校から中学校への移行とか，出産前後とか，結婚・離婚の時期とかに焦点を当てる戦略も必要であろう。

以上，いくつか縦断的研究を行う上での留意点を述べた。安易に取り組める手法ではないが，うまく進められたときにはきわめて有用な情報を与えてくれるものである。多大な労力を要するものであるが，その価値は十分にあるといえる。

3節　多標本縦断データと相関に基づく分析法

1 相関を基軸とした発達的分析の問題点

発達的研究においては，大きく2つの問題が生じる。1つは，特に子ども時代においては，多くの変数が子どもから大人への成長過程において向上していくために，相互に関連が成り立つことである。もう1つは，その関連のゆえに，何が原因となって特定の結果を引き起こしているかが見えなくなることである。

たとえば，子どもが何かの問題を抱えていたとする。1年・2年とその問題について働きかけを行う。子どもの問題の改善を見た。だから，その働きかけのやり方が効果があると結論してよいだろうか。それはあまりにも短絡的にすぎるといえよう。子どもの場合，その程度の期間があれば，多くの問題は成長により改善されるからである。また，他の要因（たとえば，親の側の変化とか）が関与しているのかもしれない。

また別の例を挙げれば，何かの問題の原因を探るために調査を行った結果，たとえば子どものテレビ視聴と非行につながる行動の間に相関が見られたとする。だからといって，テレビ視聴が悪影響を及ぼしていると結論づけてよいか。他の変数が関与しているかもしれないし，そもそも，もともと非行的な行動の多い子どもがテレビ

を長く見ていたりしているのかもしれない。また，家庭で極度に子どもに放任的で，その結果，テレビ視聴もテレビゲーム利用も外での遊びも増えているのかもしれない。このように第3の変数が根本で働いている可能性もあるのである。もちろん，実験的な研究では，そういった要因が統制できる。実験群と統制群に無作為に対象者を割り当て，原因となる変数以外は同一となるように統制することで，操作した変数が結果の違いに影響したと結論づけることができる。

しかし，多くの発達的な問題関心からは，そういった実験研究がむずかしい。劣悪な条件に無作為に割り当てるなど倫理的に問題だということもあるが，それ以前に，無作為割り当てを意味あるものにするような介入が考えにくいのである。変数をきちんと統制することも，現実生活での変数が取り上げられるとすれば，簡単ではない。なぜなら，現実の条件が複雑なことと，簡単な介入（家庭訪問するとか援助費を渡すとか）と異なり，多くの介入はすでにある社会的な生活に無作為に割り当てることが可能でないからだ。

2 クロスラギッド相関による分析

そこで，多くの関連しそうな，また基本的な要因として働くであろう変数を測定し，それを時間をおいて繰り返していく。時間的に先行する変数の大小が後行する変数の大小と相関したとき，先立つものが後からのものへの原因の候補となり得るが，その逆はあり得ないといえる。そして，特定の変数間の相関を，他の原因となり得る変数の影響を統計的に除いて検討すれば，本当に因果関係を想定できるかどうかがわかることになる(図2-1)。

今仮に，2つの変数が問題だとする。XとYである。

```
          X(t₁) ─────── X(t₂)
                 ╲   ╱
                  ╳
                 ╱   ╲
          Y(t₁) ─────── Y(t₂)
          ───────┼───────┼──────
                 t₁      t₂
```

図 2-1 クロスラギッド相関

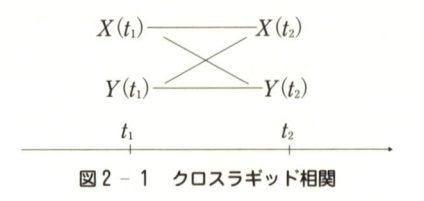

t_1 と t_2 の 2 つの時期に測定する。4 つの測定のデータがあるときになる。$X(t_1)$, $X(t_2)$, $Y(t_1)$, $Y(t_2)$ の 4 つとしよう。$r(X(t_1) - Y(t_2))$ と $r(Y(t_1) - X(t_2))$ を比較する（この時間をずらしての「斜めの」相関を「クロスラギッド相関」と呼ぶ）。前者が後者より有意に大きければ，X が Y の原因（の少なくとも 1 つ）であると推定できる。

また，$r(X(t_1) - Y(t_2))$ に対して，その相関から，第 3 の変数の Z を測定して，$r(Z(t_1) - Y(t_2))$ の相関を除くと (partial-out)，偏相関係数を算定できる。それが十分な高さがあるのなら，Z から Y への影響分を除いてもなおかつ X から Y への影響があるといえることになる。

統計的に統制したい変数が増えてくれば，重回帰分析やさらには共分散構造分析（構造方程式モデリング）などを使うことができる。そのロジックの基本は上記の偏相関の捉え方にある。

こうした分析法は，発達的なデータに即した優れた方法論であり，利用が世界的に広がっているのは当然である。先述したように実際に適用する際，容易には越えがたい多くのハードルがあるのも確かだが，今後の発達研究の方法論の主流であることは間違いないといえよう。

③ 発達関数と成長曲線モデル

発達研究の最も基本となる資料は，年齢を追っての各変数の変化であろう。それを「発達関数」とか「年齢関数」と呼んだりする。年齢が原因という意味ではないが，

年齢を横軸にとり，当該の変数の値を縦軸にとり，その変化の曲線を描くことができる。年齢をさまざまな要因の集合的要約変数とみなすのである。

横断的にさまざまな年齢について測定を行い，その平均をとっていけば，曲線を見出すことになる。だが，縦断的な場合と，その平均とがかなり異なることもある。昔から知られている例は，身長の成長についてである。思春期に急激に伸びる時期がある。だが，横断的に平均をとると，かなりなめらかな曲線的変化が見出される。それを縦断データをとり，かつ，個人ごとに急速に延びる時期をずらして，それを重ねると，急激な変化があることを明確に示すことができるのである。

1つは，実際の発達的変化の様相は縦断データでこそよくわかるということである。個人の変化を追っていけるからである。もっとも，先ほども指摘したように，縦断調査はコストがかかり，また時間も長く要する上に，多数の変数を含めて，統制して調べることは簡単ではない。横断的なデータ解析と組み合わせて，相互に違う面を表しつつ，統合的な解釈を与えてつつ，理論化することが必要になる。

もう1つは，単純に年齢を基準として平均してよいというわけではないということである。同じ発達曲線のパターンだとしても，変化の大きな時期は個人差があるのが普通であろう。変化パターンを取り出す工夫がいる。

その後の研究でさらに，変化パターンの種類の個人差について検討が進んだ。年齢とともにそれに直線的に比例して伸びていく場合も，ある時期に急激に伸びる場合も，また時に一時的に停滞したり，落ち込む場合もあるかもしれない。変数により，また個人により，さまざまな違いがあり得る。

そこで開発されてきた（今のところ最も洗練された）統計モデルが「成長曲線モデル」である。これは，個人を単位として，縦断的な変数の変化のパターンによりいくつかのグループに分けることを可能とする。その変化パターンは，1次（直線），2次，3次などの曲線の重なりで捉える。各曲線のパラメータ（直線の切片と傾きなど）により特性を捉える。変数の信頼性があまり高くなければ，また測定回数がかなり繰り返されないと，なかなか近似的推定が安定しないのだが，うまく推定できれば，発達的変化の多様性を見事に表現できる。

その上で，その変数のパラメータを予測する諸変数を多変量解析の手法を用いて探し出す。そこから発達の要因を見出すことができる。身長の例では，最初からの背の高さの個人差と，急激に変化する時期，またその変化の大きさなどについて別々に要因を検討できるのである。

4節　1人ごとの行動記述

成長曲線モデルの場合，1次，2次，3次程度の曲線の組み合わせで変化を記述できるという想定がある。実際，それ以上の近似は，縦断的データの信頼性がさほど高くないことを考えるとむずかしいだろう。その上，かなりの対象者の人数と繰り返しの測定とを必要とする。

それに対して，文字通り1人ひとりへの測定のパターンを記述して，その積み重ねから発達的流れを検討しようというアプローチがある。比較的少人数でありながら，1人についての観測は詳細にかつ繰り返しの頻度も高くしていく。いくつかの変容のパターンが個人差として取り出せる。

「ダイナミック・システムズ・アプローチ」の場合，シ

ステム理論に依拠しつつ，ある行動の発現や変容に関わるおもな変数を同定し，その組み合わせから行動変容の指標となる変数の動きを予測する。通常，数量的測定と数学的なモデル化を行って，予測を可能にする。

今のところ，かなり限定された場面や行動とその比較的短期（とはいえ，1年間とか）の中の繰り返しの測定からの変容パターンを見出すことが典型的なやり方である。たとえば，特定の変数のちょっとしたある動きが変数間の関係に影響を与え，それが行動全体を大きく変えるといったダイナミックな変化を取り出すことができる。

なお，測定と記述において質的に行えば，事例研究の積み重ねというアプローチになっていく。測定と変数と数理的モデルというダイナミック・システムの特徴から離れるのだが，その質的事例研究を重ねるやり方にも意味があろう。そこでもまた，個人毎の記述と，個人のいくつかのグループ化というやり方をとることができる。

5節　質的縦断研究法

1　伝記的に寄り添う

個人の長期にわたる変容の過程を質的に記述するのなら，それは広い意味での「伝記」というものである。そういった事例研究を行うことやその積み重ねは1つの分野を形成する。

発達心理学的な関心からは多くの場合に，2つの制約が伝記に対して加わる。1つは，その当該の人物自体への関心というより，そこから多くの人に当てはまる何かを見出そうとすることである。たとえば，エリクソン（Erikson, E）の伝記だとすれば，その人物の人間形成に

ついて関心を持って調べるのであろうし，また読者もそのようにして読むことだろう。

　もちろん，有名人の伝記的検討から一般性のある何かを言おうとする場合もあり（モーツァルトの伝記から音楽的才能の表れを検討するとか），無名人を取り上げつつ，その人の生涯の豊かさに関心を向けようとする場合もあろう（多くのドキュメンタリーなど）。だが，無名の人を対象とする場合，たいていはその人というより，何か一般性のある結論を引き出したいのである。

　さらに，もう1つの重要な視点は，発達的な流れを取り出すという視点である。それがあるからこそ，発達心理学の関心とつながる。

　そこで，そういった心理学的な立場からの伝記的記述は，どのような発達の図式的理論化を行うかが1つの大きなポイントとなる。たんなる年齢を追っての，あるいはライフサイクルでの出来事を追っての記述に終わらない。また，事実に基づくか，当人へのインタビューや観察といった資料に基づき，そこからあまり飛躍したり，小説的な空想的修辞に立ち入らない。さらに，主流となる発達心理学の理論との関連を考察において検討し，結びつけることになるだろう。

　何より，多くの理論化では，発達が基本となる（それが何であれ）心理的メカニズムがあり，そこから多くの行動や変化が起こると捉えるだろうから，そういった検討がなされるかどうかが心理学として意義があるとみなされるかどうかを規定する。

　いかなる資料を使うかはさまざまであり得る。観察であれ，インタビューであれ，他の資料であれ，その資料に即しつつ，どう心理学的な理論化を行うかが問われる。特に，変容にあたり，そこに何が寄与したかを検討する。

だが，すでに述べたように，事例からその要因を決定的に解明することは本来的にできない。むしろ，要因を多様に広げていくとか，時代や文化や特殊な事件といった従来心理学者があまり注目していなかった，あるいは数量的に測定しにくいところに注目して，関連の可能性を示唆していくことになる。

2 関わる中での自らの変容

　研究者側の，研究を通してのまた対象者や対象場所に関わる中での自らの変容に注目するというのは，特殊な研究スタイルであるが，しかし，研究者が絶えず行っていることである。研究者の姿勢や技法，また倫理などを捉え返すことができる。

　また，対象への理解を増すという意味での研究者側の気づきに注目することは意味がある。特定の論文での対象についての記述のいわば枠組みになり前提となるところを反省し，再検討することにつながるからである。

　たとえば，それまで対象者をいわば客観的に捉え，その研究対象として研究目的に合致する範囲で情報を得て，記述してきたとする。だが，実際には密な関わりを繰り返せば，研究目的に合おうと合うまいと，多くのことをその人やその人の活動について知るようになる。そのような関わりを深める中で，相手が研究者である自分をどう捉えているかに気づき，関係を反省することも出てくる。その中で，相手のそれまで見えていなかった面を把握できるようになり，その人のまたその場のあり方の多層性の理解を進めることができるようになる。

　だから，たんに研究の技術がよくないとか，研究の手際が未熟だという意味での反省だけではなく，研究者の視野が広がり，対象者との関係が多面的になるにつれて，

対象の記述と理解そのものが豊かになり得るのである。

それは，通常，縦断的研究と呼ぶことはないが，しかし，対象との繰り返しの結果として生じるものであろうし，またそこでむしろ研究者側の成長がみられるという意味で，広義の縦断的方法の議論に含めたのである。

3 場の改善のためのアクション・リサーチ

ある特定の場に繰り返し関わり，そこの改善の試みを，研究者とその場の実践者とが協同で行いつつ，検証と改善のための資料を収集していくといった実践的研究を「アクション・リサーチ」に含めてよい。

それはたとえば，教育実践研究で言えば，学校や幼稚園などの場の改善や，その場に属する教師集団の力量向上の試みである。その場や集団の特性を熟知する必要があるだけでなく，継続的にその場に関わり，その場の制約の中で，その場にある資源を生かし，またこれまでの歴史を踏まえ，積み重ねていくことに特徴がある。

さらに，その改善の試みがさらなる歴史を作り出し，その上に立って次の展開を行っていくという意味での累積的かつ共同構築的な縦断性がみられるのである。

6節 縦断的なアプローチのいくつかの実例

次にこれまでの議論を補う意味で，いくつか私の研究室で行ってきた，広義の縦断的なアプローチをとった研究を紹介し，これまでの議論の実際を示したい。

[3] 中山美由紀・福丸由佳・小泉智恵・無藤隆による協同研究である。本研究は，500組以上の父母子を妊娠期から就学前まで質問紙調査を用いて追跡するものである。妊娠期から調査を依頼していくので，組数が揃うのに数年を要するため，分析には全予定組数を用いているわけではない。なお，以下の分析は未発表のものである。

1 相関と χ^2 検定を組み合わせた縦断データの分析例：父母子関係の妊娠期からの検討[3]

親にとって，その仕事役割と子育て等の家庭の役割の遂行における発達的・肯定的な側面や，複数役割のスト

レスによる精神的不健康からの回復は，経時的変化を記述し，影響関係を時系列的に分析する方法によって初めて明らかになる。そのことを目指し，夫婦を対象に多重役割の両立プロセスを妊娠期から継続して検討していくこととした。本研究では，初めて親になるということ，つまり親役割の遂行による変化を，親になる前（妻の妊娠2〜10ヵ月），親になって約半年後，1年後，その後1年ごとの予定で縦断研究を行っている。本研究は現在も継続中のため，ここでは，親になる前（1回目）と親になって半年後（2回目，まだ全員ではない）の夫婦の心理的健康度についての分析を述べる。

心理的健康度を把握するためGHQ-30を用いた。これは30項目の質問に対し4件法で回答を求めたものであり，尺度の配点に従って0，1点とし，その合計得点で評価した。得点が低いほど心理的健康度はよい。

第1回調査は，妊娠中の妻859人と夫887人であり，夫の平均年齢は32.1歳，妻の平均年齢は30.0歳であった。第2回調査は，第1回調査の協力者のうち返却があった夫189人，妻190人，それぞれの平均年齢は夫35.5歳，妻30.4歳であった。

心理的健康度等の相関をみてみると，1回目と2回目の心理的健康度の相関係数は夫 $r=0.492$，妻 $r=0.456$ と中程度の相関があるといえる（表2-1）。また，年齢を制御した偏相関係数は，夫0.496，妻0.456であった。心理的健康度は年齢により差があることが報告されているが，本研究の対象者においては，年齢による影響を取り除いても1回目と2回目の心理的健康度に中程度の相関があった。一般に心理的健康度は，複数回調査を行うと調査間で相関が高いことが知られているが，本研究の対象者も同様の結果であった。

表 2-1　夫婦の心理的健康度の相関

	夫1回目 GHQ-30得点	夫2回目 GHQ-30得点	妻1回目 GHQ-30得点
夫2回目 GHQ-30得点	0.492**		
妻1回目 GHQ-30得点	0.173**	0.055	
妻2回目 GHQ-30得点	0.208*	0.208*	0.456**

表 2-2　夫の心理的健康度の親となる前後の変化

	夫2回目 GHQ-30標準群	夫2回目 GHQ-30高得点群	計
夫1回目 GHQ-30標準群	148	14	162
夫1回目 GHQ-30高得点群	11	11	22
計	159	25	184

($\chi^2=28.219$, $p<0.0001$)

表 2-3　妻の心理的健康度の親となる前後の変化

	妻2回目 GHQ-30標準群	妻2回目 GHQ-30高得点群	計
妻1回目 GHQ-30標準群	118	11	129
妻1回目 GHQ-30高得点群	16	11	27
計	134	22	156

($\chi^2=19.126$, $p<0.0001$)

　次に親となる前の妊娠中と親となって約半年後のGHQ-30の変化を検討するために，それぞれの時期による平均得点+1SD以下を標準群，以上を高得点群として検討した．その結果，χ^2検定によると，夫，妻ともに有意な偏りがみられた．夫の親となる前の心理的健康度の高得点群の22名のうち11名は親となって約半年後においても同様に高得点であり（表2-2），妻においては，27名のうち11名がそのまま高得点群であった（表2-3）．
　以上をまとめると，相関分析によって，心理的健康度が高い人は高いといったように安定していることが示された．さらにχ^2検定により，心理的健康度の移行は男女に差があることが示唆された．つまり，男性の方が親になる前の心理的健康度が高い人は依然として高いままだ

が，女性の場合は心理的健康度が高くとも親になると心理的健康度が低下してしまう可能性が示唆されたといえよう。

2 縦断的相関データの多変量的分析の例：テレビメディアの影響[4]

小学5年生から中学2年生までの，いわゆる思春期の子どもたちの，社会的に逸脱しているとみなされる行動傾向（以下，社会的ルール違反傾向）の予測要因を見出すことに関心をもち研究を行うこととした。そのためには縦断的な検討が不可欠である。

したがって，2001年2月（T_1）〜2004年2月（T_4）に4回の「青少年へのテレビメディアの影響調査」を行った。T_1における調査対象は，首都圏40km圏内から無作為抽出された小学5年生とその主たる養育者1000組であった。本章では，T_1〜T_4すべての調査において有効回答者となった721組（子ども内訳男子377名女子344名）を分析対象とした。

社会的ルール違反傾向として，「子どもだけでゲームセンターなどへ行く」，「タバコを吸う」など8つの選択肢

[4] 無藤隆・川浦康至・角谷詩織 2005 青少年へのテレビメディアの影響調査──最終報告 放送と青少年委員会，による。
なお，この調査は，BPO内の「放送と青少年委員会」による調査をこの3名が中心になり実施し，報告しているものである。

表2-4 社会的ルール違反傾向の選択肢

子どもだけでゲームセンターなどに行く
夜おそくコンビニの前で友だちとしゃべる
知らない人の自転車をかってに使う
タバコを吸う
親にないしょでお酒を飲む
物をわざとこわす
だれか人をなぐる
家出をする
この中にはない
わからない・無回答

について，[やったことがある]，[やりたいと思う]，[やってもいいこともあると思う] の中からいくつでも選択してもらった。

そして，「この中にはない」を選択した者を「1．完全否認群」，「子どもだけでゲームセンターなどへ行く」だけを選択した者を「2．ゲームセンター容認群」，その他の選択肢いずれかを選択した者を「3．容認群」とした（表2−4）。

図2−2〜2−7は，T_1からT_2，T_2からT_3，T_3からT_4への因果関係を男女別に重回帰分析によって得られた結果を図に示したものである。短方向の矢印には，有意確率10%未満で有意だった標準化回帰係数βを記した。独立変数選出にあたり，質問項目を主成分分析し，各成分から1項目ずつ選出した。

分析の結果，いずれの時期，男女とも，前年の社会的ルール違反傾向の高さが翌年の社会的ルール違反傾向の

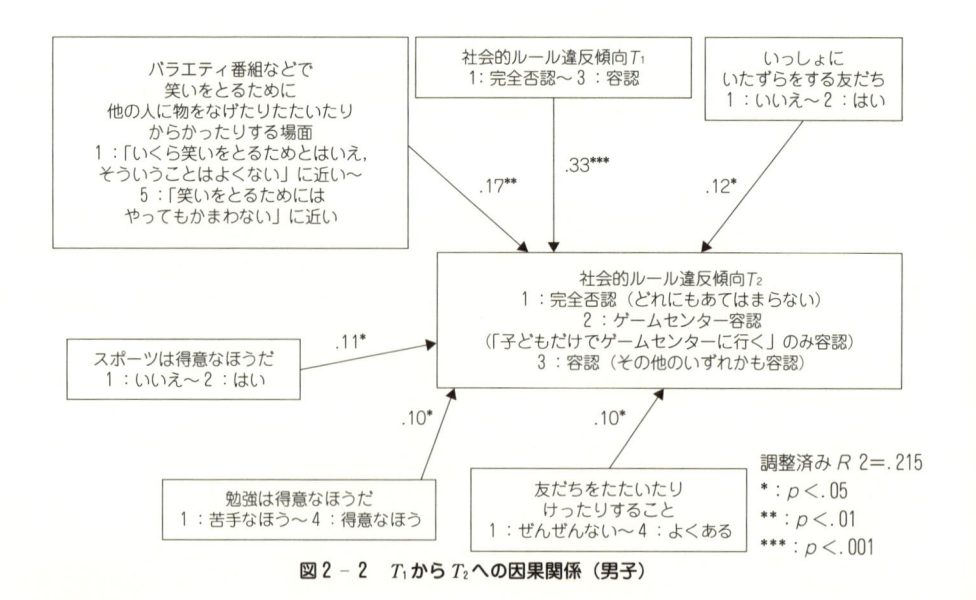

図2−2　T_1からT_2への因果関係（男子）

```
┌─────────────────┐        ┌─────────────────┐        ┌─────────────────┐
│ 平日のテレビ視聴時間 │        │ 社会的ルール違反傾向 $T_1$ │        │ 子ども専用の物として │
│ 1:ほとんど見ない～ │        │ 1:完全否認～3:容認 │        │  「テレビ」を持っている │
│   7:5時間以上    │        └─────────────────┘        │ 1:いいえ～2:はい │
└─────────────────┘                                   └─────────────────┘
```

図 2-3 T_1 から T_2 への因果関係（女子）

矢印・係数:
- 平日のテレビ視聴時間 → 社会的ルール違反傾向 T_2 : .12*
- 社会的ルール違反傾向 T_1 → T_2 : .43***
- 子ども専用の物として「テレビ」を持っている → T_2 : .16**
- 「ニュース」をよく見る (1:いいえ～2:はい) → T_2 : -.11*
- 友だちからたたかれたりけられたりすること (1:ぜんぜんない～2:よくある) → T_2 : .17**
- テレビゲームで遊んだ後「疲れた感じがする」(1:いいえ～2:はい) → T_2 : -.12*

社会的ルール違反傾向 T_2
1:完全否認～3:容認

調整済み $R^2 = .305$
* : $p < .05$
** : $p < .01$
*** : $p < .001$

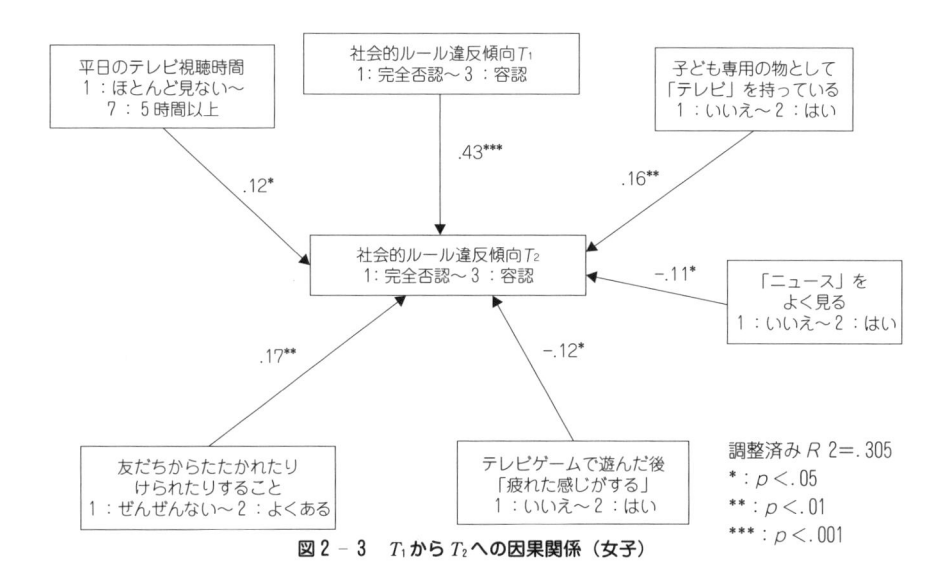

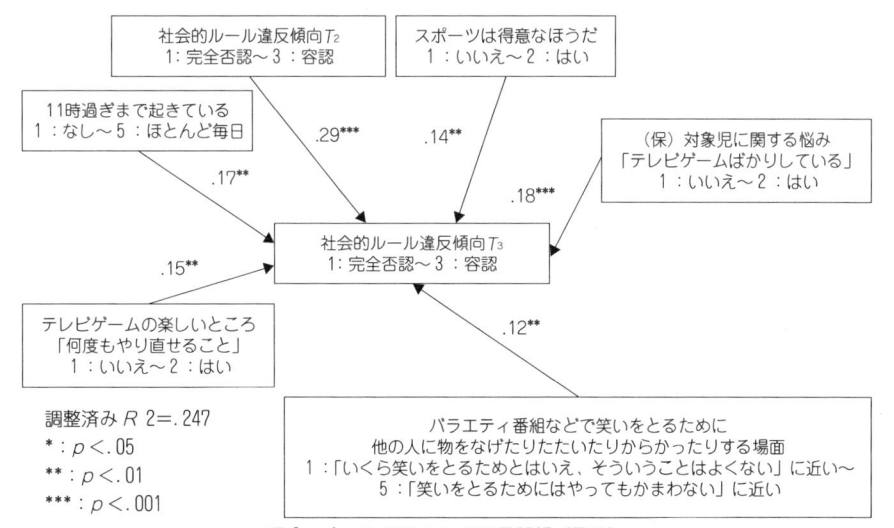

図 2-4 T_2 から T_3 への因果関係（男子）

矢印・係数:
- 社会的ルール違反傾向 T_2 → T_3 : .29***
- スポーツは得意なほうだ (1:いいえ～2:はい) → T_3 : .14**
- （保）対象児に関する悩み「テレビゲームばかりしている」(1:いいえ～2:はい) → T_3 : .18***
- 11時過ぎまで起きている (1:なし～5:ほとんど毎日) → T_3 : .17**
- テレビゲームの楽しいところ「何度もやり直せること」(1:いいえ～2:はい) → T_3 : .15**
- バラエティ番組などで笑いをとるために他の人に物をなげたりたたいたりからかったりする場面 (1:「いくら笑いをとるためとはいえ、そういうことはよくない」に近い～5:「笑いをとるためにはやってもかまわない」に近い) → T_3 : .12**

社会的ルール違反傾向 T_3
1:完全否認～3:容認

調整済み $R^2 = .247$
* : $p < .05$
** : $p < .01$
*** : $p < .001$

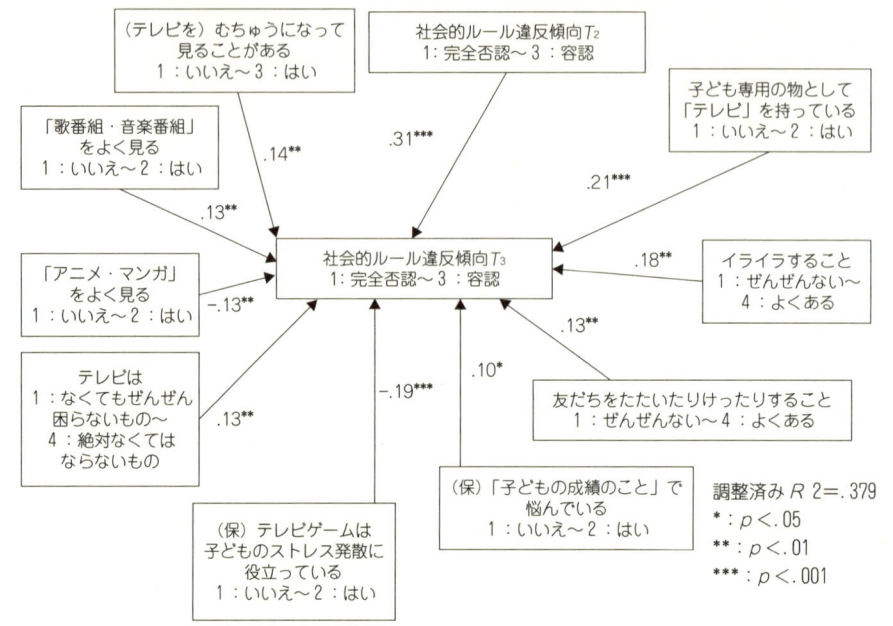

図 2-5 T_2 から T_3 への因果関係（女子）

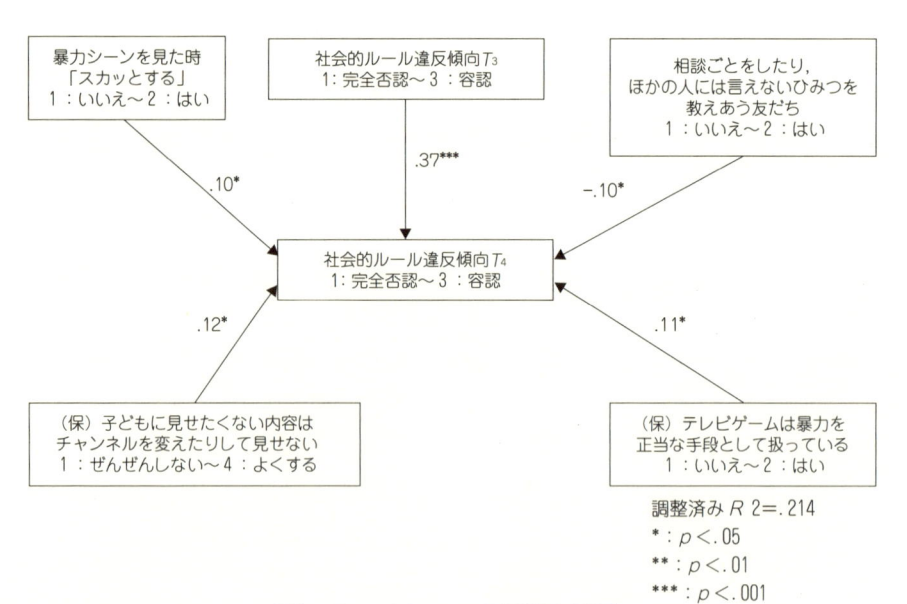

T_3「社会的ルール違反傾向（1：完全否認～3：容認）」への影響：

- （テレビを）むちゅうになって見ることがある（1：いいえ～3：はい）：.14**
- 社会的ルール違反傾向 T_2（1：完全否認～3：容認）：.31***
- 子ども専用の物として「テレビ」を持っている（1：いいえ～2：はい）：.21***
- 「歌番組・音楽番組」をよく見る（1：いいえ～2：はい）：.13**
- イライラすること（1：ぜんぜんない～4：よくある）：.18**
- 「アニメ・マンガ」をよく見る（1：いいえ～2：はい）：−.13**
- 友だちをたたいたりけったりすること（1：ぜんぜんない～4：よくある）：.13**
- テレビは（1：なくてもぜんぜん困らないもの～4：絶対なくてはならないもの）：.13**
- （保）テレビゲームは子どものストレス発散に役立っている（1：いいえ～2：はい）：.10*
- （保）「子どもの成績のこと」で悩んでいる（1：いいえ～2：はい）：−.19***

調整済み $R^2 = .379$
*：$p < .05$
**：$p < .01$
***：$p < .001$

図 2-6 T_3 から T_4 への因果関係（男子）

T_4「社会的ルール違反傾向（1：完全否認～3：容認）」への影響：

- 暴力シーンを見た時「スカッとする」（1：いいえ～2：はい）：.10*
- 社会的ルール違反傾向 T_3（1：完全否認～3：容認）：.37***
- 相談ごとをしたり，ほかの人には言えないひみつを教えあう友だち（1：いいえ～2：はい）：−.10*
- （保）子どもに見せたくない内容はチャンネルを変えたりして見せない（1：ぜんぜんしない～4：よくする）：.12*
- （保）テレビゲームは暴力を正当な手段として扱っている（1：いいえ～2：はい）：.11*

調整済み $R^2 = .214$
*：$p < .05$
**：$p < .01$
***：$p < .001$

```
                  ┌─────────────┐      ┌─────────────────┐      ┌─────────────┐
                  │スポーツは    │      │社会的ルール違反傾向T₃│      │いっしょにいたずらを│
                  │得意なほうだ  │      │1：完全否認～3：容認│      │する友だち    │
                  │1：いいえ～2：はい│ │                 │      │1：いいえ～2：はい│
                  └─────────────┘      └─────────────────┘      └─────────────┘
```

図2-7 T_3からT_4への因果関係（女子）

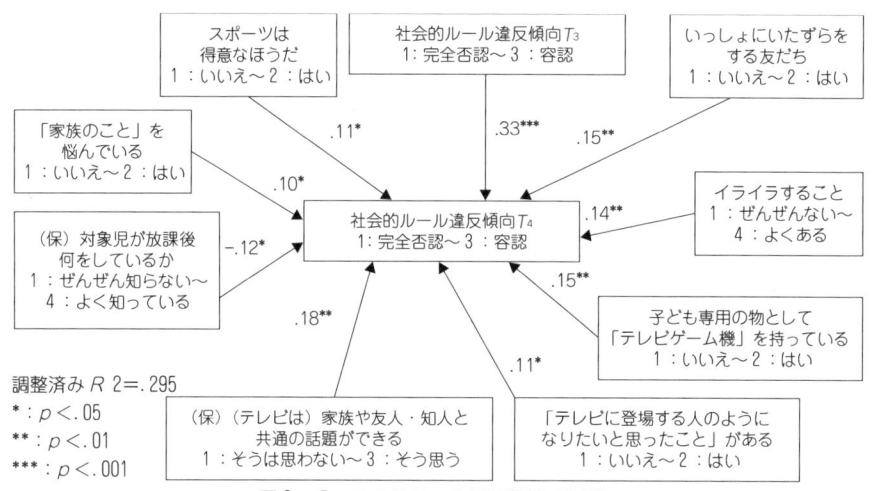

主な矢印: .11*, .33***, .15**, .10*, -.12*, .14**, .18**, .11*, .15**

調整済みR^2=.295
*：$p<.05$
**：$p<.01$
***：$p<.001$

高さを予測した。その他の変数で，各時期とも共通の予測要因となるものはなかった。

ただし，予測要因となった変数を男女別に再度，主成分分析した結果，男子では7成分，女子では10成分にまとまった。それらは，男子では，「ルール違反傾向の高さ」，「活発すぎないし引きこもりすぎ」，「メディアのおける攻撃性の高さ」，「相談事をする友達がいない」，「親の規制の低さないしテレビゲームの暴力の正当性を認めること」，「勉強への自信の低さ」，「実生活におけるオープンな攻撃性ないし内向的攻撃性」とみられる。女子では，「ルール違反傾向の高さ」，「いらいらの高さ」，「子ども専用のものとしてテレビを所有している」，「人間関係にトラブルがあるないし登場人物へのあこがれの強さ」，「テレビ・テレビゲームへの依存の高さ」，「活発さないし家庭の無関心」，「勉強に支障をきたす長時間視聴」，「テレビゲームへの否定意識のなさ」，「大人っぽい番組視聴（歌番組など）」，「保護者が共通の話題源としてテレビを

捉えている」などが出てきた。

それぞれの時期と要因との関連にはさらなる検討が必要ではあるが，社会的ルール違反傾向の高さには，テレビやテレビゲームの要因，保護者の規制の程度，また，本人の過度な内向的傾向だけでなく活発であることも関連していることが推測される。

この研究では，大規模の縦断的研究のデータを重回帰分析と主成分分析を駆使して整理し，影響関係を取り出した。たくさんの変数が関与している関係の整理の仕方として読んでほしい。

3 成長曲線モデルの適用例[5]

[5] 本研究は，角谷詩織・無藤隆による協同研究であるが，この成長曲線モデルによる分析は次の文献に発表されている。角谷詩織（2005.4 掲載予定）部活動への取り組みが中学生の学校生活への満足感をどのように高めるか：学業コンピテンスの影響を考慮した潜在成長曲線モデルから 発達心理学研究, 41.

本研究の目的は，学業に対する自信が学校生活に対する意識に強く影響を与えるとされている中学生において，部活動で主体的・積極的に活動する中で達成感を得ていくことが，どの程度中学生の学校生活への満足感を高め得るのかを検討することである。部活動のような事柄は，個人の参加の仕方によりおそらくその影響は著しく異なるはずである。浅くも深くも関われるし，部活動の種類によっても違ってくる。そういった個人特性を考慮した発達過程の推測の研究を紹介する

この研究を通して，ある特定集団（中学１年生）の平均の発達と個人特性による発達の差異を縦断データを用いて考察することの意義を考えたい。

関東地方の公立中学校１～３年生を対象に1999年７月～2001年２月の間，毎年２回，計４回の質問紙調査を実施した。そのうち，全調査の有効回答者となった中学１年生131名を分析対象とした。本研究で分析に用いた質問項目は，(A)『学業コンピテンス』（「テストの点はよいほうだ」，「自分は成績がよいほうだと思う」，「授業を理解

できる」,「物覚えがよい」,「授業中の質問にはだいたい答えることができる」)[6],(B)『部活動での積極性』(「いろいろなことに挑戦できる」,「新しいことを発見できる」,「むずかしいことでもやってみようと思う」,「友だちと力を合わせて活動している」,「目標をもって部活動に取り組んでいる」,「やり遂げた喜びを味わえる」(生徒へのインタビューより)),(C)『学校生活満足感』(「学校は楽しい」,「現在の学校生活に満足している」,「学校に来たくないⓇ」,「何となく学校に通っているⓇ」,「学校に自分の居場所がないⓇ」Ⓡは反転項目)である[7]。

潜在成長曲線モデルによる分析の結果(表2−5,図2−8),以下の点が示された。

各時期での「部活動での積極性」が高いほど,その時期の「学業コンピテンス」や「学校生活への満足感」が高かった。また,第1回調査の「部活動での積極性」が高いと,その後,「学校生活満足感」がより大きく伸びる可能性が示された。ただし,「部活動での積極性」の伸びを規定する要因には,それまでの「学業コンピテンス」や「学校生活満足感」が含まれた。

[6] Marsh, H.W. 1990 The structure of academic self-concept: The Marsh/velson model. *Journal of Educational Psychology*, 82, 623-636.

[7] 角谷詩織 2001 中学生にとっての総合的学習の意義:学業コンピテンスと総合的学習での自律性との関わりから お茶の水女子大学大学院人間文化論叢, 3, 259-269.

表2−5 外生変数([切片]因子)の平均値,内生変数([傾き]因子)の切片,内生変数([傾き]因子)の予測値の平均得点と構成概念間相関

	①部活動での積極性[傾き]	②部活動での積極性[切片]	③学業コンピテンス[傾き]	④学業コンピテンス[切片]	⑤学校生活満足感[傾き]	⑥学校生活満足感[切片]
①部活動での積極性[傾き]						
②部活動での積極性[切片]	-.59					
③学業コンピテンス[傾き]	.01	-.14				
④学業コンピテンス[切片]	-.02	.52	-.28			
⑤学校生活満足感[傾き]	-.20	.16	-.01	.02		
⑥学校生活満足感[切片]	.05	.37	-.10	.35	-.28	
外生変数の平均値,内生変数の予測値の平均	-.12	4.67	-.07	3.21	-.28	4.64
内生変数の切片	.44		.18		-1.4	

60 2章 縦断研究法のタイプ分類とその選択基準

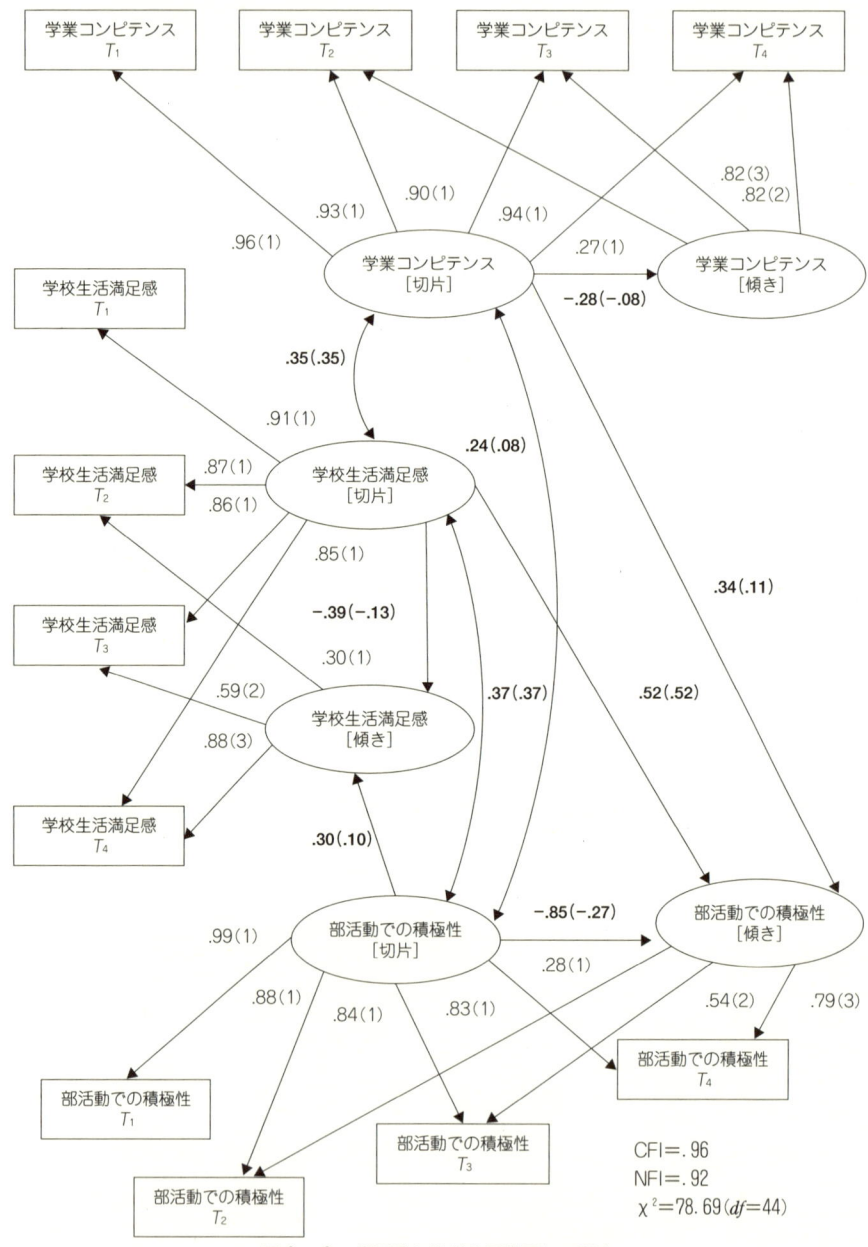

図2-8 部活動と学校生活満足との関連

CFI=.96
NFI=.92
$\chi^2=78.69(df=44)$

これらの結果から，部活動で積極的に活動できていることは，その時点での中学生の学校生活への満足感の高さと関連するだけでなく，学校生活への満足感が時期を追って上昇することにつながる可能性が示唆された。さらに，これは，学業コンピテンスの高さやその変化を考慮した上でも成り立つことが示された。

以上の結果は，個々の発達の多様性をいくつかの変化のタイプに類型化した上で，一般性を導き出すことができる成長曲線モデルだからこそ得られた結果ということができよう。

4 ダイナミック・システムズ・アプローチ的な分析：母子相互作用場面での2歳児の情動調整プロセスの個人差[8]

ここでは，ダイナミック・システムズ・アプローチの方向性を意識しつつ行った研究を紹介する。2歳児の情動調整プロセスの個人差を検討するために，母子相互作用場面のビデオによる観察とその分析を行った。

2歳前半の子どもとその母親41組について，子どもの欲しがるものを母親が片づけるという軽い不快情動の生起の場面で，親子の情動制御のパターンを取り出した。その結果，不快情動の継続型，沈静型，後発型，非表出型に分けられた。それを，子どもの気質と親の働きかけなどとの関連を検討した。

その後の研究で，同じ親子の追跡を行い，同様の場面での個人差を検討した。暫定的な分析では，情動調整プロセスのタイプに関して，2歳時での「非表出型」の中に，3歳時では不快情動も快情動も表出しないタイプの子どもがいることを見出した。さらに，3歳時には「継続型」の子どもが減少し，「非表出型」の子どもが増加することが明らかになった。

[8] ここで紹介する研究は，次の論文に部分的によっている。金丸智美・無藤隆 2004 母子相互作用場面での2歳児の情動調整プロセスの個人差 発達心理学研究, 15, 183-194.

ただし，追跡調査の部分は未発表である。

このように，ダイナミック・システムズ・アプローチは，基本的に発達現象が個人のレベルで成り立つという前提に基づき，個人および個人差の違いを丹念に捉えようとする。そして，その行動の変容において重要となるはずの変数の抽出，その変数間の関係，それらが全体的な行動にどう影響するかという視点で発達を捉えようとする。

5 幼児の観察を基礎とした年齢比較の例：仲間との相互作用の始まり[9]

[9] 松井愛奈・無藤隆による共同研究である。本紹介は部分的には次の論文などにある。
松井愛奈・無藤隆 2001 幼児の仲間との相互作用のきっかけ：幼稚園における自由遊び場面の検討 発達心理学研究, 12, 195-205.

本研究では，子どもが自由に活動している状態で，どのようにして仲間と相互作用を開始しているのかを，明示的，暗黙的双方の側面から詳細に捉え，3歳児から5歳児の年齢による発達的変化を検討することを目的とした。同じ子どもたちを継続的に観察することを通して，子どもの個性や人間関係を考慮しつつ，年齢的な違いを取り出せるであろう。

対象児は，都内私立幼稚園3歳児クラス（男4，女2）。4歳児クラス進級時は，新入園児（男3，女5）と合わせて14名（男7，女7）。5歳児クラス進級時は，新入園児（男2，女1）と合わせて17名（男9，女8）である。

観察時期は，3歳（1996.7～1997.3），4歳（1997.4～1998.3），5歳（1998.4～1999.3）である。「3歳児」は月齢の高い子，低い子を男女各1名，合計4名を，週1回1日1人，登園からお弁当前まで，「4歳児」は8名選出した中から，月4～6回程度，1日1人30分×4人＝120分，「5歳児」は4歳にひき続いて週1回，1日1人30分×4人＝120分，VTR撮影による自由遊び場面の自然観察を行った。総観察時間は160時間30分。相互作用の開始場面総生起数は3194である。

仲間との相互作用の開始場面が生起する部分の言語的音声と動作を詳しく記録した後,「仲間への働きかけ方略」(表2-6)に分類し,クロス集計した。

表2-6　仲間への働きかけ方略

●新しい活動		自分／相手ともに,現在進行中の活動とは別の新たな活動へ誘って,自分と一緒に活動しようとする。
(1)	明示的	明示的[*1]に,相手を新たな活動へ誘う。
		例)「おいかけっこしよう」「一緒に遊ぼう」
(2)	暗黙的	暗黙的[*2]に,相手を新たな活動へ誘う。
		例)明示的に「ブランコしよう」ではなく,「ブランコあいてるよ」という間接的な言い回しで遊びの事柄にふれる。
●自分の活動		自分の活動へ相手を誘う。自分に相手を引きつける。
(3)	明示的	明示的に,相手を自分の活動へ誘う。
		例)積み木を組み立てている子が「(積み木)一緒にやろう」
(4)	暗黙的	暗黙的に,相手を進行中の自分の活動へ誘う。自分の活動提示,相手に注意をひきつける。
		例)お店屋さんごっこをしている子が,「いらっしゃいませ」と店員の役で声をかける。作っている土だんごを見せる。
		「昨日,○○へ行った」と話しかける。歩いている仲間の背後から抱きつく。
(5)	呼びかけあいさつ	呼びかけや,あいさつをするが,それ以外のことは何も言わない。
		例)「○○ちゃん」「おはよう」
●相手の活動		相手の活動へ働きかける。
(6)	明示的	明示的に相手の活動への仲間入りを求める。
		例)「いれて」
(7)	暗黙的	相手の活動に関連した行動で,暗黙的に相手の活動へ参加する。
		例)大型ブロックの組み立てへ,そこで必要なブロックを運ぶことにより参加する。
(8)	質問	相手のしていることを質問する。
		例)「何してるの?」
(9)	模倣	相手の動きを模倣したり,相手について行ったりする。
		例)とびはねている仲間のまねをしてついて行く。

[*1] 明示的:相手と関わりを持とうとすることが,直接的に言葉で言い表されているため,それが字義通りに解釈可能であり,明確である。
[*2] 暗黙的:直接的ではなく,間接的,婉曲的に表現されている。非言語的に身ぶりで表されているものも含む。

その結果は次のようである。子どもは,明示的なものに限らず,さまざまな暗黙的な働きかけにより,仲間と相互作用のきっかけをつかんでいる(すべての年齢を通して,最も多い方略は暗黙的方略)。3年齢×9方略によ

る χ^2 検定の結果，生起数の偏りは有意となっている（表2-7，図2-9）。3歳児で，相手の活動へ暗黙的方略を用いて働きかけることや，仲間の模倣が多かった。自分の活動へ，明示的／暗黙的方略を用いて働きかけることや，仲間の活動に対して質問することは少なかった。仲間の行動に対する関心が高まり，仲間と同じ活動をしようとすることの増加が示唆される。

4歳児で，自分の活動へ暗黙的方略を用いて働きかけ

表2-7　各年齢における，9方略の生起数と各セルの調整された残差

	新しい活動へ		自分の活動へ			相手の活動へ				計
	明示的	暗黙的	明示的	暗黙的	呼びかけあいさつ	明示的	暗黙的	質問	模倣	
3歳児	84(7.1)	21(1.8)	12(1.0)	338(28.4)	75(6.3)	91(7.6)	334(28.1)	84(7.1)	151(12.7)	1,190(100.0)
	4.017**	2.006*	-4.231**	-3.553**	-0.260	-7.223**	3.796**	-2.497*	11.637**	
4歳児	63(4.3)	16(1.1)	31(2.1)	504(34.1)	105(7.1)	220(14.9)	378(25.6)	134(9.1)	28(1.9)	1,479(100.0)
	-1.873	-0.804	-1.468	2.089*	1.388	2.474*	1.505	0.722	-9.417**	
5歳児	14(2.7)	3(0.6)	38(7.2)	187(35.6)	26(5.0)	113(21.5)	65(12.4)	59(11.2)	20(3.8)	525(100.0)
	-2.719**	-1.534	7.496**	1.824	-1.527	6.093**	-6.978**	2.284*	-2.510*	

注）上段：生起数，（ ）内の数字は％。下段：残差。　* $p<.05$　** $p<.01$

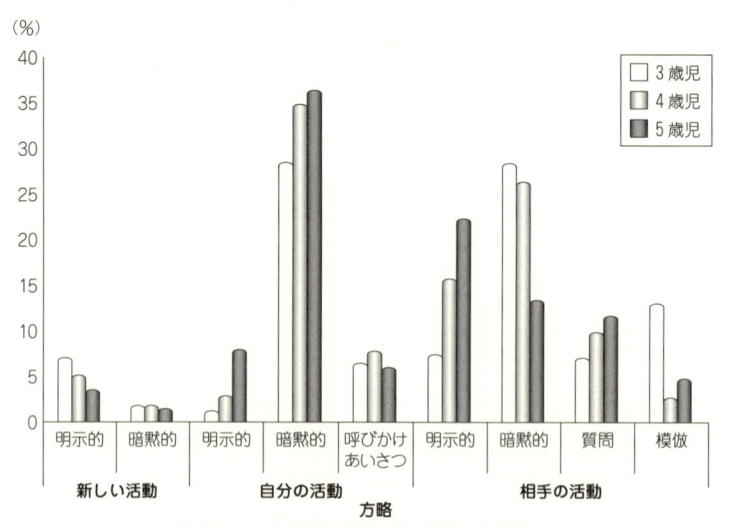

図2-9　9方略の変化（3歳児～5歳児）

ることが増加した。また，「いれて」「いいよ」という，定型的な仲間入りルールを多く使用するようになった。特に，4歳児においては，「いれてって言った？」と確認することもみられるようになり，この仲間入りルールのもつ力が大きいことが示唆される。4歳児では，3歳児で多かった模倣は減少した。

5歳児で，明示的／暗黙的に自分の活動へ誘うことが多く，相手の活動へ暗黙的方略を用いて働きかけることや，仲間の模倣は少なかった。5歳児においても，「いれて」「いいよ」という仲間入りルールは用いられていたが，その影響力が小さくなっており，仲間入りルールが用いられなくなる時期への移行期である可能性も示唆された。

総合すると，「いれて」「いいよ」といった定型的な仲間入りルールは，3歳児から4歳児にかけて，その定着に伴って使用頻度が高まり，影響力も大きい。しかし，4歳児から5歳児にかけて，"一緒に遊びたい仲間"が生まれ，その仲間を自分に引きつけて，ともに活動しようとすることが増加し，影響力も小さくなるようであった。

この研究では，直接的に仲間入りを明示する方略が逆U字カーブとなり，間接的な示し方で微妙に伝え交渉するやり方に移行する点が興味深い。この結果は横断的な比較でさらに確認されるべきであるが，この研究で縦断的に追跡したことにより，仲間関係の成立を長期に追う中での相互作用の様子を取り出すことができたといえる。

6 幼児の縦断的な観察において特定の行動に注目して分析した例：ふざける行動[10]

保育の場において，子どもがおかしな行動をして笑い合う「ふざけ」はよく観察される。子どもがふざけるのは仲間との親和的欲求の充足のためと言われているが，

[10] 本論文は，掘越紀香・無藤隆 2000 幼児にとってのふざけ行動の意味：タブーのふざけの変化 子ども社会研究，6，43-55．による。

一般には望ましくない行動とみなされてきた。特に大人が望ましく思わないふざけとして、オシッコ、チンチンなどのタブーがある。「タブー」は「禁忌」と訳されるが、ここでは「使用すると大人が困惑や制止する可能性があり、子どもはいけない恥ずかしいことと捉えているが、その言葉や動作のみで笑いを引き起こす可能性のあるおかしな行為」と定義する。

タブーの生起を検討した研究は見当たらないが、一般に4歳児に多いと言われている。その理由として、4歳前後の親と子どもの関心が排尿や排便にあるため、排泄にまつわる緊張を対処する手段としてタブーを使用すること、その後も親が排泄のタブーを気にするためにタブーをおもしろがることが挙げられる。また、3、4歳は排泄タブーを直接言ってとても喜ぶのに対し、6歳はタブーを社会的に不適切なものとして隠す必要を感じ、タブー自体単純すぎて興味をかき立てないため、あまり喜ばないという。もしそうならば、タブーの使われ方に年齢差が見られるのではないだろうか。

本研究では、幼稚園児のタブーを取り上げ、種類や生起数が加齢に従ってどのように変化するか検討することを目的とした。

対象児は、都内私立幼稚園の3年保育の3歳児1クラス全員のコホートであり、3年間縦断的に観察した。この幼稚園は、3、4、5歳児クラスが各1クラスあり、遊びを中心とした保育を行っている。職員はクラス担任3名とフリー2名の5名で、園長も保育に参加した。3歳児クラス12名（男5，女7）。4歳児クラス21名（男9，女12）。5歳児クラス22名（男10，女12）。3歳児10月2月、4歳児5月10月2月、5歳児5月10月2月の中旬から下旬まで約2〜3週間観察した。

保育に参加しない観察者の立場で，午前中の自由遊び時間に観察した。観察者2名が時期ごとに対象児全員に対して1人10分ずつを5回VTR撮影した。学期終了時に対象児の発達や仲間関係などを保育者と話し合い，観察の妥当性を確認した。

ふざけの生起部分の前後を含めて文字化し，ふざけの種類，タブーの種類をコード化した。評定は筆者と2名の大学院生で行い，ふざけの種類，タブーの種類の一致率は$\kappa = .90, .92$で，両者の不一致箇所は協議の上調整した。

タブーを整理したところ，「身体・排泄のタブー」「性のタブー」「ネガティブなタブー」「サル・ブタ・酒」の4種類に分類可能だった（表2-8）。各時期のタブーの生起は表2-9の通りである。タブーがどのように時期的に変化するのかをχ^2検定したところ，他のふざけと比べて生起数に有意な偏りがあり，3歳児2月と4歳児10

表2-8　ふざけの種類とタブーの種類の分類

ふざけの種類	タブーの種類	各ふざけの分類
タブー	身体・排泄のタブー	身体に関連するもの，排泄に関連するもの，それに関連する反応 オッパイ，チンチン，オマン，おしり，はだか，パンツ，カンチョウ，鼻つっこみ，オシッコ，ウンチ，オナラ，鼻水，鼻くそ，エッチ，スケベ[*1]
	性のタブー	男女の性に関するもの（身体は除く），それに関連する反応 キス，結婚，好き，オカマ，エッチ，スケベ[*1]
	ネガティブなタブー	非道徳的で否定的な意味を持つもの バカ，ババア，ジジイ，オヤジ，死，アカンベ
	サル・ブタ・酒[*2]	園に特有の，その言葉や動作だけで笑いを引き起こす可能性のあるもの おさるさん，ウッキー，ブタ，ブー，お酒，酔っぱらい
大げさ・滑稽		滑稽な話し方や表情，大げさな動作，滑稽な動作，滑稽なことを言う
真似		相手の真似，テレビの真似，その他の真似
ことば遊び・替え歌		ことば遊び・替え歌
からかい		意地悪を言う，反対を言う，相手を叱る，注意する，叩く，蹴る，押す，揺らす，はがいじめにする，耳元で大声を出す，相手の物を壊す

[*1] 性に対する反応（エッチ・スケベ）は性のタブー，身体に対する反応（エッチ・スケベ）は身体・排泄のタブーと分類する。
[*2] 他の種類のタブーとは少し異なるが，園の中ではタブーと共通する効果を持つため，タブーに分類する。

表2-9 時期ごとのふざけとタブーの生起数（括弧内の単位は％）

		種類別生起数（全タブー中の割合）				タブー	他のふざけ	ふざけ
		身体・排泄	性	ネガティブ	サル・ブタ・酒	（全ふざけ中の割合）		生起総数
3歳児	10月	2 (14.3)	0 (0.0)	9 (64.3)	3 (21.4)	14 (7.3)	176 (92.7)	190
	2月	50 (76.9)	7 (10.8)	8 (12.3)	0 (0.0)	65 (38.7)	103 (62.7)	168
	小計	52 (65.8)	7 (8.9)	17 (21.5)	3 (3.8)	79 (22.1)	279 (77.9)	358
4歳児	5月	29 (51.8)	4 (7.1)	8 (14.3)	15 (26.8)	56 (23.6)	181 (76.4)	237
	10月	29 (72.5)	3 (7.5)	3 (7.5)	5 (12.5)	40 (25.5)	117 (74.5)	157
	2月	17 (60.7)	1 (3.6)	4 (14.3)	6 (21.4)	28 (13.0)	188 (87.0)	216
	小計	75 (60.5)	8 (6.5)	15 (12.1)	26 (21.0)	124 (20.3)	486 (79.7)	610
5歳児	5月	7 (36.8)	0 (0.0)	7 (36.8)	5 (26.3)	19 (22.4)	66 (77.6)	85
	10月	10 (66.7)	0 (0.0)	5 (33.3)	0 (0.0)	15 (13.5)	96 (86.5)	111
	2月	3 (30.0)	4 (40.0)	3 (30.0)	0 (0.0)	10 (8.8)	104 (91.2)	114
	小計	20 (45.5)	4 (9.1)	15 (34.1)	5 (11.4)	44 (14.2)	266 (85.8)	310
	合計	147 (59.5)	19 (7.7)	47 (19.0)	34 (13.8)	247 (19.3)	1031 (80.7)	1278

月で多く，4歳児5月に多い傾向があり，3歳児10月と4歳児2月，5歳児2月で少なかった。

また，タブーを3歳児，4歳児，5歳児で他のふざけと比較すると生起数に有意な偏りがあり，5歳児で少なかった。タブーの種類において，3歳児，4歳児，5歳児で，「身体・排泄のタブー」(59.5％)を他のタブーと比較したところ，生起数に有意傾向の偏りがみられ，5歳児で少なかった。

「ネガティブなタブー」(19.0％)を他のタブーと比較すると生起数に有意な偏りがあり，5歳児で多く，4歳児で少なかった。「サル・ブタ・酒」(13.8％)を他のタブーと比べると生起数に有意な偏りがあり，3歳児で少なく，4歳児で多かった。なお，「性のタブー」(7.7％)は有意な結果が得られなかった。

以上より，タブーは3歳児10月には少なかったが，3歳児2月に増加して4歳児で多く生起し，5歳児前後になると減少していくことがわかった（図2-10）。これは

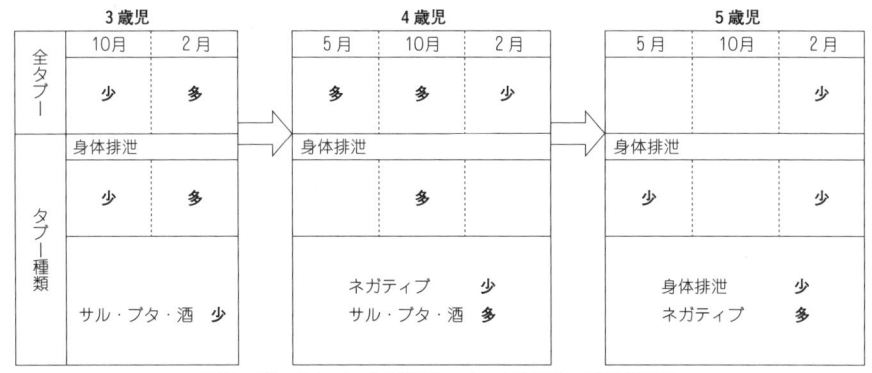

	3歳児		4歳児			5歳児		
	10月	2月	5月	10月	2月	5月	10月	2月
全タブー	少	多	多	多	少			少
タブー種類	身体排泄		身体排泄			身体排泄		
	少	多	多			少		少
	サル・ブタ・酒 少		ネガティブ 少 サル・ブタ・酒 多			身体排泄 少 ネガティブ 多		

図2-10 全タブーと種類別タブーの時期的・発達的変化

4歳児に多くみられるとする先行研究と一致する。

3歳児2月以降4歳児にかけてタブーが多く生起した理由としては，言語的な制約や，仲間と楽しく遊び続けるためのレパートリーが少ないため，特定の言葉や動作だけで容易に仲間から笑いをとれるタブーが使用しやすかったのだろう。

5歳児前後でタブーが減少したのは，子ども自身のタブーのおかしさへの関心が薄れたり，恥ずかしさを感じるようになったこと，タブー以外の方法で仲間と遊ぶレパートリーが増えたことなどが影響していると考えられる。

本研究の分析は，該当する行動（ふざけ）の生起数をもとにその種類の比率の変化という形で統計的に検証した。そこでは，その生起は相互に独立であるとみなしている。クロス表となるので，χ^2検定を適用した。なお，子ども毎の経年的な生起数の変化を検証もできる。2つの分析がほぼ対応する結果を見出すことに意味がある。

7 場の改善のアクション・リサーチの例：幼稚園の園環境[11]

ここでは「園舎・園庭の改善を通しての保育実践の変

[11] 次のものに部分的に述べている。
福田秀子・向山陽子・無藤隆 2000 園舎の改善を通しての保育実践の変容（特）：研究者と保育者によるアクション・リサーチの試み 保育学研究, 38, 223-230.

容」を目的とした，研究者と保育者によるアクション・リサーチの実践例を縦断研究法の1つとして紹介する。保育者とともに幼稚園の望ましい環境について考えつつ，実際に保育環境を変えると子どもの遊びや動きがどのように変化するかを明らかにすることを目的とした本研究を通して，研究者と保育者によるアクション・リサーチを実践する方法と意義を示す。

K幼稚園では1995年9月より現園長が子どもの自主性を重んじた自由感ある保育を目指して園舎の改善を進めてきた。園児数102（1998年度）〜153（2002年度），保育者10，事務専任4による保育の様子，保育の場としての園舎，園庭，屋上を観察，検討の対象とした。①保育中の園内を原則として90分で1周し，子どもたちがどのような場所でどのような活動をしているかを観察，記録し，補助として写真撮影した。②保育終了後，保育者から情報を得た。①②をもとに観察記録を作成した（1998.4〜2003.3）。③園長へのインタビュー，④園長の保育実践記録，園の改修記録（1995.9〜2003.3）。

以下，①〜④をもとに検討，考察する（図2-11）。

園舎は大小さまざまな改修を経て，各部屋が独立した閉鎖的な空間が開放空間に変わってきた。それに従い子どもたちの遊びや動きも変化する様子が多く観察された。全体的に子どもの動きが活発になり，遊びも充実してきた。ここでは通路部分と園庭での変化を取り上げることにしたい。

ミニ階段の新設（1997年春）により，園舎内に回遊性が生じた。翌1998年には年中男児の数グループが変身グッズ片手に，1階ホールから2階までの回遊をさかんに繰り返し，年長児には回遊性を活かした追いかけっこも多くみられた。外階段が新設されるとすぐに回遊ルー

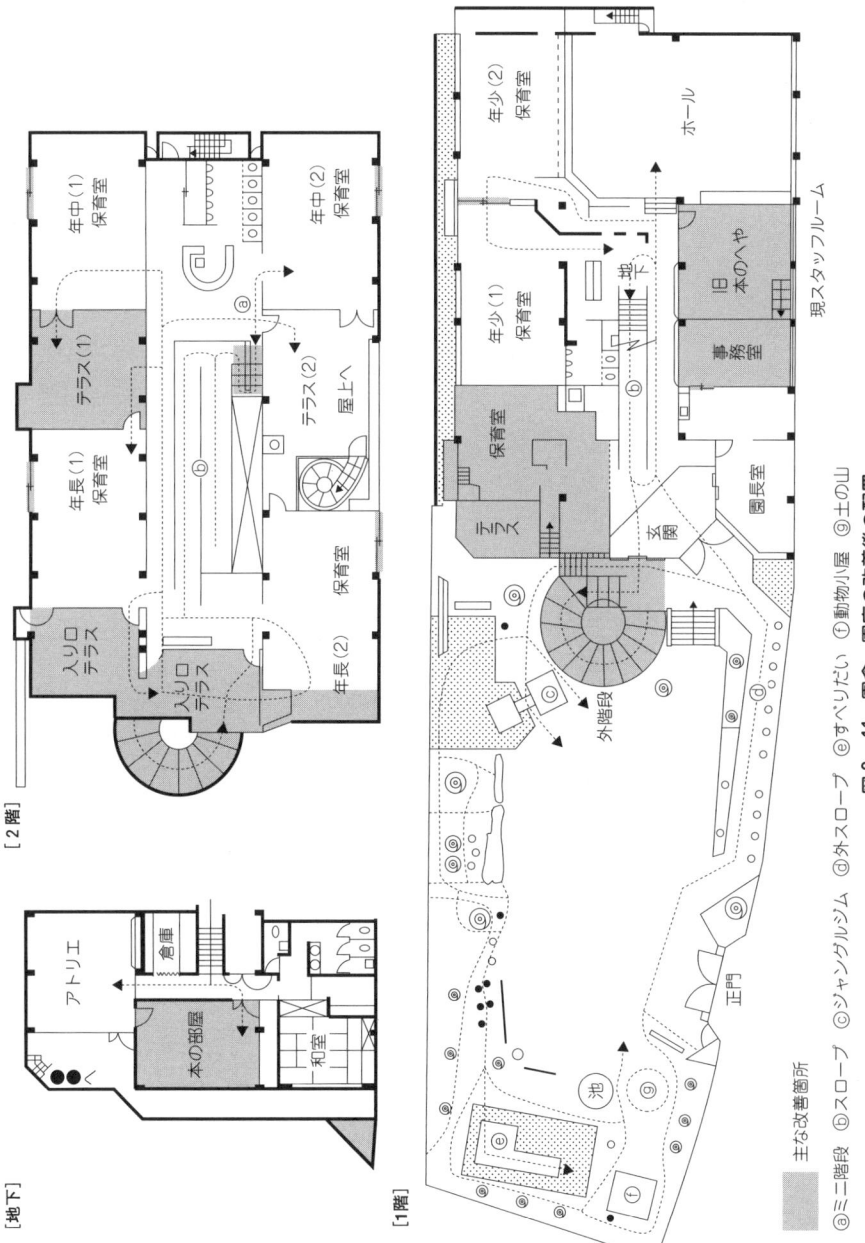

図2-11 園舎・園庭の改善後の配置

[地下] [1階] [2階]

主な改善箇所

ⓐミニ階段 ⓑスロープ ⓒジャングルジム ⓓ外スロープ ⓔすべりだい ⓕ動物小屋 ⓖ土の山

トに組み込まれ，1階にあった本の部屋が地下へ移動して（2000.4），毎日午後に地下への階段が開放されるようになると，回遊ルートは地下まで延長した。

外階段の新設（1999.9）により年長と年中は玄関を通らずに直接2階の保育室へ出入りするようになった。それまで子どもであふれていた玄関とスロープに余裕ができ，年少児も2001年頃から短い回遊遊びをするようになった。通行量の減ったスロープでは長い斜面の特徴を活かした遊びが以前よりさかんになった。2階に保育室がある年長，年中がテラスから庭を眺め，すぐに靴をかえて外階段から庭に下りられるようになって，外遊びが大幅に増えた。外階段での遊びは，単発的なものはみられるが，定着したものはない。まだ充分な時間と使用経験がないことに加えて，保育者が新しい遊びを認めて広める方向づけをしていないことも関係しているかもしれない。

園庭の改善（1995.9〜2003.3）は主として植栽と遊具の新設により進めてきた。年ごとに緑が増し，四季の変化がはっきり見えるようになったことが，記録写真からも読み取れる。外階段の新設と保育者の誘導，外遊びを屋上と庭に分散させたことなどにより，園児数増にもかかわらず，年々外遊びは活発化，充実化している。遊具は集中と連続の流れをもたせるよう配置した。1998年には園庭での回遊遊びはほとんどみられなかったが，徐々に増えて2001年には頻繁に観察されるようになった。1999年に保育者が提案した庭のすべての遊具を使う「忍者修行」遊びも回遊がさかんになった一因と考えられる。充分に遊んだ庭には新しい回遊ルートも生まれている。

以上より，環境を変えると子どもの動きや遊びも変わる様子が数多く観察された。その上に，2001年には子ど

もの側から環境を変える動きがめだってきた。オタマジャクシの池や動物小屋は子どもからの働きかけで誕生した。子どもが慣れ親しんだ場所を充分に使いこなした結果，さらに自分たちが欲しい物に気づき環境を変え始めたといえよう。それまでに子どもたちが保育者が環境を変える様子を見ていたことも一因であろう。保育環境を変えるとすぐに見える子どもの変化と何年かかかって徐々に現れる結果とが見出された。

　本研究で示されたように，子どもの動線を考慮した園環境作りには，研究者と保育者の協力による継続的なアクションリサーチが有効と思われる。

2章のまとめ

　本章では，広い意味での縦断的方法について，量的な手法とともに質的な手法も扱い，その実施上の要点を示した。実例を挙げたことで具体的に理解できるようにした。その中核は，対象となる相手・場の変化を時間を追って調べることにある。発達研究が時間を追っての長い期間にわたる個人の変化を追うことであり，また多くの教育や介入研究もまた長期間にわたる変容を可能にしようとするものである以上，縦断的方法論が不可欠であることがわかる。その研究の規模は大小さまざまにあり得るし，問題と対象の特質に応じて種々工夫が必要になる。だが，その基本的な留意点は多くの研究の成果としてかなり明確になっている。それらに学び，縦断的なアプローチを発達研究の主要な方法とすることと，横断的な方法をそれとの組み合わせの中で特徴を発揮できるようにする研究戦略が望まれるのである。

Column 2

アタッチメント研究における縦断研究

近藤清美

　アタッチメント研究は，子どもにとっての重要な他者（多くの場合，母親）との関係が子どもの人格発達に大きな影響を及ぼすことを一貫して指摘してきた。特に，ストレンジシチュエーション法で測定されたアタッチメント関係の個人差を縦断的に追跡したことは，アタッチメント研究が大きな成功を修めた主要な要因といえる。今では，母子関係を表す指標として多くの場合，アタッチメントが用いられ，乳幼児の発達研究において，アタッチメント研究は大きな柱といってもよい。

　では，アタッチメント関係の後の発達への影響はどのように考えられてきたのだろうか。1978年に出版されたAinsworthらによる『*Pattern of Attachment*』は，ストレンジシチュエーション法で得られた成果を集約したものである。この中で，安定したアタッチメントを形成することが，社会的発達ばかりでなく，言語発達や知能指数を含めた認知発達に良好な影響をもたらすことが明らかにされた。この時代には，安定したアタッチメントを形成することが最も適応的であり，後のすべての発達に好影響をもたらすという研究が数多く出された。

　しかし，後の発達への好影響は，安定したアタッチメントだけではなく，安定したアタッチメントをもたらすような親の関わり方という第3の要因が重要であるという指摘がなされ，安定したアタッチメントがすべてであるという議論は後退することになった。

　さらに，1980年代には，文化によって適応の意味が異なることが指摘され，安定したアタッチメントが無条件によいとする考えは否定された。また，Bowlbyが提唱していたアタッチメントの内的ワーキングモデルの概念が，アタッチメント関係と後の人格発達との関連を説明する重要な概念として注目されることとなった。

　その結果，1995年にAinsworthが門下生のMarvinと行った対談（Waters et al., 1995）では，アタッチメント関係の後の発達への影響は，恋愛関係や親子関

係など親密な関係に限定して考えられるべきであることが明言された。そして，1999年に発刊された『Handbook of Attachment』では，愛着関係と友情などのその他の社会的関係に関する概念が区別され，アタッチメントの後の発達への影響は，生存や繁殖に関わる機能に限定して考えられるようになってきた。

こうしたアタッチメント研究の歴史をたどると，初期の縦断研究の結果，さまざまな発達を規定すると考えられてきたアタッチメントという「バラ色の概念」が，その後の研究の積み重ねによって，そのメッキが剥がされ，精緻化されてきた過程が見える。これから，縦断研究，とりわけ，仮説検証を目的として行われる縦断研究では，先行変数と後続変数の関係だけに注目することで，第3の要因が無視されがちであり，また，先行変数と後続変数間に介在する変数に気がつかず，あたかも両者に直接的関連があると結論づけてしまうといった危険性があることがわかる。つまり，こうした縦断研究では，どのような変数に注目するかで，研究の結果が左右されてしまう。

縦断研究の有効性を発達現象の解明のために最大限発揮させるためにも，上記のようなさまざまな落とし穴が，大量データによる仮説検証型の縦断研究につきまとうことを忘れてはなるまい。

冒頭で述べたように，現在，母子関係というとアタッチメントを指標にとることが多い。しかし，母子関係には依存性や関係のスムーズさ，反発性などさまざまな側面があるはずである。また，アタッチメントは子どもが危機的な場面で発揮される行動システムであるが，母子は常に危機の中で関わるわけではない。アタッチメントは生存に関わる行動システムであるだけに，母子関係の基礎にあり，内的ワーキングモデルを通じて人格発達に重大な影響をもつと考えることもできるが，アタッチメントだけにとらわれすぎると，アタッチメント研究での縦断研究が落っこちた穴に再びはまるような気がしてならいのは筆者，一人の杞憂であろうか。

●引用文献

Ainsworth, M. D. S., Blehar, M. C., Waters, E., & Wall, S.（1978） *Patterns of attachment : A Psychological study of the Strange Situation*. Hillsdale, Nj : Erblaum.

Cassidy, J. & Shaver, P. H.（Eds.）（1999） *Handbook of Attachment : Theory, research, and clinical implications*. Guilford Press

Waters, E., Vaughn, B., Posada, G., & Kondo-Ikemura K.（Eds.）（1995） Caregiving, cultural, and cognitive perspectives on secure-base phenomena and working models: New growing points of attachment theory and research. *Monographs of the Society for Research in Child development*,（Vol.60）.

Column 3

子どもの村における縦断研究がもたらす可能性

金子龍太郎

　今日大きな社会的問題となっている虐待やネグレクト（放置）の被害にあった子どもたちを保護し，身体的・精神的な傷に対する医学・心理的治療を行い，将来の世代間連鎖（子ども時代に虐待・ネグレクトを受けた人が，その後親となったときに，わが子に虐待・ネグレクトを繰り返す）を防ぐ体制作りが早急に求められている。そこでは，親や周囲の大人たちから受けてきた虐待やネグレクトによる愛着障害，基本的信頼感の欠如，自己否定，対人関係の歪みなどの発達障害を長期間にわたって修復していくのである（金子，2004）。

　そのためには，①身体的傷を治療する小児科医や，プレイセラピーやカウンセリングなどの心理的治療を行う児童精神医学者や臨床心理の専門家を置いた治療センターと，②子どもと長期間生活をともにして，永続的で安定した愛着対象となり得る1人以上の大人の保障が不可欠である。さらに，③20歳を過ぎた青年の自立を援助できる体制も求められる。

　以上の体制は，オーストリアで発祥した国際児童福祉組織「SOS子どもの村」において，すでに1949年から実践されてきた。子どもの村では，専門家による心理治療を行い，永続的な代理母親（愛着対象者）が，一戸建ての家で3～6名の子どもたちと長期間生活をともにすることで，さまざまな発達障害を解消し，子どもの自立支援を進めてきた結果，子どもの村の出身者が，成人後に問題なく社会生活を送っている割合が高いことが追跡調査によって明らかにされている。学歴や現在の就業状況，家庭生活を調べ，子どもがいる人の90％が自分の手で育てており，世代間連鎖を高い割合で防いでいたことが判明した。

　日本においても，ひどい虐待やネグレクトの被害にあっている子どもたちを保護し，専門的な治療を行い，永続的な愛着対象を保障し，自立するまで育てるという，被虐待児の体系的な社会的養護を行える組織を確立しなければならない。

　保護を要する子どもの発達を保障するためには，実の母親に限定しないけれ

ども，1人以上の特定の養育者の存在が不可欠となる。産みの親がその能力に欠ける場合，非血縁関係の育ての親が養育することとなる。その際，血のつながりはなくても，心のつながり（愛着）があれば，実親と同様の養育機能を果たせるのは，ホスピタリズム研究に端を発し，Bowlby が提唱した愛着理論をはじめとした今日の諸理論でも示されているし，SOS 子どもの村での追跡調査によって確かめられてる。

　ところで，幼少期では養育者が保護し，子どもの生命や安全を守るために外部と隔たった壁をもつ家が必要となるが，成長に伴う生活範囲の拡大，すなわち養育者から離れて1人で活動したり，家族内外のさまざまな人と関わるようになり，生活範囲が家庭内だけから家庭外へと広がっていくことも考慮しなければならない。この点で，SOS 子どもの村のように，数人の子どもたちが養育者とともに生活を送る一戸建ての家が集まった，村の存在意義が浮かび上がってくる。長期間にわたる発達の場を保障するためには，家庭という生活単位を基本として，同時にそれを包括する生活共同体の存在が欠かせない。そこでは，家庭の中で父母や異年齢の兄弟姉妹関係が確保され，同年齢や異年齢の他家の子どもとの触れ合いができる。と同時に，生活共同体の中の隣近所の住人，家並み，道路，その他すべてが子どもたちを温かく包んでいる。その中で，子どもの生活の場は屋内から庭へ，隣近所から村内，さらに学校へと広がっていくのだが，こうした生活環境の広がりを含むのが，子どもの村という生活共同体なのである。

　この子どもの村で10年，15年と長期にわたって生活する中で，虐待やネグレクトによる心身の発達障害を修復し，成人後に世代間連鎖を起こさずに社会人・家庭人として健全な生活を送っていることを，長期にわたる縦断的追跡調査によって確認していくのである。

●引用文献
金子龍太郎　(2004)　『傷ついた生命(いのち)を育む——虐待の連鎖を防ぐ新たな社会的養護』　誠信書房

3章 縦断データに適した統計手法とその選択

荘島宏二郎
Shojima Kojiro

本章では，縦断データに対応した統計手法についての概説を行う。読者の対象は発達心理学者を想定している。その際，数理的な説明は省いて図的な説明を心がけた。本章を一読すれば，たちまち縦断データを分析できるというわけではなく，さまざまな手法を一覧することで，データに対するイメージを豊かにしてほしい。また，参考文献を多く挙げたので，後学の参考にしてほしい。日本語で読めるものを挙げることを心がけたつもりである。なお，本章を読む前に，ぜひ，2章[1]を一読しておくとよい。

[1] 無藤隆（本書所収，2章）

　本章は3つの節から構成され，それらは，
　1節　データ構造
　2節　データ構造に対応した統計手法
　3節　縦断データにおける欠測
となっている。本章の主眼は2節において各種の統計手

法を紹介することであるが，まず1節においてデータ構造について述べる。というのは，各種の統計手法は，データを分析するためにあるが，データ構造の違いによって，選択される統計手法に制約があるからである。また，縦断的にデータを収集する際，欠測値の問題が必ずつきまとうので，3節で述べる。

1節　データ構造

縦断データ分析を論じる上で，最初にデータの構造を論じることから始めたい。上述したが，データ構造によって選択できる統計手法には制約があるので，データ構造に対する知見なくして，データ分析はあり得ないからである。ここでは基本データ関係行列[2]，あるいはデータボックス（以下 DB とする）[3]という考え方から出発しよう。

[2] Cattel, R.B. 1946 *Description and measurement of personality.* New York : World Book Company.
[3] Cattel, R.B. 1988 The data box: Its ordering of total resources in terms of possible relational systems. In J.R. Nesselroade & R.B. Cattel (Eds.), *Handbook of multivariate experimental psychology.* 2nd ed. New York : Plenum, Pp.69-130.

1 データボックス

縦断データ分析で最も関心のある DB は，図3-1であろう。

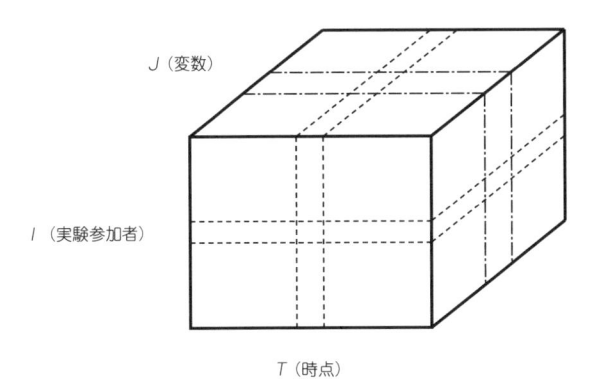

図3-1　データボックス

[4] Diggle, P.J., Heagerty, P.J., Liang, K.-Y. & Zeger, S.L. 2002 *Analysis of Longitudinal Data*. 2nd ed. New York : Oxford University Press Inc.

[5] なお，離散時点をウェーブ（wave）ということもしばしばであり，実験計画になじみのある呼称である。

[6] 西條剛央(本書所収，1章)

[7] 西條剛央 2004 母子間の抱きの人間科学的研究：ダイナミック・システムズ・アプローチの適用　北大路書房

図3－1は，I 人の実験参加者に対して，J 個の変数（質問項目や指標など）について，T 時点にわたってデータが得られている状況である。つまり，データ構造としては（$I \times J \times T$）の3相データである。時点については，連続的な時間の流れを考慮することも可能である[4]が，一般的に発達心理学領域では，離散時点[5]，かつ等間隔でデータを収集することが多い。たとえば，1週間ごとに50回，1か月ごとに12回，1年ごとに6回データをとる状況である。したがって，ここでもそのような状況を念頭に置いている。

データボックスの特別の場合から説明しておく。$I = 1$ のとき（図3－1中，実線の平面）は単一の実験参加者を時期を通して観測したシングルケース・スタディに等しい。また，図3－1中，破線（┈┈）の平面は $T = 1$ のときであり，横断データである。また，1点破線（─・─）の平面は，複数の標本を1つの指標について，時系列的にデータを収集したものである。

統計手法は，目的に応じて関心相関的[6][7]に決定されるべきであるが，データ構造の制約は受ける。たとえば，時点数 T が小さい縦断データ（図3－2の(a)参照）で洗練された時系列解析の手法（2節で紹介）を適用することはできないし，J が小さければ（図3－2の(b)参照）潜在変数を考慮した多変量解析の手法（2節で紹介）を適用することはむずかしい。また，T が小さければ（図3－2の(c)参照），実験参加者の背後に母集団を仮定した推測統計学の手法を用いることがむずかしい。

もちろん，この他にも I と J が小さく，T が大きいデータボックスなど，さまざまな形のデータボックスを想像することは容易である。

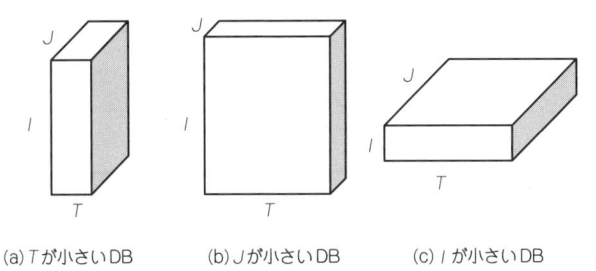

(a) T が小さいDB　　(b) J が小さいDB　　(c) I が小さいDB

図3-2　さまざまな形のデータボックス

2 外的妥当性

　分析者が統計モデルによってデータ（現象を数字の羅列にコーディングしたもの）を説明するとき，「それ以外にデータの説明の仕方はないか？」と自分自身に問いかけるのは重要である。当該モデル以外に現象を説明するモデルが並列している状況で，あえてそのモデルを用いて説明する必要性について，分析者は説明可能である必要がある。このとき，当該モデルを用いた説明がいかに妥当かを論議するときに内的妥当性（internal validity）[8]という述語は有用である。しかし，ここではその対概念に近い外的妥当性（external validity）[8]について焦点化して考えてみたい。

　外的妥当性は，当該データから外延する外の世界に対する説明力であり，一般化可能性（generalizability）に非常に近い概念である。図3-3は，DBの外の世界を図式化したものである[9]。

　われわれをとりまく時間は，言うまでもなく過去から未来に向けて流れているものであり，データ収集のポイントはそのうちの限定された，かつ離散的なものである。また，実験参加者の背後には大きな母集団を想定できる。さらに，実験参加者を測定する指標ないし質問項目は多くても100くらいが限度であり，その背後には，項目のユ

[8] Cook, T.D., & Shadish, W.R. 1994 Social experiments: some developments over the past 15 years. *Annual Review of Psychology,* 45, 545-580.

[9] このような図式でデータ構造を捉える意義は高いと思われるが，そのように表現している文献が見当たらないのは残念である。

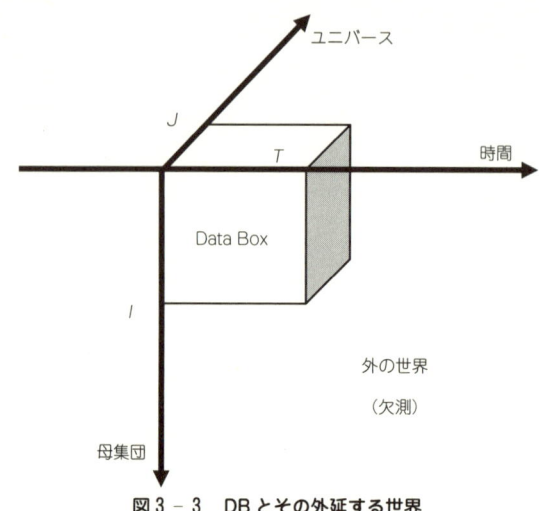

図3-3 の軸ラベル: ユニバース / 時間 / 母集団 / Data Box / 外の世界（欠測） / J, T, I

図3-3 DBとその外延する世界

[10] 池田央 1994 現代テスト理論 朝倉書店
[11] われわれの手元にあるデータは，通常，広大なデータ空間のほんのごく一部でしかない!!
[12] 誰でも自分が作ったモデルがかわいいものである。

ニバース[10]を想定することができる[11]。

　一般に，研究者はデータから抽出した結果（知見）が外に延びる世界に対して説明力を有していると期待する[12]。しかしながら，それら外部の世界については，本質的にデータが欠測しているのが常である。すなわち，外的妥当性とは，DBの外の世界に対する欠測された空間に対する説明力でもある。DBの中で構築された（内的妥当性を満たしたであろう）モデルが，DBの外でも同様に妥当であるかどうかはわからない。基本的に以下の図式のもとで考えることは便利である。

・データボックス：中の世界，モデルの構築・検証の場
・外延する世界　：欠測，推測対象

[13] どれだけ十分にデータを収集したと思ったとしてもいくらでも想像可能な世界がデータの外に広がっている。

　DBは，想像できる全体の空間に比べてあまりにも小さいものにならざるを得ない[13]。もちろん，研究テーマによっては，外の世界に興味がない場合もあるが，原理

的にはいかなるモデルも外に広がる膨大な世界を完全に説明することができないはずである。そのとき，「外の世界を完全に説明できてないじゃないか」などという「無いものねだり」は不毛な議論に陥る可能性があるので，注意が必要である[6]。

ところで，推測統計学はDBの外の世界に対する予測を与えるものである。しかしながら，図3－2の(a)のようなDBから，時間について説明力をもつ結果をデータから抽出するのは不可能ではないがむずかしい。また，図3－2の(b)のようなDBから，実験参加者のさまざまな側面について知見を得ることは不可能ではないがむずかしい。それはすなわちまた，図3－2の(c)のようなシングルケース・スタディに近いDBから，母集団を説明するモデルを構築することが不可能ではないがむずかしいことと同じである。

DB内で構築されたモデルが外延する世界に対して強い説明力をもつと期待するならば，DBはできるだけ大きいことが望ましい。しかしながら，実験参加者を多く募ることがむずかしかったり，同一実験参加者に多数の質問項目に回答してもらうのが困難だったりと，いろいろな現実的な制約が存在するであろう。そのときは，DBの形に応じて外的妥当性を強く主張する部分の強弱に慎重になるべきである。

しかし，むろんどんな小さいDBも全体に対する知見の蓄積にはなるし，小さいDBから得られた構造を次回の実験なり調査に仮説として継承[14]することは十分可能である。したがって，小さいDBから得られた知見をそれを理由に意味がないと捨象するのは間違いである。

[14] 西條剛央 2002 生死の境界と「自然・天気・季節」の語り：「仮説継承型ライフストーリー研究」のモデル提示 質的心理学研究，1，55-69.

3 欠測構造からみた縦断データ

前節と関係するが，縦断データに限らず得られたデータは本質的に欠測データを含んでいる。いかに大きなDBでもそれをとりまく空間におけるデータが欠測しているからである。そのとき分析者は欠測メカニズム[15]について意識化しておくとよい。欠測メカニズムについては3節で詳述することとし，ここでは，($I \times T$) の行列に着目して，欠測の構造から縦断データを見直してみる。なお，ここでいう「欠測の構造」と「欠測メカニズム」は同一のものではない。「欠測の構造」は（データ構造における系統的な欠測の位置関係）を意味し，「欠測メカニズム」は（欠測の起こり方）のことである。

一般的な縦断データと思われているのは，表3-1のようなデータ収集を行った場合であろう[16]。

表中，白地の部分はデータがあることを示している。網かけのセルにあるXは，データの存在を意識化しておくことが望まれるが現実的に手元にないデータである[17]。表3-1は，2000年時に小学3年生である実験参加者群を2001年から3年にわたって追跡調査した場合である。つまり，2000年時において3年生だった実験参加者群の4，5，6年生のときのデータである。

さて，仮に小学生の教育達成度を問題としていて，各年度の達成度を測定することが重要な研究テーマであるならば，表3-2のようなデータ収集計画を立てることも1つのやり方である。このとき，「2000年に4年生」「2001年に4年生」「2002年に4年生」の実験参加者群をそれぞれ3年にわたり追跡調査していることになる。

表3-1のようなデータ構造から得た結果は，ともすればその世代に特有なコホート効果であるという可能性

[15] Little, R. J. A., & Rubin, D. B. 1987 *Statistical Analysis with Missing Data.* New York : Wiley.

[16] 表中，X_{gy}はg年生のy年におけるデータである。「…」はデータを想像できるがその存在を強く意識しなくてもよさそうな部分である。ところで，白地のセルが薄暗く見えるのは，錯視のような気がする。

[17] 一般的にデータ分析者ないし研究者は，手元にあるデータに集中して内的妥当性を高めるべく分析していると思うが，欠測になっている外の世界に対する外的妥当性についても意識的になっておいたほうがよい。

表3-1　一般的な縦断データ（母集団の対象を小学生とした場合）

測定時点 実験参加者	…	'00	'01	'02	'03	'04	…
2001年に 1年生	…	…	…	…	…	…	…
1年生 （2000年時）	…	$X_{1,0}$	$X_{1,1}$	$X_{1,2}$	$X_{1,3}$	$X_{1,4}$	…
2年生 （2000年時）	…	$X_{2,0}$	$X_{2,1}$	$X_{2,2}$	$X_{2,3}$	$X_{2,4}$	…
3年生 （2000年時）	…	$X_{3,0}$	$X_{3,1}$	$X_{3,2}$	$X_{3,3}$	$X_{3,4}$	…
4年生 （2000年時）	…	$X_{4,0}$	$X_{4,1}$	$X_{4,2}$	$X_{4,3}$	$X_{4,4}$	…
5年生 （2000年時）	…	$X_{5,0}$	$X_{5,1}$	$X_{5,2}$	$X_{5,3}$	$X_{5,4}$	…
6年生 （2000年時）	…	$X_{6,0}$	$X_{6,1}$	$X_{6,2}$	$X_{6,3}$	$X_{6,4}$	…
1999年に 6年生	…	…	…	…	…	…	…

表3-2　縦断データ（その2）

測定時点 実験参加者	…	'00	'01	'02	'03	'04	…
2001年に 1年生	…	…	…	…	…	…	…
1年生 （2000年時）	…	$X_{1,0}$	$X_{1,1}$	$X_{1,2}$	$X_{1,3}$	$X_{1,4}$	…
2年生 （2000年時）	…	$X_{2,0}$	$X_{2,1}$	$X_{2,2}$	$X_{2,3}$	$X_{2,4}$	…
3年生 （2000年時）	…	$X_{3,0}$	$X_{3,1}$	$X_{3,2}$	$X_{3,3}$	$X_{3,4}$	…
4年生 （2000年時）	…	$X_{4,0}$	$X_{4,1}$	$X_{4,2}$	$X_{4,3}$	$X_{4,4}$	…
5年生 （2000年時）	…	$X_{5,0}$	$X_{5,1}$	$X_{5,2}$	$X_{5,3}$	$X_{5,4}$	…
6年生 （2000年時）	…	$X_{6,0}$	$X_{6,1}$	$X_{6,2}$	$X_{6,3}$	$X_{6,4}$	…
1999年に 6年生	…	…	…	…	…	…	…

がある。しかし，表3-2のようなデータ収集計画をもとにして得た結果は，少なくとも3年にわたって一般化できる知見であることが期待できる。また，年を追うご

とに小学4年生の学力に違いに変化があるかどうかを考察することが可能である。

4 さまざまな縦断データ

表3-3は，反復測定研究とトレンド研究との違いを表したものである。表は，外延する世界を捨象して表現している。

データXは，大学生のあるサンプル集団S_1について，5か月にわたって収集されたものとする。このようなサンプル集団をパネルと呼ぶことがある。ただし，パネルという呼称は，時点数が比較的小さいときによく用いられているようである。このとき，データXは，反復測定デザインによって構造化されている。

一方で，データYは，1月にはサンプル集団S_2，2月にはS_3，…，5月にはS_6から得たものである。これは，毎月毎月，実験参加者を変えていることを意味しているが，縦断研究の一形態である[18]。

このようなデザインは，内閣に対する支持率の経年変化など，トレンドを把握することが目的のときに用いられることが多い。つまり，個人内変化[19]には興味がなく，パネル内変化ともいうべきものに興味の対象があるときに用いられ，トレンド研究とも呼ばれる。

次に，表3-4は，実験計画を組み込んでおり，統制

[18] 時間情報を込みにしてデータを収集していることから，横断データであるとはいえないので，むしろ縦断データである。しかし，縦断データの本質は反復測定を前提としている教科書も多いので，注意が必要である。
[19] intra-individual change

表3-3 反復測定研究とトレンド研究との違い

実験参加者	集団	1月	2月	3月	4月	5月
大学生	S_1	$X_{1,0}$	$X_{1,1}$	$X_{1,2}$	$X_{1,3}$	$X_{1,4}$
	S_2	$Y_{2,0}$				
	S_3		$Y_{3,1}$			
	S_4			$Y_{4,2}$		
	S_5				$Y_{5,3}$	
	S_6					$Y_{6,4}$

表3-4　実験群と統制群が用意された縦断データ

時点 実験参加者	集団	1週	2週	3週	4週	5週
大学生	C_1	$x_{C,0}$	$x_{C,1}$	$x_{C,2}$	$x_{C,3}$	$x_{C,4}$
	E_1	$x_{E1,0}$	$x_{E1,1}$	$x_{E1,2}$	$x_{E1,3}$	$x_{E1,4}$
	E_2	$x_{E2,0}$	$x_{E2,1}$	$x_{E2,2}$	$x_{E2,3}$	$x_{E2,4}$

群と実験群に対して時期を通して観測している。実験群には，臨床心理学的，あるいは教育心理学的なプログラムが課されていることなどが考えられる。表3-4では，仮に統制群（C_1）と実験群が2グループ（E_1，E_2）の合わせて3グループが存在する状況が考えられている。むろん，実験グループは3つ以上あってもよい。そして，当該3グループについて，5週間にわたってデータが収集された様子を示している。このとき，第1週において，統制群と実験群に対する実験参加者の人員配置が無作為割り当て[20]をするなどの処置が目的に応じて要求されることが予想されるが，倫理的な側面から無作為割り当てがむずかしい場合などもあり，準実験[21]や社会的実験[8]の状況となる[22]。

この他にも状況に合わせていくらでもデータ構造は考えられるが，縦断データの基本は，時期を通して対象を測定し，データを観測することである。縦断データは，現象の時系列情報を込みにするという意味で，横断データから得られる情報よりも豊かな情報をデータから引き出すことができるというメリットがある。

しかし，測定時期が長くなればなるほど，実験参加者の調査に対する参加意欲が低下して質のよいデータを得ることがむずかしくなってくる。たとえば，毎回，同じ質問項目を聞いていると，実験参加者はいい加減ウンザリしてくるものである。また，調査が長期に及べば実験参加者が引っ越しをしたり，あるいは亡くなったりとい

[20] random assignment
[21] Cook, T.D., & Campbell, D.T. 1979 *Quasi-experimentation: Design and analysis issues for field settings*. MA: Houghton Mifflin.
[22] そのときは共変量調整が有効にこの問題を解決できる可能性があるが，ここでは深入りしない。

うドロップアウト（脱落）の問題が出てくる。つまり，局所的な欠測値の問題が浮上してくる。局所的な欠測値の問題は3節で詳述する。

5 1節のまとめ

本節では，縦断データにおけるデータボックスを示し，欠測構造を含めて縦断データを捉え直した。分析者には手元にあるデータよりも広い世界についての視野をもってもらいたい。また，外的妥当性という述語を1つのキーワードにして，DB内で構築したモデルのDB外の世界に対する説明力についても分析者は意識化したほうがよいとも述べた。

現象と向き合っている分析者は，自らがデータから引き出す知見を，どの方向に対して一般化したいかについての関心があると思われる。それは，DBで言えば，(I, J, T)の相が3つの方向性である。DBから内的妥当性が高いであろう知見を母集団の方向に一般化したいのであれば，Iの大きい縦断データを収集するべきであ

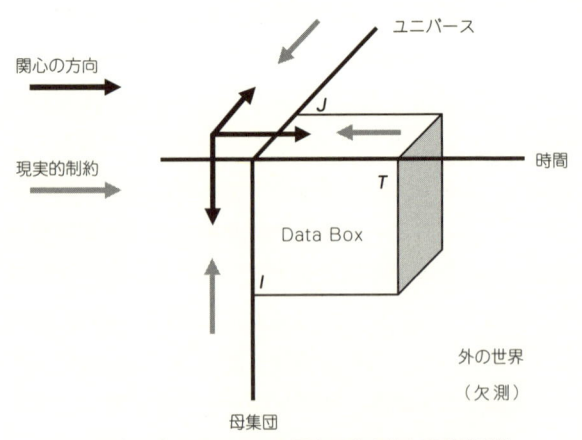

図3-4　DBにおける関心の方向性と現実的制約

るし，ユニバースの方向に一般化したいのであれば，Jの大きい縦断データを収集するべきである。同様に，時間の方向に一般化したいのであれば，Tの大きい縦断データを収集するべきである。

一方で，縦断データを収集するには，現実的な制約がある。コスト・マンパワー・時間など限られた資源を有効に活用しなければならない。基本的には，図3－4を参考に縦断データにおける3相データを収集することになるだろう。つまり，欲を言えば，DBはいくらでも大きいほうが好ましい。しかし，現実的な制約があるので外的妥当性を強く言いたいという関心に応じてDBを太らせる方向の強弱を分析者自らの判断で決定しなければならない。

2節　データ構造に対応した統計手法

研究者の「関心」に照らし合わせて適切なデータ構造が選択され，データ構造が変わるに従って無限のデータ分析のやり方が存在するので，それを本稿で尽くすことはできないが，以下にいくつかのトピックに絞って概観していく。

基本的に，データ構造は分析者の目的に即応していることは大前提のものとする。つまり，時間について一般化したいと考えている分析者が，時点数が少ない縦断データを分析しても，豊かな知見を得ることは一般的にむずかしい。また，時間について一般化可能性の高い知見を得ようとしている分析者がTが小さいデータを取っている時点で違和感がある。清水と荘島[23]は，以下のように述べている。

[23] 清水武・荘島宏二郎　2003　経時的要因を含む分散分析に対する発達心理学者としての関わりかた：3つの分散分析モデル　発達心理学研究, 14(3), 316-317.

言うまでもなく，発達現象を捉え，よりよく理解することこそが，発達心理学者の課題である。第一，無条件に完璧な方法などなく，そもそも，統計による分析は1つの方法論である。したがって，目的を第一にし，同時に実際のデータと相談しながら，分析デザインを選びたい。どのように考えるかという態度抜きで「正しい」分析など，本来ありえないからである。もしも「統計の枠組みに一致しない」といった理由によって，少数サンプルの縦断研究を諦めるなどして，それが現象理解を妨げるようなことになれば，それは本末転倒なのである。

1 I（実験参加者数）が大きいとき

実験参加者数が多いということは，データボックスとしては，縦長のときである。図3-2の(a)は，Tが小さいという否定的な紹介の仕方をしたが，現実問題としてTが5未満で，Iが100，200といった縦断データも大いにあるだろう。

このとき，図3-5のようなハンドリングを行ってデータ入力することが多くなる。データが3相構造であっても通常，データを入力するシートは2次元平面だからである。そのとき，通常，1レコード1オブザベーションの規則に従って，実験参加者の相（I）は縦に並べることが多い。変数の相（J）と時点の相（T）については，どちらをスライスしてもよいが，Tについてスライスするほうが一般的である。図3-5は，$T=3$の場合である。

Iが大きいとき，分析者は，想定する母集団に対して一般化した知見をデータから抽出しやすくなる。母集団に対する知見とは，母集団の平均であったり分散であった

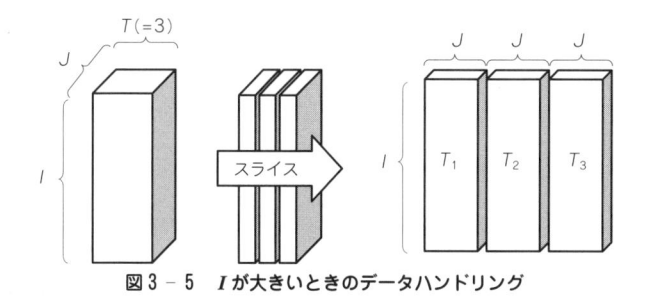

図3-5　Iが大きいときのデータハンドリング

りする。むろん，後述する多層モデルや潜在成長モデルのように，個々に（線形・非線形の回帰モデルを当てはめた上で），回帰係数の母集団平均などを考察することも可能である。

(1) **観測変数の反復測定デザイン**

平均値の差の検定は，分散分析モデルを代表とする実験計画モデルの射程である。平均値に固執する態度はよくないことであり，昨今，いろいろなところでそのような警鐘を耳にすることができる。しかしながら，一般的に研究者が最も気になる値であることも確かであろう。

縦断データに有用な分散分析モデルとして，反復測定デザイン，多変量分散分析，乱塊法がある[23]。反復測定デザインとMANOVAについての数理的な背景に興味がある読者は，千野[24][25][26]に詳しい。しかしながら，ANOVAに代表される実験計画モデルによって縦断データにアプローチすることは制約が多く，得るものは少ない[4]。

ここでは，構造方程式モデリング[27][28][29]の枠組みで分析することをすすめたい。SEMはパス図という分析図をもとに視覚的に分析デザインを構築することが可能であるし，また，SEMは多くの統計モデルをその枠組みの中で実行可能だからである。図3-6は，時点数4にわた

[24] 千野直仁　1993　反復測度デザイン概説——その1：愛知学院大学文学部紀要, 23, 223-236.
[25] 千野直仁　1994　反復測度デザイン概説——その2：球形検定とその周辺についての批判的レビュー　愛知学院大学文学部紀要, 24, 103-119.
[26] 千野直仁　1995　教育や心理の分野におけるANOVA, MANOVA, GMANOVA適用上の問題点　愛知学院大学文学部紀要, 25, 71-96.
[27] structural equation modeling, SEM
[28] 豊田秀樹　1998　共分散構造分析[入門編]：構造方程式モデリング　朝倉書店
[29] 狩野裕・三浦麻子　2002　AMOS, EQS, CALISによるグラフィカル多変量解析：一目で見る共分散構造分析　現代数学社

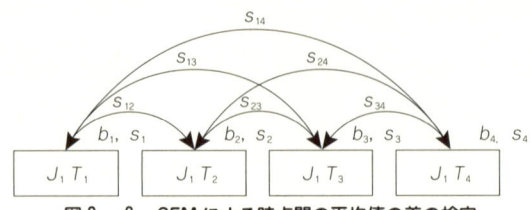

図3-6 SEMによる時点間の平均値の差の検定

る観測変数の平均値に差があるかどうかを検討するためのSEMによる分析図である。

図中, $J_1T_1 \cdots J_1T_4$ は4時点での変数であり, $T_1 \sim T_4$ の間の双方向の矢印は, 変数間の共分散（相関）である。$(I \times J \times T) = (I \times 1 \times 4)$ の反復測定のデータボックスである。また, I は, 標本数条件を満たしている必要があり, $J \times T = 4$ より小さいと多変量正規分布に基づく多くの有用な統計的方法を用いることができない。

また, b_1 と s_1 は変数 J_1T_1 の切片（平均）と分散であり, s_{12} は J_1T_1 と J_1T_2 の共分散である。他についても同様である。そして, $b_1 = b_2 = b_3 = b_4$ が成立するのか, あるいは変数間の平均値のどこに差があるのかについて関心がある場合にはANOVAモデルが有効である。

さて, 表3-5は, 反復測定デザインのさまざまな制約をいくつか挙げたものである。反復測定デザインは, 基本的に「繰り返し測定された変数の時点間の平均値」に差があるかどうかを検討するものである。しかし, 同時に,「繰り返し測定に伴う時点間の相関構造」についても知見を得ることができる。そして, その相関構造については, 緩やかな制約を課すものもあれば, 厳しい制約を課すものまで多岐にわたる。

表3-5には挙げていないが, この他にも1次の自己回帰モデル[30], 1次の自己回帰移動平均モデル[31], 因子分析的アプローチ[32]やHuynhとFeldtの方法[33]なども

[30] first order autoregression model, AR(1)
[31] first order autoregression moving average model, ARMA(1,1)
[32] Hsu, J.C. 1992 The factor analytic approach to simultaneous inference in the general linear model. *Journal of Computatinal Statistics and Graphics*, 1, 151-168.
[33] Huynh, H., & Feldt, L.S. 1970 Conditions under which mean square ratios in repeated measures design have exact F-ditributions. *Journal of the American Statistical Association*, 65, 1582-1589.

表3-5 反復測定デザインのさまざまな制約の例

制約	内容	備考
制約A	$s_1=s_2=s_3=s_4$	すべての分散は等しい
制約B	$s_{12}=s_{13}=s_{14}=s_{23}=s_{24}=s_{34}=0$	すべての共分散がゼロ
制約C	$s_{12}=s_{13}=s_{14}=s_{23}=s_{24}=s_{34}$	すべての共分散は等しい
制約D	$s_{12}=s_{23}=s_{34}$ かつ $s_{13}=s_{24}$	時点間が等しい共分散は等しい

一般的である。

表3-5の制約の組み合わせで多様な反復測定デザインを表現できる。それらのいくつかを表3-6にまとめる。制約Aが加わるかどうかで,均質か不均質かという分け方をしているが,それは,各観測変数の分散が等しいかどうかということである。

表3-6 制約の組み合わせによるさまざまな反復測定デザイン

モデル	制約の組合せ	反復測定デザインの内容
モデル1	制約B+制約A	このとき,単なる1要因のANOVA。
モデル2	制約B	対角の共分散行列が仮定された反復測定デザイン。
モデル3	制約C+制約A	球面仮定[34]あるいは複合対称性[35]のもとでの「いわゆる」反復測定デザイン。
モデル4	制約C	不均質な複合対称性のもとでの反復測定デザイン。
モデル5	制約D+制約A	共分散行列にトープリッツ(Toeplitz)行列が仮定された反復測定デザイン。
モデル6	制約D	不均質なトープリッツ行列のもとでの反復測定デザイン。
モデル7	なし	いわゆる非構成(制約なし)の反復測定デザイン。

[34] sphericity assumption
[35] compound symmetry

さて,以上のような制約のもとで,$b_1=b_2=b_3=b_4$が成立するのか,成立しないのであれば,どの要素間で成立しないのかについて,χ^2値の差の検定[36]を行うとよい。その際,第1種の過誤の累積について意識しておく必要がある[37]。

ここで,強調したいのは,「時点間で平均値に差があるかどうか」という反復測定デザインの本来的な目的を果たすことも重要であるが,時点間の共分散構造,相関構

[36] chi-square difference test; [29]も参照のこと。

[37] たとえば,SEMにおけるボンフェローニの調整については,いかが参考になる。
米村大介 2003 ボンフェローニの調整 豊田秀樹(編著) 共分散構造分析[疑問編]──構造方程式モデリング 朝倉書店 Pp.152-154.

表3-7-a　モデル3の相関構造

	3年	4年	5年	6年
3年	1.00			
4年	0.60	1.00		
5年	0.60	0.60	1.00	
6年	0.60	0.60	0.60	1.00

表3-7-b　モデル5の相関構造

	3年	4年	5年	6年
3年	1.00			
4年	0.60	1.00		
5年	0.30	0.60	1.00	
6年	0.10	0.30	0.60	1.00

造にどのような制約を課すことができるかについても分析者は注意を払うべきである。たとえば，小学生のある集団を3～6年生にわたって追跡調査をして，テスト不安という心理変数の経年変化を捉えようとしたとする。そのとき，縦断データの時点間の相関構造において，モデル3（制約C＋制約A）が成立したときの状況を表3-7-aに示す。また，モデル5（制約D＋制約A）が成立したときの状況を表3-7-bに示す。

　表3-7-aのような相関構造が縦断データに当てはまるか，あるいは，表3-7-bのような相関構造が当てはまるかでは，手元にある縦断データに対する解釈が異なってくる。繰り返すが，反復測定デザインの本来的な目的は，時点間で平均値に差があるかどうかを検討することであるが，同時に，時点間にどのような相関構造を仮定することができるかについても分析者は探索・検証していく必要がある。

(2) 因子の反復測定デザイン

　時期を通しての因子間の平均に差があるかどうかを検討したいのであれば，図3-7のような分析で対応できる。

　DBの大きさは $(I \times J \times T) = (I \times 3 \times 3)$ であり，I は9より小さいと多変量正規分布を仮定した分析を行うことができない。図3-7中，たとえば $J_1 T_1$ は時期 T_1 におい

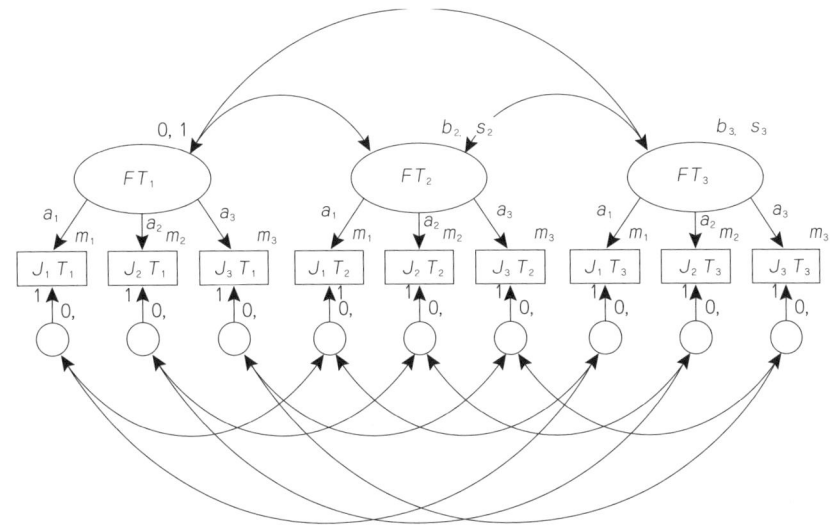

図3-7 SEMによる時点間の因子平均の差の検定

て観察された観測変数J_1である。そして，FT_1は時期T_1で測定される因子（潜在変数）である。他も同様である。図3-7では1因子の状況であるが，複数因子に拡張することも容易である[38]。

また，bは因子の平均，sは因子の分散である。時期T_1の因子平均は0，分散は1に固定されている。さらに，a_1は因子からJ_1に対するパス係数であり，時期を通して因子の分散に違いがあるかを検討するために，時期を通して等値の制約が課されている。同様の理由で，時期を通して因子の平均を比較するために，観測変数の切片に時期を通して等値の制約が課されている。

上記のようなモデルの下で，時期を通して因子の平均や分散に差があるかどうかについて，$b_1=b_2=b_3$の制約を課すことなどが可能であるかどうかなど，χ^2値の差の検定やモデル適合度，情報量基準の観点から検討すること

[38] J_1T_1とJ_1T_2など時間を通して対応する観測変数には誤差分散に等値の制約を課すことができるかもしれない。また，誤差分散間の共分散は，モデルによっては必要ない場合もあるだろう。それらは，分析者の関心やモデル適合度に応じて決定されてよい。これらのSEMのモデル選択のやり方は[28]や以下の文献が役に立つ。
飯塚久哲 2003a 2母集団解析の手順について 豊田秀樹（編著）共分散構造分析［疑問編］――構造方程式モデリング 朝倉書店 Pp.194-196.

ができる[29]。その際，先ほどの共分散行列・相関行列の制約のかけ方によっては，さまざまな反復測定デザインを表現することができ，因子平均の差を検討すると同時に，時期を通した因子間相関行列についても知見を深めていくことが望まれる[39]。なお，観測変数が連続変数であるか，順序カテゴリ変数であるかなどによっても微妙に制約のかけ方やモデリングの仕方などが変わってくる。

むろん，上記のようなモデルを実験群と統制群などにおいて平均値に差があるかどうか興味がある場合もあるだろう。そのときは，必然的に多母集団モデルを用いる必要が出てくる。全般的にSEMの枠組みでの分散分析モデルの実行は豊田[40]および狩野[41]が詳しい。

(3) 多層モデル

多層モデル（multilevel model）は，サンプリングに層構造が出現するときに用いられるべきモデルである[42]。教育評価の分野では，このモデルの有用性について注目されていた[43]が，ここでは，個人というレベルと集団というレベルの2層で考えることにする。そのとき，個人レベルに対応してユニット内モデル[44]と集団レベルに対応してユニット間モデル[45]が主要な関心事となる。そして，ユニット内でモデリングして，そのモデルがユニット間でどのように違うのかを検討する[46]。

多層モデルの中では，階層線形モデル[47]が最も有名であり，他にもいちいち文献を挙げないがrandom coefficient regression model, multilevel mixed effects model, contextual effects model, random parameter model, full contextual model, multilevel linear model, variance components modelなど多くの似たモデルがあ

(a)　　　　(b)　　　　(c)　　　　(d)

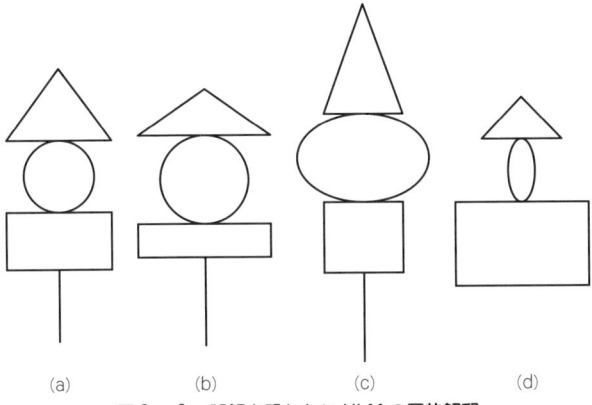

図3－8　誤解を恐れないHLMの図的解釈

る[48]。

　誤解を恐れずに多層モデルを図式化して考えてみる[49]。図3－8の(a)は，実験参加者Aの発達現象をモデル化したものとする。同様に，図3－8の(b)，(c)，(d)は，それぞれ，実験参加者B，C，Dさんの発達現象をモデル化したものとする。発達現象を構造化したと言ってもよいかもしれない。

　A，B，C，Dさんに共通する部分は，(△，○，□，｜)という要素とそれらの連なり方である。一方で，A，B，C，Dさんに異なるのは，それら要素の大きさや長さや角度である。つまり，基本的な「構造」と「構造を構成する要素」は実験参加者にわたって同一に固定しておいて，要素の「量的な強弱・大小」が実験参加者によって異なるというものである。また，図3－8の(d)において，Dさんの構造が他の人と異なるという意見も可能であるが，「｜」という要素における量的な状態がゼロであると解釈することが可能である[50]。

　発達現象に即して言えば，時期を通して，ある観測変数がたとえば線形に増える（減る）という構造を実験参

[48] 次の文献でレビューされている。
Longford, N.T. 1995 Random coefficient models. In G. Arminger, C. C. Clogg, & M.E. Sobel (Eds.) *Handbook of statistical modeling in the social sciences.* New York: Plenum. Pp.519-577.

[49] 数式を用いない表現は厳密さを欠くが，数式による説明は多くの文献で見つけることができるし，読者によってはイメージが沸かないからである。多層モデルの数学が必要な読者は，［3］などを参考にしてほしい。

[50] なお，量の違いによって，図3－8の(a)，(b)，(c)，(d)には質的な違いが生じているかもしれなく，その点については，また別個に議論は可能かもしれないが，ここでは深入りしない。

加者間で統一しておいて，その切片（基準時点での変数の値）と回帰係数（時間が進むにつれて，どの程度，観測変数の値が増加するか）が実験参加者によってさまざまに異なるなどがそれにあたる。もっと正確に言えば，切片と回帰係数が確率的に変動するという仮定を導入する。無論，線形モデルにこだわらずとも，高次の項や交互作用項，を導入することによって，非線形を演出することも可能である。また，時間によって変わる共変量[51]などを用いることもモデルを非常に豊かにする試みである。

[51] time-varing covariate

　さて，話をより簡単にするために，今，個人の発達をモデリングする際に，構造を成す要素が「△（傾き）」と「□（切片）」だけとする。また，考慮すべき量的な違いが△の大きさと□の大きさだけだとする。そのとき，多層モデルを用いた結果，わかることを図的に解釈すると図3－9のようになる。

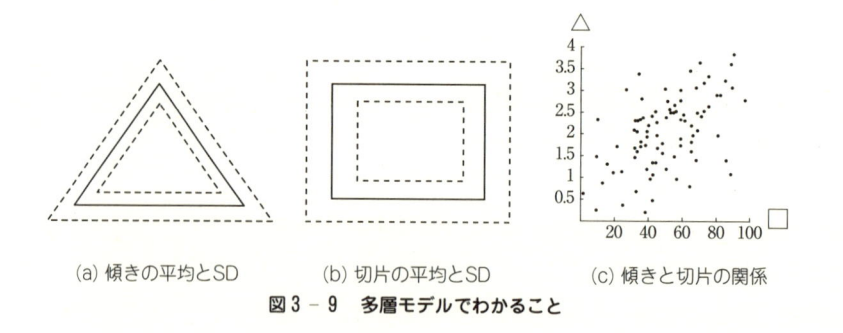

(a) 傾きの平均とSD　　(b) 切片の平均とSD　　(c) 傾きと切片の関係

図3－9　多層モデルでわかること

[52] しかしながら，統計に必ずしも習熟していない研究者は，分析の段になってこの仮定を無視してしまうことも多いように思われるので注意が必要である。

　つまり，個々人の発達現象を△と□という要素の連なりで表現しておいて，その△と□には個人差があると考える。つまり，個々人によって，△と□の大きさはさまざまであるという現場人にとっては至極当然の仮定である[52]。

一方で，△と□にはそれぞれ個体差をならした平均を考えることもできるので，図3－9の(a)では，発達現象を成す△の平均とその散らばり具合を表現している。同様に，□にも平均とその散らばりがある。また，△と□の関係の強さを多層モデルでは考察することができ，たとえば，図3－9の(c)では，切片（□）が大きい人ほど，傾き（△）も大きい傾向があることを示している。

なお，発達現象が非線形であるとするならば，非線形項の係数が実験参加者によって確率変動するという仮定を設けて，非線形項の係数と切片や一次の係数との相関や共分散を検討することができる。

発達現象が線形あるいは，高次の非線形関数を仮定する限りにおいては，潜在成長モデルの線形モデルと非常に酷似している。反復測定データに対するモデリングの柔軟性においては，SEMと多層モデルで優劣はつけがたいが，モデルのデータに対する当てはまり具合を見る適合度指標は，SEMのソフトウェアのほうが充実している。ただし，SEMのソフトウェアは，今のところ2層までの分析がせいぜいのようである。3層以上の分析をする必要があるときは，多層モデルのソフトウェアを用いるほうがよい。多層モデル分析の有名なソフトウェアは，HLM [53]，MLwiN [54]，VARCL [55]などである。

(4) 潜在成長モデル

個体内変化に着目した分析の1つとして潜在成長モデル（latent growth model, LGM）[40][56][57]は非常に有力な方法の1つである。一般的にはSEMの枠組みを用いて行うことができる。LGMでは，個々人の個体内で線形ないし非線形の回帰を行い，回帰モデルの母数の母平均，母分散，母相関係数を求めたりすることができる。さら

[53] Raudenbush, S.W., Bryk, A. S., Cheong, Y.F., & Congdon, R. 2001 *HLM 5: Hierarchical linear and nonlinear modeling*. 2nd ed. IL: Scientific Software International.
[54] Goldstein, H., Rasbash, J., Plewis, I., Draper, D., Browne, W., Yang, M., Woodhouse, G., & Healy, M. 1998 *A user's guide to MLwiN*. London: Multilevel Models Project Institute of Education, University of London.
[55] Longford, N.T. 1990 *VARCL: Software for variance component analysis of data with nested random effects（maximum likelihood）*. NJ: Educational Testing Service.
[56] 山森光陽（本書所収4章）
[57] Duncan, T.E., Duncan, S.C., Strycker, L.A., Li, F., & Alpert, A. 1999 *An Introduction to Latent Variable Growth Curve Modeling: Concepts, Issues, and Applications*. Mahwah: Lawrence Erlbaum Associates.

に，因子得点を推定すれば，個々人の回帰モデルの切片や回帰係数を得ることができる。

本書の4章でも取り上げているので，ここでの詳述は避ける。なお，潜在変数のLGM，カテゴリデータのLGM，多母集団LGM，潜在クラスLGMなどMuthén & Muthén[58]で網羅的に紹介されている。また，LGMのモデル改善は飯塚[59]を参考にするとよい。

2　T（時点数）が大きいとき

Tが大きいとは，データボックスが図3-2の(c)のような状況となっている。Tが大きいとき，縦断データというよりもむしろ時系列データというほうがしっくりくるし，本節で取り上げるモデルは，時系列解析[60]と呼ばれる手法群に属する。時系列解析は，動的分析[61]とも呼ばれる。概して，時点数の大きい測定は，Iの数を小さくしないとコストの面で負担が大きい。そのため，発達心理学研究の分野では一般的にIの大きさとTの大きさには負の相関がありそうである。

話が複雑になりすぎるので，今，($I\times J\times T$)のDBにおいて，$I=1$のシングルケースで考えてみる。これは，1人の実験参加者に対して，J個の指標（観測変数）について，T回測定したことを表している。また，ここでは，Tは比較的大きいことを念頭に置いている。

(1)　自己回帰モデル

自己回帰モデル[62]は，文字通り，過去の自らの値に影響受けるというモデルである。たとえば，時点tのXの値をX_tとすると，X_tはX_{t-1}, X_{t-2}, …の影響を受けているというモデルであり，図示すると図3-10のようになる。いずれの図も時点tでの観測変数X_tを中心に図示してある[63]。

[58] Muthén, L.K., & Muthén, B.O. 2003 *Mplus User's Guide*. 2nd ed. CA: Muthén & Muthén.

[59] 飯塚久哲 2003 潜在曲線モデルのモデル改善　豊田秀樹（編著）　共分散構造分析［疑問編］──構造方程式モデリング　朝倉書店　Pp.198-200.

[60] time-series analysis
[61] dynamic analysis

[62] autoregression model, AR model
[63] SEMのパス図のようであるが，この図をSEMのソフトウェアで描けば，たちどころにARモデルをSEMで分析できるわけではない。SEMで，時系列解析を行うには，トープリッツ行列，あるいはブロックトープリッツ行列を作成する必要があり，とても煩雑なため，一般の統計ユーザにはおすすめしない。時系列解析用のソフトウェアが多数あるので，それらを用いるとよい。

(a) AR(1)モデル

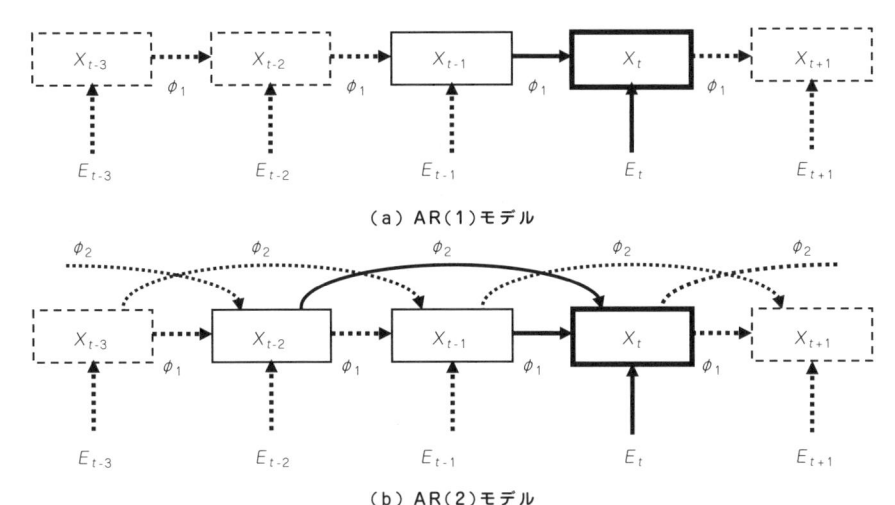

(b) AR(2)モデル

図3-10 自己回帰モデルの図的理解

　図3-10の(a)は，ある時点での測定値が，その1つ前の時点の観測値からϕ_1[64]の大きさの影響を受け，かつ，誤差を伴って観測されているとするモデルであり，1次の自己回帰モデル[65]という。たとえば，1週間ごとに1年間にわたって（比較的Tが大きいことに注意）学校ストレスを測定したとする。そのとき，ある週のストレス得点の大きさは，前週のストレス得点の大きさに影響を受けているというものである。ただし，前々週のストレス得点の大きさからは影響を受けていないということである。

　また，図3-10の(b)は，1つ前の観測値からはϕ_1，2つ前の観測値からはϕ_2の影響を受けているとするモデル[66]である。上の例で言えば，ある週のストレス得点の大きさは，その前週とその前々週からの影響を受けているが，それ以前の週のストレス得点の大きさからは影響を受けていないとするモデルである。

　なお，図3-10は，観測変数が1つであるが，観測変

[64] ギリシャ式はフィー，英語式はファイ。日本人の多くはファイと読む。

[65] AR(1)と表記する。

[66] AR(2)と表記する。一般に，p次の自己回帰モデルをAR(p)と表記する。

数は複数あってよく，そのとき，ベクトル自己回帰モデル[67]という。煩雑であるが，観測変数が2つ（$J = 2$），かつ，次数が2（$p = 2$）の場合について，図示したものを図3-11に示す。図中，煩雑さを避けるために，すべてのϕを掲載していないが，時点間が等しいϕはすべて等しい。

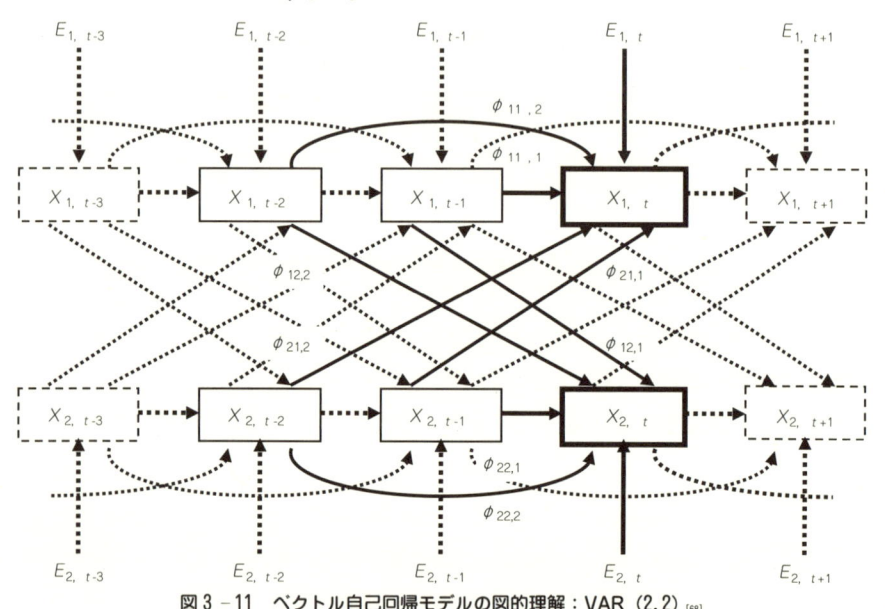

[67] vector autoregression model, VAR model

図3-11 ベクトル自己回帰モデルの図的理解：VAR（2,2）[68]

[68] 次数がp，観測変数の数がJのVARモデルをVAR(p, J)などと表記する。

時点tでの1番目の観測変数$X_{1,t}$に注目して図3-11を説明する。$X_{1,t}$は，1時点前の自分自身（$X_{1,t-1}$）と2時点前の自分自身（$X_{1,t-2}$）から，それぞれ，$\phi_{11,1}$と$\phi_{11,2}$の影響を受けている。一方で，1時点前のX_2（$X_{2,t-1}$）と2時点前のX_2（$X_{2,t-2}$）からも，それぞれ，$\phi_{21,1}$と$\phi_{21,2}$の影響を受けている。

このモデルを，以下のような状況に即して解釈してみる。たとえば，「学校ストレス」「登校拒否行動」という2つの変数について，1週間ごとに1年間にわたって測

定しているとする。繰り返すが，時系列解析には，比較的大きい時点数が必要である[69]。そして，ある週の学校ストレス得点は，前週および前々週の学校ストレス得点と前週および前々週の登校拒否行動から影響を受けているというものである。同様に，ある週の登校拒否行動は，その前週と前々週の登校拒否行動と学校ストレス得点から影響を受けているというものである。

ARもしくはVARモデルにおける主要な関心事は，データを効率よく説明するためには，次数をいくつとればよいかである。ただし，定常性の仮定など，モデルを適用する上で満たさなければならない制約もあるので，読者は個別にモデルの使用に習熟する必要がある。

(2) 移動平均モデル

移動平均モデル[70]は，時点tのXの値をX_tが，当該時点とそれ以前の誤差から影響を受けるというモデルであり，ARモデルと表裏を成すモデルである[71]。図3-12は，MAモデルを図式化したものである。

図3-12-aは，時点tのXの値をX_tが時点tの誤差（E_t）からθ_0，1つ前の時点の誤差（E_{t-1}）から$-\theta_1$[72]の影響を受けているとするモデルであり，1次の移動平均モデルという。また，図3-12-bを2次の移動平均モデル[73]という。

次に，図3-13は，観測変数が複数あるときのMAモデルであり，ベクトル移動平均モデルという[74]。図の説明は，これまで通りなので省略するが，ダイナミックシステム，ダイナミックアナリシスとも呼ばれる時系列解析の「まさにダイナミックな」雰囲気が伝わってくれればうれしい。

時系列解析のモデル群は多岐にわたるが，ARモデル

[69] 一般的に，どの程度のTが必要であるかについては観測変数の数に依存し，観測変数の数が大きいほど，時点数が大きいほうがよい。ただし，一般的にどれくらい必要であるかを言うのは簡単ではない。測定対象の推定精度に依存する。

[70] moving average model, MA model

[71] 反転可能性という。これは，ARモデルをMAモデルで表現可能であるための条件であり，同様に，MAモデルをARモデルのように表現できるための条件である。

[72] MA(1)と表記する。

[73] MA(2)と表記する。一般に，q次の移動平均モデルをMA(q)と表記する。

[74] vector moving average model, VMA model. 一般に，次数がq，観測変数の数がJのVMAモデルをVMA(q, J)などと表記する。

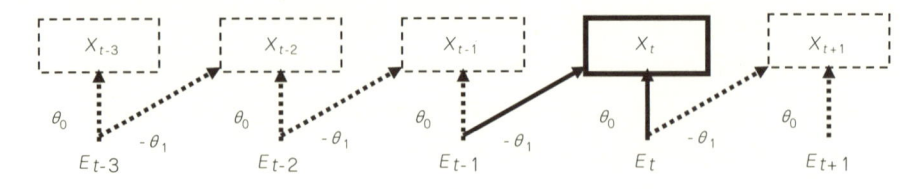

(a) MA(1)モデル

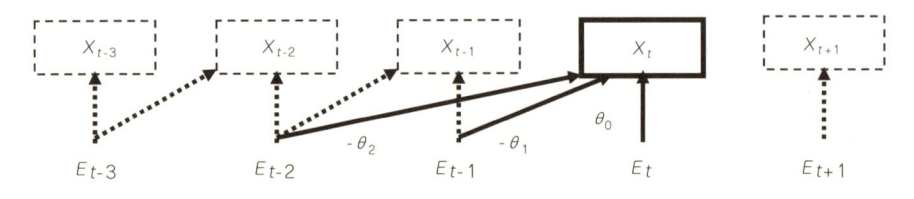

(b) MA(2)モデル

図3-12 移動平均モデルの図的理解

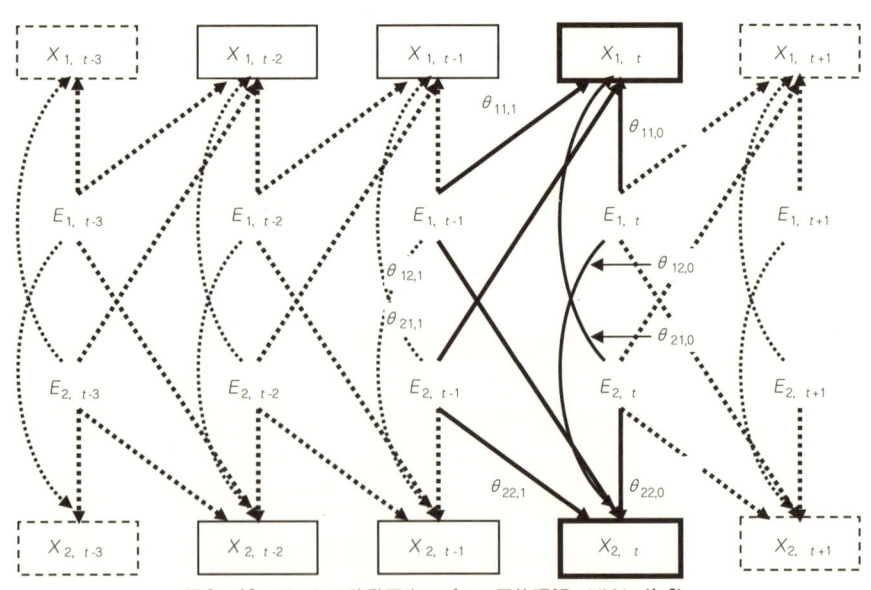

図3-13 ベクトル移動平均モデルの図的理解：VMA (1, 2)

とMAモデルは，どの時系列解析の教科書にも最初に取り上げられる基本である。他には，ARモデルとMAモデルを合体させたARMAモデル，さらにARMAモデルにスムージングをかけたARIMA（AR integrated MA）モデル，季節変動を入れたSARIMA（seasonal ARIMA）モデルなどがある[75]。これらのモデルは，一般化状態空間モデルと呼ばれるモデルで包括的に説明可能であり，隠れマルコフモデルなども含まれる。

また，カオス時系列解析[76]，フーリエ解析などの非線形モデルも有効である。ただし，非線形モデルは，圧倒的に時点数を必要とする（Tが大きい）必要がある。

3 補足

縦断データに対する手法群を多岐にわたり，本節ではとうてい言い尽くすことはできない。以下に簡単に捕捉するが，名義データに対する手法は対数線形モデル[77]や非線形一般化正準分析[78]が有効である。NGCAは，多重コレスポンデンス分析[79]，非線形主成分分析[80]，非線形正準相関分析[81]，双対尺度法[82]，数量化Ⅲ類などを含む。これらに関する文献は多岐にわたるが，Gifi[83]でほとんど網羅されている。NGCAは，汎用統計パッケージであるSPSSのオプションCATEGORIES[84]やSASのTRANSREGプロシジャ[85]などで利用可能である。また生存時間分析[86]という分析手法もあり，教育データに対する応用としては山森[87]が参考になる。

これまでに挙げた文献は，縦断データを上で有効であるはずであるが，最後にFurther Readingとして，ある程度の統計学の素養が求められるが初学者にはBijleveld & van der Kamp[88]がよい。数理的な詳細に興味がある読者には，Diggleら[4]を第一にすすめたい。また，

[75] 他にもまた，自己回帰条件付き分散不均一（AR conditional heteroscedasticity, ARCH）モデル，一般化ARCH（generalized ARCH, GARCH）モデルなどもある。また，時系列データの背後に因子を仮定した動的因子分析モデルなどもある。興味のある読者は，基本的な時系列解析の教科書から読んでみるとよい。入門としては，石村貞夫 1999 SPSSによる時系列分析の手順 東京図書，および，アンドリュー C.H.／国友直人（訳）1985 時系列モデル入門 東京大学出版会がよいだろう。

[76] 心理学の適用例で鈴木に優れた成果がある。

[77] log-linear model

[78] nonlinear generalized canonical analysis, NGCA

[79] multiple correspondence analysis

[80] nonlinear principal component analysis

[81] nonlinear canonical correlation analysis

[82] dual scaling

[83] Gifi, A. 1990 *Nonlinear multivariate analysis*. Chichester: Wiley.

[84] SPSS 1990 *SPSS Categories, User's Manual*. Chicago: SPSS Inc.

[85] Kuhfeld, W.F., & Young, F.W. 1988 New developments in psychometric and market research procedures. In S. U. G. (Ed.), *SUGI Proceedings*. Vol. 13. NC: SAS Institute, Pp. 1077-1081.

[86] survival analysis; Cox, D. R. & Oakes, D. 1984 *Analysis of Survival Data*. London: Chapman and Hill.

[87] 山森光陽 2004 中学校1年生の4月における英語学習に対する意欲はどこまで持続するのか 教育心理学研究, 52, 71-82.

Gifi, A. 1990 *Nonlinear multivariate analysis*. Chichester: Wiley.

[88] Bijleveld, C. C. J. H., & van der Kamp, L. J. Th. 1998 *Longitudinal data analysis: designs, models and methods*. London: Sage Publications.

[89] Ramsay, J.O., & Silverman, B.W. 1997 *Functional data analysis*. NY: Springer.

非線形な構造を抽出することに特に興味があるのであれば，Ramsay & Silverman [89]がおすすめであるが，比較的洗練された統計学の素養が求められる。

4 2節のまとめ

本節では，データ構造に対応する統計モデルを駆け足で紹介した。1節の5項の「1節のまとめ」では，「関心の方向」と「現実的制約」の綱引きによってデータボックスの形が定まると述べたが，本節でも似た構造が見られる。すなわち，統計モデルの選択は，分析者の関心と現実の制約からある程度規定される。ただし，1節でいう現実的な制約は，コスト・マンパワー・時間などであったが，ここでいう現実的な制約とは，今度はデータ構造として立ち現れてくることに注意してほしい[90]。このことを図3－14に示す。

[90] どんなデータ構造にでも適用できる統計モデルは皆無である。

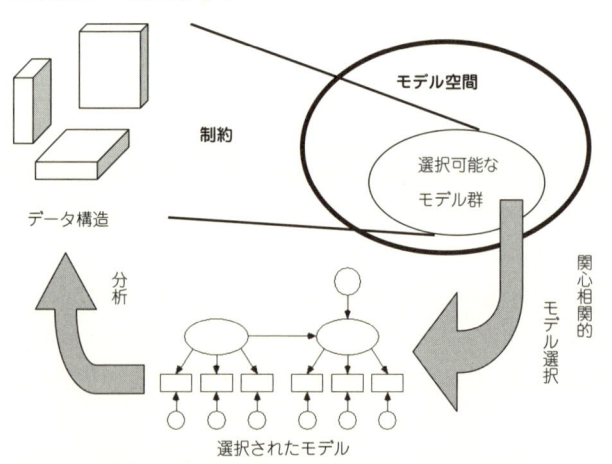

図3-14 統計モデルの選択から分析までの過程

まず，広範なモデル空間のうち，DBの形，すなわちデータ構造が一部のモデル群のみを選択可能にするよう制約をかける。つまり，図3－2の(a)のようなDBである

とき，本節で紹介した一連の時系列解析の手法は使いにくいということである。しかし，これは分析者にとって何ら苦ではないはずである。なぜなら，そもそもDBの形は，分析者の現象に対する関心から導かれているのであるから，図3-2の(a)のようなDBである時点で，そもそも時系列解析は眼中にないはずである。

次に，分析者は，選択可能なモデル群から関心相関的に1つのモデルを選択するであろう。そのとき，本節で紹介したさまざまな統計モデルが候補となるであろう。そして，そのモデルでデータを分析するのである。もし，分析の結果，得られた知見が現象を縮約していない，もしくは近似していないのであればモデルを随時改変していくことになる。あるいは，再度，モデル選択からやり直すことも1つの手である。

ただし，分析の結果から得られたモデルは現象より必ず貧困である[91]。つまり，モデルに閉じ込めた現象は，まさに分析者によって創造された仮説にすぎない[92]。予測が目的なのか，あるいは現象記述が目的なのかでモデルの立て方，分析のやり方も変わってくる。分析者はそのつど態度を明確にして自らの立ち位置も合わせて記述しておくとよい[93]。そして，これらは縦断データ分析に限ったことではなく，データ分析一般に通底する問題である。

[91] 荘島宏二郎 2004 項目反応理論(IRT)の発展と最新動向 植野真臣(編著) 日本行動計量学会第7回セミナー講演論文集：知識社会のための情報・統計学 長岡技術科学大学 Pp.58-77.
[92] 統計学と構造構成主義，あるいは構成主義との関係は，[91]に詳しい。
[93] 松嶋(本書5章)が参考になる。

3節　縦断データにおける欠測

縦断データの収集は，欠測データとの格闘でもある。多くの発達心理学者は，縦断データにおける欠損の問題にさいなまされていることだろう。一度でも縦断研究を企図したことのある研究者ならば，長期間にわたる調査

ないし測定においてどの実験参加者も欠測なくコンプリートすることのむずかしさを知っているはずである。

したがって，縦断データを扱う際には，欠測値に対する態度や対処法を学んでおく必要がある。こうした議論は統計学では真新しい議論ではないが，現場の発達研究者に向けての説明はこれまでほとんどされてこなかった。ようやく近年になって荘島と清水[94]によって，発達心理学領域で欠測の問題が意識化されてきたが，まだまだ十分であるとはいえない。

本節で問題とする欠測問題は，1節で論じた欠測構造のことではない。1節で論じた主旨は，いかなるデータボックスもその外延する世界におけるデータが欠測しているというものであった。本節で論じる欠測問題は，データボックス内における欠測である[95]。

今，データボックスにおけるJの方向を無視して，$(I×T)$の2次元行列で考えてみる。表3－8は，S_1～S_{10}さんの10人について，5時点にわたってデータを収集したと仮定している。むろん，本章の第2，3節で述べたように，10×5のデータ行列の外の世界について，「感覚」をもっていることが分析者には望まれる[96]。

しかしながら，今，この10人は母集団から適切にサンプリングされ，かつ，5時点についても適切にサンプリングされていると仮定する。つまり，とりあえず研究者が抽出したい知見，一般化したい構造などは，この10人を5時点にわたって観察すれば，十分であるとしておく。すると，当面は，このデータから内的妥当性の高い知見を得れば，おのずと外的妥当性の高い知見であるということが期待できる。

表3－8は，縦断データにおける欠測の例を示している。$X_{N,t}$は，S_NさんのT_t時点におけるデータを示している。

[94] 荘島宏二郎・清水武 2003 縦断データにおける欠測値に対する対処法：現在のソフトウェア状況を考慮して 発達心理学研究，15(1)，101-102．

[95] DBの内外で欠測を分けて考えているのは，便宜上都合がいいからであって，統一的に考えることは可能である。

[96] つまり，10人の背後にはどのような母集団を想定できるのかということと，時点についてT_1より前とT_5より後のデータの存在についても意識化しておくべきである。

表3-8 縦断データにおける欠測の例（脱落，間欠）

実験参加者＼測定時点	T_1	T_2	T_3	T_4	T_5
S_1さん	$X_{1,1}$	$X_{1,2}$	$X_{1,3}$	$X_{1,4}$	$X_{1,5}$
S_2さん	$X_{2,1}$	$X_{2,2}$	$X_{2,3}$	$X_{2,4}$	$X_{2,5}$
S_3さん	$X_{3,1}$	$X_{3,2}$	$X_{3,3}$	$X_{3,4}$	$X_{3,5}$
S_4さん	$X_{4,1}$	$X_{4,2}$	$X_{4,3}$	$X_{4,4}$	$X_{4,5}$
S_5さん	$X_{5,1}$	$X_{5,2}$	$X_{5,3}$	$X_{5,4}$	$X_{5,5}$
S_6さん	$X_{6,1}$	$X_{6,2}$	$X_{6,3}$	$X_{6,4}$	$X_{6,5}$
S_7さん	$X_{7,1}$	$X_{7,2}$	$X_{7,3}$	$X_{7,4}$	$X_{7,5}$
S_8さん	$X_{8,1}$	$X_{8,2}$	$X_{8,3}$	$X_{8,4}$	$X_{8,5}$
S_9さん	$X_{9,1}$	$X_{9,2}$	$X_{9,3}$	$X_{9,4}$	$X_{9,5}$
S_{10}さん	$X_{10,1}$	$X_{10,2}$	$X_{10,3}$	$X_{10,4}$	$X_{10,5}$

また，網かけの部分が欠測を表している。S_1さんとS_2さんは，この一連の調査をコンプリートした実験参加者である。S_3さんは，5回目の調査を欠測している。S_4，S_5，S_6さんは4回目以降の調査を欠測している。このように，1回欠測したらそれきり，二度と調査に参加しないというタイプの欠測を脱落（dropout）という[94][97]。一方，S_9さんやS_{10}さんは，どこかで欠測してもまた後日になって調査に参加するタイプでありintermittent（間欠，断続）という[4]が，縦断研究においては，間欠に比べて脱落が多いと言われる。

[97] 岩崎学 2002 不完全データの統計解析 エコノミスト社

1 欠測メカニズム

時として，縦断調査を完遂できた実験参加者のみを分析対象にして，結果を報告している研究を散見するが，これは厳に慎むべきである。そのような操作が可能であるのは，後述する欠測メカニズムが完全ランダム欠測のときであり，少なくともデータを分析する前は，そういった状況はまずないと思って臨んだほうがよい。

荘島と清水[94]の例を用いて，仮に表3-8の調査が日

[98]　ability of daily life, ADL

常生活動作[98]という構成概念の測定を目的としているとする。S_3さんやS_4さんの欠測がADLの低下によって，測定場所まで来ることすらできなかったとすれば，S_1さんやS_2さんのような調査を完遂できた実験参加者のみから得られる知見はADLについて尽くしているとはいえないだろう。S_1さんやS_2さんのデータからわかることは，たかだか「5時点の測定に耐え得る程度にADLがよかった実験参加者の5時点にわたるADLの調査結果」といえよう。

統計学的観点から欠測の取り扱いに関して3つの分類がある[15]。数理的な詳細は，岩崎[97]が非常に優れている。また，荘島[99]，室橋[100]は読みやすい。縦断データにおける欠測メカニズムは荘島と清水[94]が参考になる。

[99]　荘島宏二郎　2003　欠測(Missing)の種類　豊田秀樹(編著)　共分散構造分析[疑問編]──構造方程式モデリング　朝倉書店　Pp.107-108.
[100]　室橋弘人　2003　欠測値を含むデータへの対処　豊田秀樹(編著)　共分散構造分析[疑問編]──構造方程式モデリング　朝倉書店　Pp.68-69.
[101]　missing completely at random, MCAR
[102]　missing at random, MAR
[103]　nonignorable missing

3つの欠測の種類は，それぞれ，完全ランダム欠測[101]，ランダム欠測[102]，無視できない欠測[103]である。以下に簡単に説明する。

表3－8のもとで考えてみよう。まず，観測されたデータを$X^{(o)}$とし，欠測したデータ（網かけの部分）を$X^{(m)}$と書くとする。また，Rという指示子（indicator）を考える。Rは，当該データが観測されたならば1となり，欠測ならば0の値をとる2値変数とする。具体的に，表3－8のもとでRは表3－9のような結果を得る。その上で，欠測の種類について順番に説明を与える。

(1)　完全ランダム欠測（MCAR）

Rが1になるか0になるかという確率，すなわち，その値が観測されるのか欠測されるのかという確率が，観測されたデータ$X^{(o)}$にも欠測されたデータ$X^{(m)}$にも依存しないとき，完全ランダム欠測といわれる。

たとえば，S_3さんの5時点目の値が欠測しているのは，

表3-9 縦断データにおける欠測の例（その2）

実験参加者＼測定時点	T_1	T_2	T_3	T_4	T_5
S_1さん	1	1	1	1	1
S_2さん	1	1	1	1	1
S_3さん	1	1	1	1	0
S_4さん	1	1	1	0	0
S_5さん	1	1	1	0	0
S_6さん	1	1	1	0	0
S_7さん	1	1	0	0	0
S_8さん	1	0	0	0	0
S_9さん	1	0	0	1	1
S_{10}さん	1	0	1	0	1

調査者の記入ミス，データの紛失であったり，あるいは，非調査者が引っ越してしまったなど，ADLの変数とは関係ないときである。

(2) ランダム欠測（MAR）

Rが1になるか0になるかという確率に対して，観測されたデータ$X^{(o)}$に依存してもよいが，欠測されたデータ$X^{(m)}$には依存しないとき，ランダム欠測といわれる。

たとえば，S_4さんの4時点目での欠測は，1，2，3時点での値がよかったために，S_4さんが測定する必要性を感じなくなって，4時点目が欠測したときである。このとき，表3-8における$X_{4,4}$欠測は，$X_{4,1}, X_{4,2}, X_{4,3}$の値（の良さ）に依存しているので，MARである。

(3) 無視できない欠測

Rが1になるか0になるかという確率に対して，欠測されたデータ$X^{(m)}$に依存するとき，無視できない欠測である。

たとえば，S_8さんの2時点目での欠測が，S_8さんのADLの悪化により，測定する場所（実験室）に来ることができなかったとする。このとき，$X_{8,2}$が欠測したのは，

観測されるはずであった（でも欠測だった）$X_{8,2}$の値（の悪さ）に依存している。

2 対処

以上のうち，MCARとMARの対処については，最近のソフトウェア状況はよい。もしも，ソフトウェアの分析のオプションで，EMアルゴリズムや完全情報最尤推定法，マルコフチェーン・モンテカルロ（Markov chain Monte Carlo, MCMC）法，多重代入法などが選択可能であるならば，MCARとMARの区別をすることなしに，それらを用いるとよい。最近は，ソフトウェアも欠測データの分析についてのマニュアルも充実しているので，分析者は，適宜，それらを参照にしてほしい。

問題は，「無視できない欠測」である。欠測構造をモデル化した後に分析モデルに組み込むことによって対処することは可能であるが，欠測構造のモデル化は分析者が個別に対応する必要がある。したがって，高度な分析力が要求されるが，通常の分析者は必ずしも統計学の専門家ではない。しかしながら，欠測構造をモデリングしない限り，あらゆる分析結果を信用できない。基本的には，結論を急がず，どういった属性をもつ実験参加者に脱落が多いかなど（たとえば，男性で60歳以上に脱落が多いなど），細かにデータを見ていく姿勢が問われる。その上で，統計家などの力を借りつつ欠測構造をモデリングして分析するなどの対応が望まれる。

3章のおわりに

最後に，縦断データ分析に限らないが，広く統計学全般における営みについて簡単に述べておく。われわれの

興味の対象は、言うまでもなく現象である。学者は総がかりでこの現象解明に取りかかっているといえる。そのうち、量的研究と呼ばれるやり方は、現象をまず数値にコーディング（符号化）することから始まる。これは測定法や調査法の射程である。そして、数値にコーディングされた現象を、モデルによってデコーディング（解読）して、現象をわれわれ人類に理解可能な形にする作業がおもに統計学の営みといってよい（図3-15）。

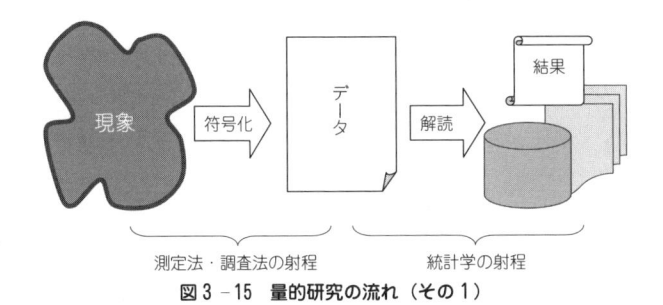

図3-15 量的研究の流れ（その1）

現象をそのまま理解できる天才もまれにいるが、量的研究は、いったん、現象をデータの羅列に符号化した後、当該データを解読することによって現象を理解しようとする。そのうち、統計学は「データ→結果」におけるプロセスに資する技術を提供している。ただし、図3-16のように、測定器具が変われば異なるデータが得られるし、統計モデルを変えれば異なる結果が得られる。つまり、同じ現象に向き合っていたとしても、分析者によって千差万別の知見が得られる。分析者は、自らが得た知見を必然であるかのように思うこともあるだろうが、実際は、無限の通りの経路からたった1つの道筋をたどって当該の結果を得ているのである。したがって、自らの立場を明らかにしないで自らの知見を唯一であるかのよ

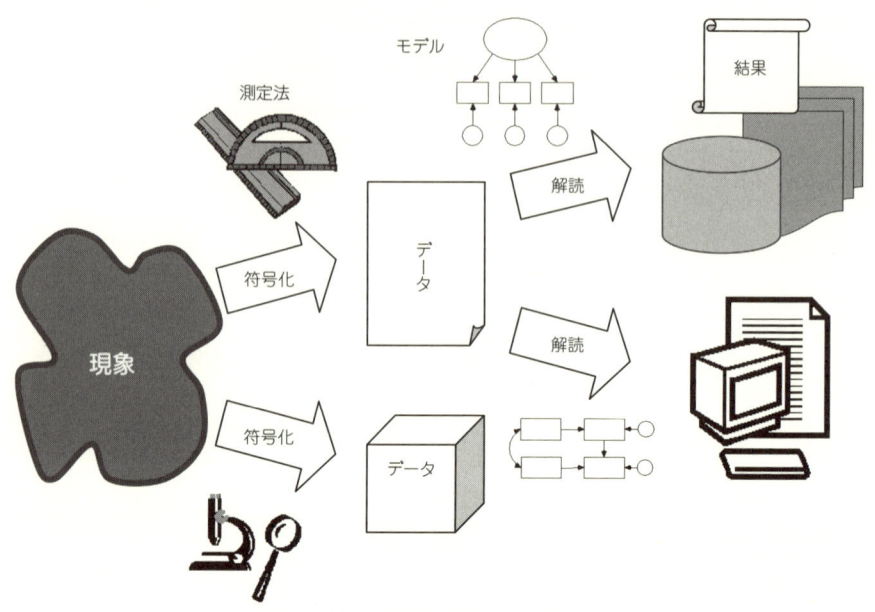

図3-16 量的研究の流れ（その2）：
関心相関性に基づいて「現象→データ→結果」の流れを導く

うにふるまってはいけない。また，立場を逆にしたときも相手の文脈をよく理解してやることが必要である。

　ところで，結局，どのような知見も恣意性が高い知見となってしまいそうである。しかし，そんなことにはならない。現象を符号化する際には自らの関心相関性に基づいて測定方法を選択し，また，データを解読するときは自らの関心相関性に基づいてモデルを選択すればよく，その際，自らの立場を他者と共有するべく詳述することである。量的研究が量的研究で終始しているうちには，真の量的研究になり得ず，数学の言葉（統計モデル）と並立して日常言語（われわれにとっては通常は日本語）の豊かさも最大限に利用しつつ，現象解明に言葉を尽くしてほしい。

Column 4

ニホンザルの追跡観察に学んだこと
フィールドに入り個体の歴史につきあう

根ヶ山光一

　私の研究の根っこは，ニホンザルの行動観察にある。若い頃は特に，実験室や野外で，同じ個体を何か月も何年も，ひたすら継続的に観察するということを続けていた。観察可能な個体が少ない上に，繁殖期が特定の季節に限られているので，ある時期に一気に横断的データをとるということはできず，同じ個体を大事に永年追いかけるということを発達研究の常套手段とせざるを得なかった，という事情もある。

　サルはヒトよりも早く発達するとはいえ，縦断研究には時間がかかる。しかも野外集団では，特定の個体が群れの中に見つからなければ，血眼になって探すことになる。ニホンザルの群れは山中を自在に動き回るので，そのつど群れを追いかけ（といっても四つ足の彼らと同じルートをとることはまず不可能），あるいは群れの動きを予測して先回りし，運良く遭遇できたらそれに続いて，目的の個体を双眼鏡片手に樹上や草むらに探すのである。対象とする個体が群れの中に見つからず，他個体を尻目にしながら，その個体を探すだけで空しく1日つぶれたなどということも時にはあって，そういうときの疲労感はひとしおだった。早い話が，とてつもなく効率が悪かったのである。

　しかし，そのようなハンディはあったが，追跡調査によって，特定の個体（個性）が発達するということの意味を包括

ニホンザルの母子

的に理解する目を養えたし，それが群れの社会・空間的布置や天候・植生などとも連動する立体的な変化なのだということも知った。これは私にとって，かけがえのない体験だった。

それは言い換えると，行動発達という生きざまの推移を，彼らとともに歩みながら横から垣間見させてもらうという作業だったと思う。こういった研究は，飼育下の動物の前に座り，そこからクールに距離を置いて，というスタイルで行った研究とはまったく異なるものだった。研究協力者である動物がその生息環境の中で精一杯生きる姿に，伴走しながら触れることで問題意識と視点が醸成され，それが次の視角を与えてくれるという，まさに対話的で相互作用的な学びだった。

雪景色の神庭の滝周辺の点在するサルたち

追跡観察研究によって，個々の変化を統合的に理解する「枠組み」が自分の中にもたらされ，それによる「読み」と現実とをつき合わせることでその枠組みがさらに磨かれた。そういう過程の中では，つき合わせによって生じる「違和感」を大事にすることが，枠組みの修正を助けることになったし，時には枠組みの根本的な改造を迫ることにもつながった。これは発達研究の醍醐味である。そのために何よりも大切なのは，現象の豊かさに私たちの感性がみずみずしい状態で開かれていることだろう。

［写真はいずれも，岡山県真庭郡勝山町神庭(かんば)にて筆者撮影］

4章 個人差を織り込んだ発達データの分析
―― 関心相関性に基づく成長曲線モデルの適用とその結果の解釈

山森光陽
Yamamori Koyo

　学校における学習指導は，長期にわたる教育的介入を行うことによって子どもの発達を促し，その目標を達成させることを目途としている。長期にわたる教育活動の成果を評価する際には，子どもがどのような変容の軌跡をたどり，結果としてどのような子どもに育ったのかを検討するために，縦断データの分析が必要となる。さらに，教育の成果は結果的には子ども個人に帰すべきものである。そのため，長期にわたる子どもの個人間変化と個人内変化を検討する必要がある。
　そこで，本章では2章において紹介された成長曲線モデルを，中学生の英語学習意欲発達の研究に適用した具体例を紹介する。この研究は，筆者が中学校の英語教師として実際に授業を担当しながら行った研究であるが，教室で1人ひとりの子どもを目の前にして，どのような「願い」と「こだわり」をもって成長曲線モデルを適用

することを決め，また結果の考察を行ったのかを，「関心相関性」を基軸にしながら提示したい。

1節　関心相関性に基づく研究手法の選択

1 教育研究と多標本縦断データ

　学校で営まれている教育活動とは，何を意図した活動なのだろうか。学校における日課の大部分は教科学習のための授業に配当されているが，その授業とはどのような営みであるかを一言で表現すると，子どもが教育課程によって定められた目標を達成し，教育内容を身につけることを意図した活動であるといえよう。1単位時間の授業においても，当然のことながら意図された目標があるが，その目標とは単元の目標を達成するために設定されており，さらに単元の目標は，1年間の目標を達成するために設定されている。そして各教科の目標は，学校教育全体の目標を達成するために設定されている。

　すなわち，長期的な目標を達成するために，1単元，1単位時間の授業の目標がそれぞれ設定されているのである。教育活動の成果は寄席やコンサートのように「一発勝負」的に評価されるものではなく，長期的な視野に立ってはじめて評価できるという性質をもつ。

　したがって，教育活動の成果を評価する際には，子どもがどのような変容の軌跡をたどり，結果としてどのような子どもに育ったのかを検討する必要がある。そのためにはスナップショット[1]のような研究ではなく，縦断データを用いた研究がなされなければならない。

　仮に，家庭教師のような1対1の関係で行われる教育活動についての評価であれば，その家庭教師が1人しか

[1] snapshot：もともとはスナップ写真のこと。ある時点において調査票を配布し，その項目に対する回答から因果を論じるような，1回だけデータをとってあることを論じる研究を象徴的に表す言葉としても用いられる。

いない教え子のデータを適宜収集し，教え子の変容の軌跡と長期間の教育活動の結果を検討すればよいだろう[2]。

だが，学校で行われている教育活動について考えてみると，以下のような性質をもつといえよう。一般的に学校の授業とは，1人の教員が教室の中の多数の子どもに教育的介入を行う[3]営みである。個に応じた指導を意図した場合でも，1つの指導案によって授業が展開される場合がほとんどである。したがって，教師には教室における全体的な傾向を把握することと，子ども1人ひとりをみることの両方が求められるのである。言い換えると，学校などにおける長期にわたる教育活動の成果を検討する研究においては，どんな子どもがどう変容したのか，子ども自身はどのように変容したのかの両者，つまり個人間変化[4]と個人内変化[5]を，多標本縦断データによって捉えることが求められているといえよう。

[2] このようなスタイルの研究は，シングルケーススタディ（単一事例の研究）と呼ばれる。

[3] 最近ではティームティーチングと呼ばれる，2人以上の教員が協力して授業を行う指導形態も多くの学校で取り入れられている。だが，それでも少数の教師対多数の子どもという構図は変わらないと考えてよい。

[4] inter-individual differences
[5] intra-individual differences

2　英語の学習意欲の発達を捉える

ここでは，中学校における英語学習を例に，個人間変化と個人内変化の両者を発達的に捉える必要があることを考えよう。

英語学習は，比較的長期にわたる営みを経て，はじめてその教育目標[6]を達成できるという性質をもっている。英語はいうまでもなく「言葉」であるから，ある1つの場面だけを身につけた表現によって乗り切るだけでは不十分である。ひとたび「言葉」を発すれば，その談話は広がりをもって展開されるということはいうまでもないだろう。

たとえば，ある中学校用教科書[7]においては「ハンバーガーショップで」という単元がある。そこでは「〜をください（〜, please.）」「店内で召し上がりますか，お持

[6] 現行の中学校学習指導要領においては，「外国語を通じて，言語や文化に対する理解を深め，積極的にコミュニケーションを図ろうとする態度の育成を図り，聞くことや話すことなどの実践的コミュニケーション能力の基礎を養う」とされている。

[7] *New Horizon English Course 1* 東京書籍（2002年2月10日発行）

ち帰りですか（For here or to go?）」といった表現が配当されている。しかし、これだけを知っていても「Something else?（他に何かご入り用ですか）」といった表現が出てきても対処できないばかりか、ハンバーガーを買ったあと店内で世間話をするというレベルに至るまでには、かなりの長期間にわたって英語を学習する必要がある。

そのため、英語学習においては、学習者が長期間にわたる学習に継続的に取り組むために、英語の学習意欲を長期にわたって高い状態におくことが必要である。中学校入学時から開始される英語の学習の場合、ほとんどの子どもの英語学習意欲は高い状態にある[8]。そのため、この高い学習意欲を維持している子どもと学習意欲が減退する子どもの特徴と、1人ひとりの子どもの学習意欲が1年間でどのように変化するのかを捉え、学習意欲を高い状態に維持する教育的介入の糸口をつかみたいところである。

そこで、実際に私が授業を担当した中学校1年生を対象に、英語学習意欲の変化についての調査を1年間にわたって行った。

[8] 山森光陽 2004 中学校1年生の4月における英語学習に対する意欲はどこまで持続するのか 教育心理学研究, 52, 71-82.

3 従来の分析手法による縦断研究

(1) **データ**

以下、ある中学校に在籍した中学校1年生80名に対して行った、英語学習意欲調査のデータを一貫して用いる。

調査に用いた尺度は、中学校および高等学校の英語教員3名の協議により作成した。その際、学習の目的如何にかかわらず、英語の学習を達成しようとする態度を捉えられるように配慮された。その結果、①英語の授業にがんばって参加しています、②英語を得意になりたいと

思っています，③できるだけ多くのことを英語の時間に覚えたいと思っています，④英語の授業は楽しみです，の以上4項目を用い，「とてもそう思う」から「全くそう思わない」の6件法により回答を求めた。したがって，点数の範囲は4点から24点である。この尺度に対しては，4月の初回の英語の授業におけるアンケートおよび各学期最終の授業（7月，12月，3月）における自己評価活動の一環として回答を求めた。

(2) 平均値と標準偏差で検討する方法

まず，4時点におけるそれぞれの学習意欲尺度の得点の平均と標準偏差により，対象となった子どもたちの英語学習意欲の変化についての検討を試みる。

各時点における平均と1標準偏差の範囲をエラーバー[9]で表したものが図4-1である。この図から，4月においては平均も高くばらつきも少ないが，調査時点を経るごとに平均が低くなり，かつばらつきも大きくなるということがわかる。つまり，全体的な傾向としては

[9] データの中心（平均値や中央値）とデータの範囲や変動（最大値と最小値，標準誤差，標準偏差）を図示したグラフの一種。

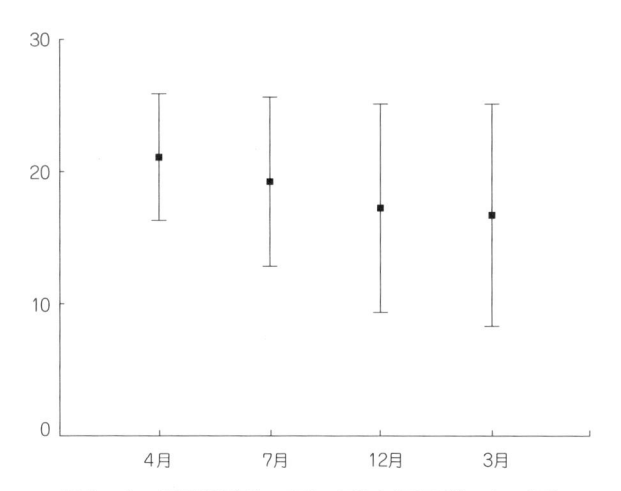

図4-1 英語学習意欲の変化の平均と標準偏差による表現

英語学習意欲は英語学習が進むにつれて減退するということが，この結果から示唆される。

だが，この平均の変化は，実際に英語の学習を行っている子ども1人ひとりの傾向を示しているのではなく，あくまでも「平均の変化」を示しているにすぎない。また，標準偏差の変化も「ばらつきの変化」を示しているにすぎないのである。したがって，どんな子どもがどう変容したのか，子ども自身はどのように変容したのかということを論じることはできない。

(3) 散布図と近似直線（回帰分析）による方法

平均値と標準偏差により縦断データの検討を行っても，「平均の変化」と「ばらつきの変化」だけが示されるにすぎなかった。そこで，散布図と近似直線（回帰分析）[10]により，英語学習意欲の変化の検討を試みる。

調査を行った4時点における調査対象の子ども1人ひとりの英語学習意欲得点を散布図に表したものが図4-2である。

[10] 散布図と近似直線（回帰分析）についての詳しい説明は，前田啓朗・山森光陽（編著）2004 英語教師のための教育データ分析入門：授業が変わるテスト・評価・研究 大修館書店を参照。

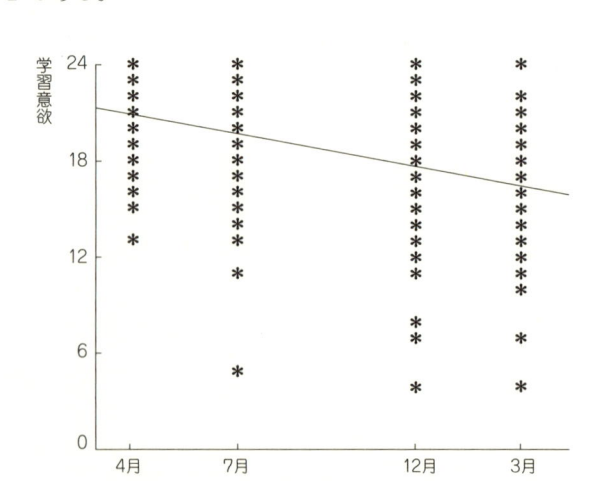

図4-2 英語学習意欲の変化の散布図と近似直線による表現

また，図4-2には，それぞれの時点と英語学習意欲の関係を直線で表した近似直線が描かれている。この直線を式で表現すると，

英語学習意欲＝英語の学習期間×－0.40＋21.15

となる。つまり，切片が21.15であり，1か月ごとに－0.4ずつ英語学習意欲が下がっていくことを示している。

だが，この調査の対象となった子どもをランダムに5名抽出して散布図を描き，それぞれの子どもに対して近似直線を当てはめたところ，図4-3の通りになった。つまり，子ども1人ひとりでみると，ひと月に－0.4ずつ英語学習意欲が下がるとはいえないのである。この近似直線による方法で捉えることができるのもまた，対象となった子どもの変化の全体的傾向にすぎないのである。

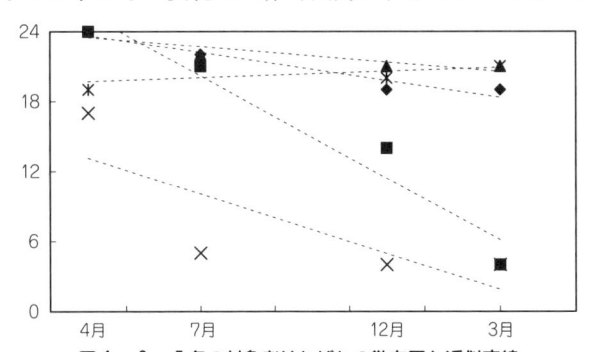

図4-3　5名の対象者それぞれの散布図と近似直線

(4) 従来の分析手法にまつわる諸問題

再度確認しておくと，以上の調査は，高い学習意欲を維持している子どもと学習意欲が減退する子どもの特徴と，1人ひとりの子どもの学習意欲が1年間でどのように変化するのかを捉え，学習意欲を高い状態に維持する教育的介入の糸口をつかむことを目的として行われた。

従来より用いられてきた，各時点における平均とばらつきの変化を捉える方法では，「平均の変化」と「ばらつきの変化」を捉えることしかできなかった。また，散布図と近似直線による方法でも，対象となった子どもの変化の全体的傾向を捉えるにとどまった。

多標本縦断データによって個人間変化と個人内変化を捉え，全体的な傾向を把握し，子ども1人ひとりを見とることができるような結果提示を行うことが，教育的介入を行う際の手がかりを提供する。そしてそのような研究こそが実践的に意義のあるものになると考えられる。

そこで，個人内変化と個人間変化の両者を一度に検討する方法によって，本章で例示している多標本縦断データを分析し，結果を提示したいという「願い」が発生する。

4 関心相関性と現象に対する願いとこだわり

[11] 西條剛央 2004 母子間の抱きの人間科学的研究：ダイナミック・システムズ・アプローチの適用 北大路書房

関心相関性とは，西條[11]によると「存在や意味，価値といったものが主体の身体，欲望，関心，目的に応じて（相関的に）立ち現れるという存在論的な原理を示す概念」である。また「この関心相関的観点により，研究の価値も，研究者の身体や目的や関心（問い）に応じて立ち現れる側面があることを明確に認識可能となる」と指摘されている。

[12] たとえば，心理学の研究において用いられる分析手法のすべてについて知っている必要はないだろう。だが，どのような文献を読めば適切な分析手法を探すことができるのか，という知識は必要であろう。

研究の価値が研究者の関心に応じて立ち現れるとすれば，研究対象となる現象を捉えるために適切な分析手法もまた，研究者の関心に応じて立ち現れるといえよう。だが，分析手法は現象とにらめっこしていればおのずから立ち現れるのではなく，当該研究分野と対象となる現象に対する造詣と，数ある分析手法に対する知識[12]との相互作用によって，適切な分析手法が立ち現れるといっ

たほうが適切であろう。そして，いかに適切な分析手法が立ち現れるかを決定づけるのは，現象をよりよく説明したいという「願い」と分析手法に対する「こだわり」であろう。

この「分析手法が立ち現れる」までの過程を図示すると，図4－4のように描くことができよう。たとえば，ある現象を説明しようとする際に，すでに定式化されたデータの収集方法と分析手法があるのならば，図4－4でいうところの⇒による矢印の通りに，スムーズにこれらの方法や手法を決定することができよう。しかし，従来用いられてきた手法が，研究対象となる現象を説明するには適切ではないと考えられる場合は，以下のような過程を経てデータの収集方法と分析手法が決定されるといえよう。

すなわち，現象をよりよく説明したいという「願い」とは裏腹に，従来用いられてきた手法では対象となる現象をよりよく説明できないという「現実」に直面する（図4－4の矢印①）。次にその「現実」を乗り越えるために，もっとよりよい分析手法はないのかという「こだわり」

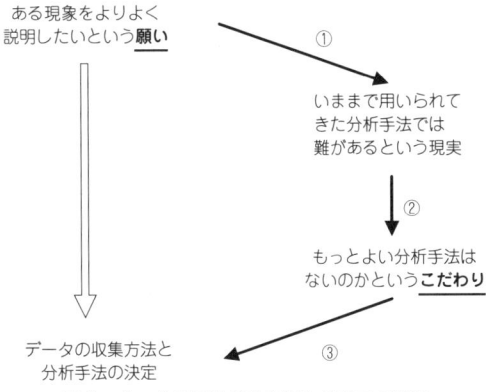

図4－4　分析手法が立ち現れるまでの過程

をもって分析手法を探す（矢印②）。その結果，データの収集方法と分析手法が決定される（矢印③）。そして，図中でいうところの「願い」の強さが「こだわり」を生み，その「こだわり」の強さがよりよい分析手法を「立ち現れさせる」といえよう。

だが，間違えてはならないのは「いったんとったデータから適切な分析手法を当てはめる」ことを，ここで推奨しているわけではない。あくまでも研究対象となる現象を目の前にしたときに，これまでどのような研究がなされているのか，どのような理論で説明が試みられているのか，それらではどのような分析手法が使われているのかを検討しなければならない。また，同時並行的にその現象をどのような形でデータとして収集し，どのような手法を用いて分析を行えば，より適切に現象を説明できるかを検討する必要がある。その上でデータ収集の方法と用いるべき分析手法を決定し，実際の研究に着手するべきであることはいうまでもない。

そこで，本章で扱う英語学習意欲の変化の検討を行おうとした際に，筆者がどのような過程を経てデータの収集方法と分析手法の決定に至った[13]のかを，図4－4の流れに沿わせて説明しよう。

この過程を図示すると，図4－5の通りとなる。すなわち，子どもの意識調査であるという点から，データの収集方法に関しては，従来から行われてきた質問紙調査でかまわないと判断した（図中②）しかし，個人間変化と個人内変化を捉えたいと願っても，回帰分析などの従来の方法では難があった（図中③）。そこでどのような分析手法を用いればよいのか探し回り（図中④），その結果，個人間変化と個人内変化の両者を検討できる分析手法として成長曲線モデルを用いることを決定するに至ったの

[13] この決定に至るまで，筆者はさまざまな先行研究を検討し，分析手法に関する参考書を読み，さらにその分析手法について，例題データを用いて実際のソフトウェアで練習を行い，その分析手法が「使える」と判断した上で，分析手法の決定に至った。このような作業には多くの時間と労力を使うことになるが，それを支えていたのは「願い」と「こだわり」の強さであったのだろうと回想している。
ちなみに，筆者は教育心理学徒として，できるだけ「子どもの顔が見える」ような研究を行うことを信条としている。ここでいう「願い」は，たんに研究対象となる現象に対してのものではなく，さらに研究者としての立場や信念も含まれるのであろう。

```
                    ┌─────────────────────────────┐
                    │ ①中学1年生の英語学習意欲の変化を捉える │
                    │   ことは実践的にも意義がある。      │
                    │     できるだけ教育実践に活かせるような形 │
                    │   で現象を説明しよう。            │
                    │     そのためには個人間変化と個人内変化の │
                    │   両方を捉える必要がある。         │
                    └─────────────────────────────┘
```

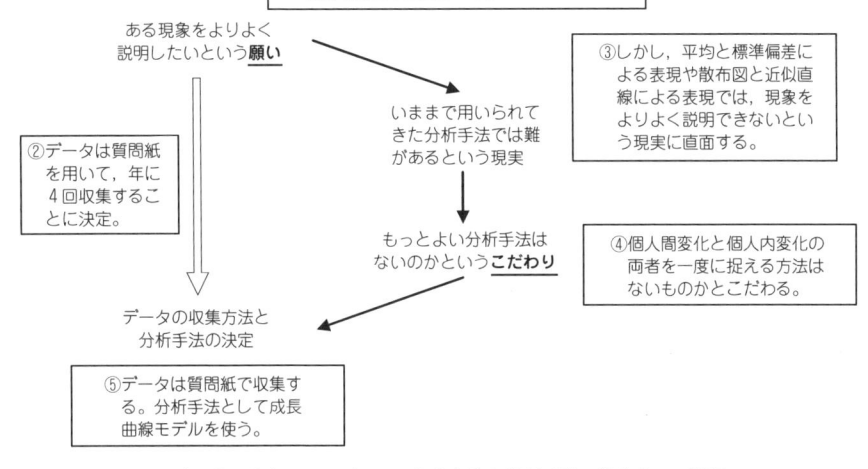

図4-5　筆者によるデータの収集方法と分析手法の決定までの過程

である（図中⑤）。

　では，この研究において用いることとなった成長曲線モデルについて，次節で説明しよう。

2節　成長曲線モデルの考え方と使い方

1 成長曲線モデルとは何か

　豊田[14]によると，成長曲線モデルとは「集団内の多数の発達曲線の統計的性質を論じうるばかりではなく，個々人の発達曲線を推定・記述することが可能」なモデルであると説明されている。この説明を本章で扱っている英語学習意欲の変化の研究の「願い」に合わせて言い換えると，英語学習意欲の変化の様相の全体的傾向[15]に

[14] 豊田秀樹　2000　共分散構造分析 応用編——構造方程式モデリング　朝倉書店

[15] これだけなら本章1節3項の(2)および(3)で用いた手法でも十分検討できる。

加えて，どんな子どもがどう変容したのか（個人間変化），子ども自身はどのように変容したのか（個人内変化）の両者を一度に記述できる手法であるといえる。

なお，モデルの呼称は潜在「曲線」であるが，1次式で表される「直線」的な変化を仮定したモデルを構成することもできれば，2次式に表されるような「曲線」的変化を仮定したモデルも仮定できる[16]。本章では解釈の容易な1次式による直線を仮定した成長曲線モデルを扱う。

[16] [14]や狩野裕・三浦麻子 2002 グラフィカル多変量解析：AMOS, EQS, CALISによる目で見る共分散構造分析 現代数学社 Duncan, T. E., Duncan, S. C., Strycker, L. A., Li, F., & Alpert, A. 1999 *An Introduction to Latent Variable Growth Curve Modeling: Concepts, Issues, and Applications.* Mahwah: Lawrence Erlbaum Associates. などに詳しい例がある。

[17] [14][16]に同じ

2 成長曲線モデルによってわかること

成長曲線モデルの数理的，統計的な説明は専門の教科書[17]に譲り，ここでは多標本縦断データに成長曲線モデルを適用した際に，どのようなことがわかるのかを，図4-6に沿って説明すると以下の通りである。

①成長曲線（ここでは直線）の切片，すなわちどの値から始まるのかについての平均と分散を推定できる。

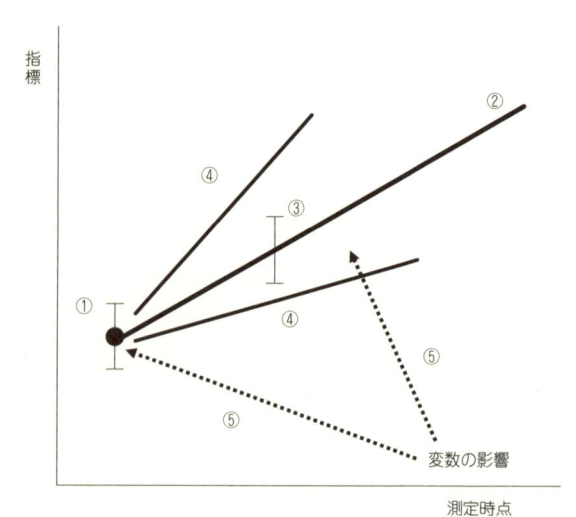

図4-6　潜在曲線モデルで推定されることの概念図

②傾き，すなわちどの程度の割合で発達（変化）するかについての平均が推定できる。
③さらに，傾きの分散を推定できる。
④また，切片と傾きの共分散が推定できる。すなわち，初期測定値が高いほど傾きが大きいか，それとも小さいかということがわかる。
⑤切片と傾きに及ぼす他の変数の影響を推定できる。

以上の説明から，この分析手法が変化の様相の全体的傾向に加えて，個人間変化と個人内変化が一度に記述できるということが理解できるであろう。

3 成長曲線モデルの分析方法

(1) 必要なソフトウェア

成長曲線モデルは，構造方程式モデリング[18]の下位モデルである。したがって，分析を行う際には構造方程式モデリングのためのソフトウェアが必要となる。そのためのソフトウェアは数種類あるが[19]，ここでは最も普及していると考えられる，Amos[20]による分析方法を説明する[21]。

(2) Amos による分析の実際

成長曲線モデルに限らず，構造方程式モデリングを実際に行う際に最もユーザーを悩ませるのは，どこにどのような制約[22]を課すかということであろう。そこで，図4－7に沿って，どのような制約を課せば推定値が得られるのかを説明する。

まず，モデルを Amos で描く前に，「平均値と切片の推定」[23]させるように指定する。そのあとで Amos に図4－7のようなモデルを描き，以下のような制約を課す。

[18] 共分散構造分析ともいう。
[19] CALIS, EQS, Mplus など。ソフトウェアの説明は，豊田秀樹 1998 共分散構造分析 入門編：構造方程式モデリング 朝倉書店，に詳しい。
[20] Arbuckle, J. L. & Wothke, W. 1999 *Amos User's Guide.* Chicago: Smallwaters. なお，Amos の操作方法は，田部井明美 2001 SPSS 完全活用法──共分散構造分析（Amos）によるアンケート処理 東京図書，に詳しい。
[21] ここでは，制約のおき方に関しては，ユーザーとして必要な最小限の説明にとどめている。
なぜ，このような制約をおくのかについては，[14][16]を参照されたい。
[22] モデルを識別させるために必要な手続き。ソフトウェアにきちんと計算をさせて，推定値を得るために，たとえば，平均値を0（ゼロ）としたり，パス係数を1とあらかじめ指定したりすること。
[23] 「分析のプロパティ」のウィンドウを出し，「推定」というタグを選択し，「平均値と切片を推定」という箇所にチェックマークを入れる。

① たとえば，4時点の縦断データであれば，それぞれの時点における変数を図のように指定する。また，各観測変数の切片はすべて0（ゼロ）であるという制約を課す。
② 切片から各観測変数へのパスをすべて1という制約を課す。
③ 傾きから各観測変数へのパスを，図のように順に制約を課す。この例は，各時点が等間隔である場合であり，たとえば，4月，7月，12月，3月の4時点であれば，それぞれ0，3，8，11とする。このように制約を課すことによって，ひと月当たりどの程

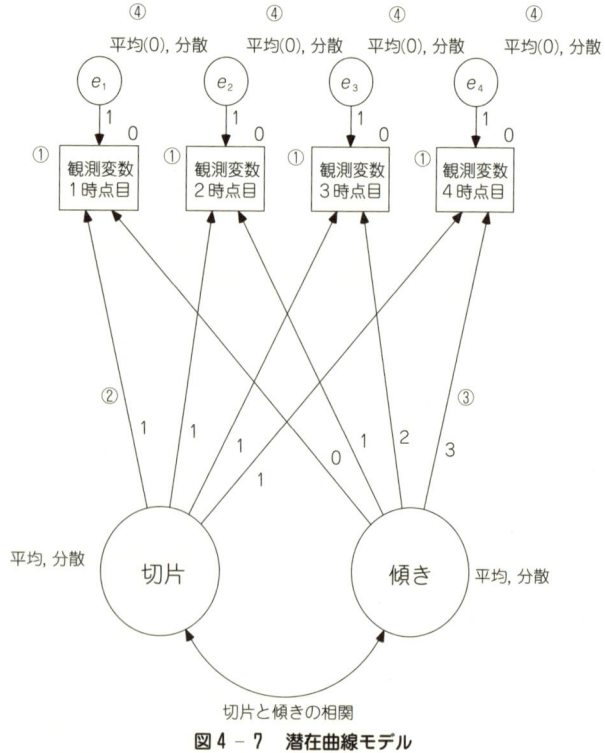

図4－7　潜在曲線モデル

度変化するのかを知ることができる。

④各観測変数の誤差の平均を0（ゼロ），分散はそれぞれ等しいという制約を課す[24]。

また，成長曲線モデルでは切片と傾きに及ぼす他の変数の影響を推定できることを指摘したが，そのような場合には，図4－8のようなモデルを描けばよい[25]。

[24] たとえば，すべての観測変数の誤差の分散について，同じ文字(aなど，任意の文字)を入れればよい。

[25] 図4－8のようにある変数（予測変数）から切片にパスを仮定した際には，そのままで分析すると切片の値は初期測定時のデータの平均は推定されない。

たとえば，[14]で紹介されている身長を1歳時，2歳時，3歳時，4歳時で測定し，1歳時の体重を切片と傾きの予測変数とした際には，切片の平均は1歳時の平均ではなく0歳時の平均が推定されてしまう。さらに，傾きの平均も0歳時から始まった場合の値が推定されるので注意が必要である。

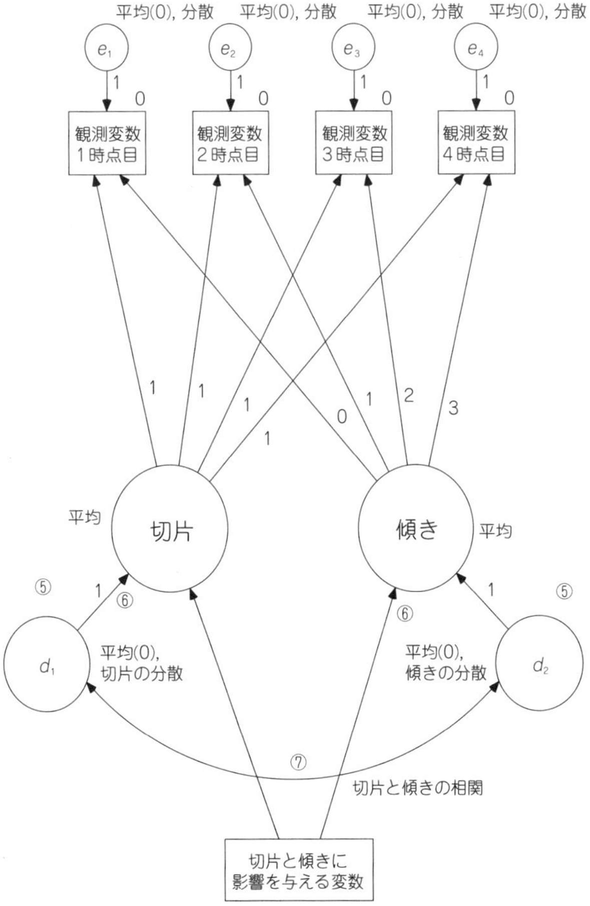

図4－8　予測変数のある潜在曲線モデル

図4-7のような制約に加えて，さらに以下のような手続きをとる。

⑤切片と傾きに攪乱変数（潜在変数に対する誤差）を加える。

⑥切片と傾きの攪乱変数の平均を0（ゼロ）と制約を課す。

⑦切片と傾きの攪乱変数間に共分散を仮定する。

4 成長曲線モデルの発展形

本章では詳説しないが，成長曲線モデルでは以下のような分析も可能である。

第1に，実験データのような2時点のデータも扱うことができる。2時点のデータを扱う際には，図4-7の④において各観測変数の誤差の平均を0（ゼロ）と制約を課すことに加えて，分散も0（ゼロ）という制約を課す。

第2に，構造方程式モデリングによって分析を行うため，確認的因子分析の場合と同様に，多母集団同時分析を行うことができる。本章で扱うデータに引きつけて考えると，同じような調査を公立中学校の生徒と私立中学校の生徒に対して行い，切片や傾きなどに差があるかどうかを検討することができる。

第3に，それぞれの時点におけるデータは観測変数のみならず，潜在変数（因子）であっても分析できる。この場合，尺度値を用いることによって生じる希薄化の問題[26]を解決できる。

では，1節3項で用いたデータを使って，分析と結果の読み方の実際について説明しよう。

[26] たとえばある尺度2つの相関を求める際に，尺度値（尺度を構成する各項目の得点の合計）を用いた場合，誤差を含んだ得点間で相関が推定される。そのため，相関が低く推定される。このような現象を希薄化という。この概念は，[16]に詳しく説明されている。

3節　英語学習意欲の変化の成長曲線モデルによる検討

1 方法

(1) 対象者および調査方法

ここで用いるのは，中学校に在籍した中学校1年生80名に対して行った，英語学習意欲調査のデータであり，尺度および調査方法は1節3項で説明したとおりである。

(2) 分析方法

英語学習意欲の変化を検討するために，Amosを用いた最尤推定法[27]による構造方程式モデリングを用い，図4-9に示した成長曲線モデルの検討を行った。このモデルを構成するにあたって考慮したのは，次の2点である。

① この調査における観測時点は4月，7月，12月，3月の4時点である。このモデルによって，1か月ごとの変化の割合を検討するため，傾きから各観測変数へのパスはそれぞれ0，3，8，11と制約を課した[28]。
② たんに英語学習意欲の変化の様相を記述するのではなく，教育的介入の糸口も探りたいと考えた。そのため，対象者の12月（2学期末）自己効力感に着目[29]し，12月における自己効力感が傾き（英語学習意欲の変化の度合い）にどのような影響を与えるかを検討することとした。したがって，12月の自己効力感が傾きに影響を与えるというモデルとなっている。

[27] 構造方程式モデリングの推定法として最も多く用いられる方法。詳細は[19]を参照。

[28] 本章2節2項の(2)参照。

[29] バンデューラ（Bandura, A.）によると，自己効力感とは「明示された成就の類型を達成するに求められる行動を計画し，統御するために必要な能力を自分がもっているかどうかを判断すること」と定義されている。
　また，[8]において，自己効力感が低まったことに加えて，勉強するべき内容すらわからなくなってしまい，結果として英語学習成果が低くなることが指摘されている。

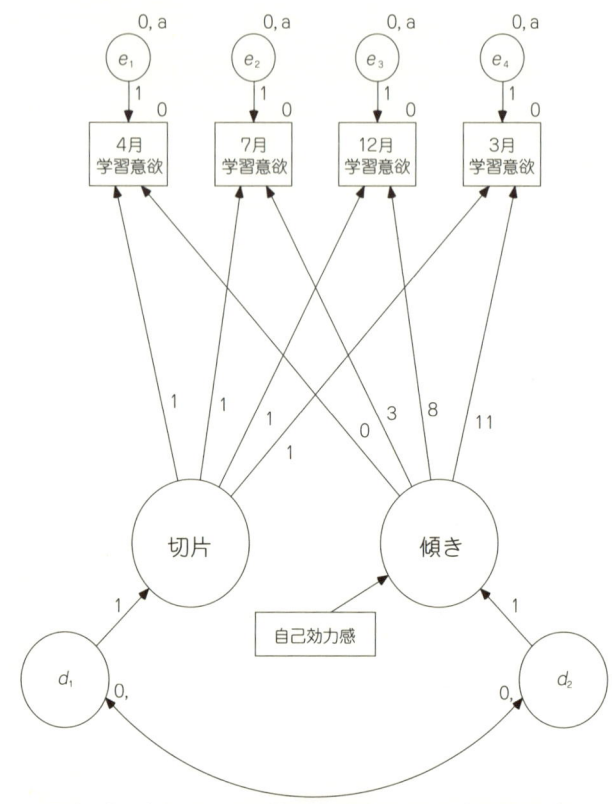

図4-9 1年間にわたる英語学習意欲の変化の潜在曲線モデル

2 結果

　図4-9のモデルの分析結果は，図4-10のとおりであった。このモデルの適合度指標は，CFI＝.86であった。この値から，モデルのデータへの当てはまりは必ずしもよいとは言い切れない[30]。だが，本来，順序尺度である学習意欲尺度によって測定された英語学習意欲に対してこのモデルを適用していること，またモデルとしては十分に示唆的であることを考慮し，このモデルを採択した。

[30] 適合度指標の決定的な評価基準はないのが現状である。一般的に，CFIが1に近いほどよいモデルであると判断される。

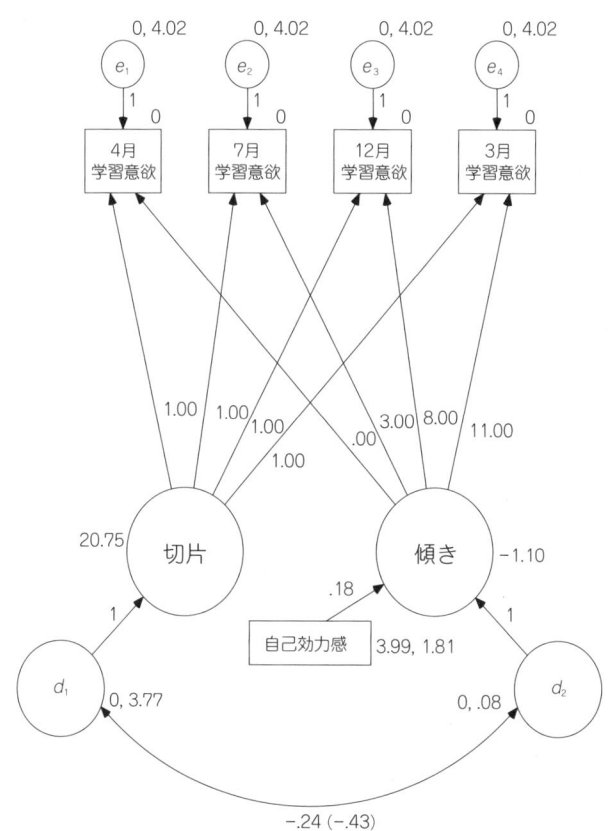

図4-10 英語学習意欲の潜在曲線モデルの分析結果
（かっこの中の推定値は標準化解，そのほかは非標準化解）

なお，成長曲線モデルの適合度[31]の検討にあたっては，CFIを用いることが推奨されている[32]。そのため，ここではCFIのみを提示した。では，各推定値がどのようなことを意味しているのかを順に説明する。

[31] 仮定したモデルがどの程度データを首尾よく説明しているかを示す指標。詳細は[19]を参照。
[32] その理由は[14]を参照。

①切片の平均は20.75であった。これは，4点から24点の範囲をとる英語学習意欲尺度について，4月の時点での平均は20.75であることを示している。また，切片の標準偏差は1.94[33]であった。

[33] 切片の攪乱変数の分散が3.77であるので，その平方根。

②傾きの平均は−1.10であった。これは，4点から24点の範囲をとる英語学習意欲尺度の得点の変化の全体的傾向として，1か月あたり−1.10ずつ下がることを示している。また，傾きの標準偏差は.28[34]であった。これは傾きのばらつきは小さいことを示している。

[34] 傾きの攪乱変数の分散が.0.8であるので，その平方根。

③12月における自己効力感から傾きへのパス係数は.18であった。これは，1点から6点の範囲をとる自己効力感の項目について，12月の自己効力感の得点が1点高いと，傾きは−1.10より.18大きくなることを示している。すなわち，6点であれば，傾きは.02となる傾向が見られる。

④切片と傾きの相関は−.43であった。これは初期測定値が小さいほど減少率も低いと解釈する[35]。すなわち，4月の時点で英語学習意欲が低いと，その後の減少率も低い，いわゆる床効果のような現象が見られるということを示している。

[35] 潜在曲線モデルにおける切片と傾きとの間の相関の解釈については，豊田[14]によると次のように解釈する。
・傾きが正であり，相関が正であれば，初期測定値が大きい場合は増加率も大きくなる傾向がある。
・傾きが正であり，相関が負であれば，初期測定値が小さい場合は増加率が大きくなる傾向がある。
この解釈の仕方を，傾きが負である場合に適用したら，本文のように解釈できる。

3 考察

以上の結果から，中学1年生の1年間にわたる英語学習意欲の変化について示唆されるのは，以下のとおりである。

第1に，中学校1年生の4月における英語学習意欲の平均は20.75であり，また7割近くの生徒の4月における英語学習意欲得点は18.81から22.69の範囲をとる。したがって，多くの生徒の4月における英語学習意欲は高い状態にあることが示唆された。

第2に，傾きの平均が−1.10であったことから，中学生の英語学習意欲は1か月あたり1点程度ずつ低くなることが示された。また，7割近くの生徒の傾きは0.82から

1.38の範囲をとることから，多くの生徒の英語学習意欲は概して1点程度ずつ低くなることが示唆された。

　第3に，12月における自己効力感が高いほど，傾きが緩やかになることが示された。特に1点から6点の範囲をとる自己効力感の項目の点数が6点であった場合には，傾きはほとんど0であり，英語学習意欲は4月からほとんど変化しないことが示唆された。したがって，中学1年生の英語学習意欲を減少させないためには，自己効力感を高める，ないしは高い状態に維持するための教育的介入が必要であることが示唆された。

　第4に，切片と傾きの相関から4月の時点で英語学習意欲が低いと，その後の減少率も低い，いわゆる床効果のような現象が見られた。これは，尺度が4点から24点の範囲をとるため，4月に低い点数であれば，その後学習意欲が下がっても，それが尺度得点としては反映されないことを示している。

4節　モデルの構成・解釈・考察と関心相関性

1　モデルの構成と関心相関性

　1節の3項において，研究の価値が研究者の関心に応じて立ち現れるとすれば，研究対象となる現象を捉えるための分析手法もまた，研究者の関心に応じて立ち現れるということを指摘した。言い換えると，関心相関性に基づいて研究手法が選択されるということであり，1章における「関心相関的選択」であるといえよう。

　さらに，ここで例示した研究においては，研究手法のみならずモデルの構成においても関心相関性に立脚していることを指摘したい。すなわち，研究対象となる現象

を捉えるために構築するモデルもまた，研究者の関心に応じて立ち現れるということである。前節で検討したモデルについて，研究者の関心に応じて立ち現れたモデルの構築方法は以下のとおりである。

第1に，傾きから各時点における観測変数へのパス係数である。前節の例では，ひと月あたりの変化の程度を検討するために，順に，0，3，8，11と制約を課した。仮に4月の測定開始時と1学期，2学期，3学期の各学期末に測定を行ったと仮定し，学期あたりの変化の程度を検討することが目的であれば，順に0，1，2，3という制約を課したであろう。だが，対象となった英語の授業は週あたり4時間[36]実施されていた。そのため，1か月単位での英語学習意欲の変化の度合いを提示したほうが，解釈しやすく，また実践的意義も大きいと考えた。そのため，傾きから各時点における観測変数へのパス係数には，上述のような制約を課した。

第2は，傾きに対する予測変数として，12月（2学期末）における自己効力感を仮定したことである。その理由は1節の2項でも述べたように，学習意欲を高い状態に維持する教育的介入の糸口をつかむことが，この調査の目的であったためである。

第3に，英語学習意欲の発達に影響を与える要因として自己効力感に着目したのは，以下の理由による。まず，学習意欲に及ぼす要因として，自己効力感，自尊感情などさまざまな能力認知が影響していると考えられていると指摘されている[37]。同様に，Pintrich & Schunk[38]は，学習意欲の高まる過程には，自己効力感，目標，結果期待が影響を与えることを指摘しているためである。さらに，先行研究[39]から，中学校入学時から開始される英語の学習の場合，ほとんどの子どもの英語学習意欲は高い

[36] 現行の指導要領においては，英語科の配当時数は週3時間である。

[37] 藤生英行 1995 自己決定と動機づけ 新井邦二郎（編）教室の動機づけの理論と実践 金子書房 Pp.112-129.
[38] Pintrich, P. R., & Schunk, D. H. 2002 *Motivation in Education: Theory, research and applications.* 2nd ed. Upper Saddle River, NJ: Pearson Education. なお，この文献においては自己効力感を高める方略についても説明されている。
[39] たとえば，[8]など。

状態にあるが，2学期において英語学習意欲が下がる生徒が多いことが指摘されている。以上の点から，2学期末の自己効力感に着目し，傾きに対する予測変数としたのである。

以上をまとめると，高い学習意欲を維持している子どもと学習意欲が減退する子どもの特徴と，1人ひとりの子どもの学習意欲が1年間でどのように変化するのかを捉え，学習意欲を高い状態に維持する教育的介入の糸口をつかみたいという「願い」，そして，現象に対する「こだわり」に基づいて，先行研究や理論を検討し続けてきたことが，前節で検討したモデルの構成に反映されているといえよう。

2 結果の解釈と関心相関性

関心相関性に基づいて構築されたモデルの結果の解釈もまた，モデルの構築と同様に研究者の関心に応じて立ち現れる。前節で検討したモデルの結果に対して，研究者の関心に応じて立ち現れた解釈は以下のとおりである。

このモデルの分析結果から，切片と傾きの相関から4月の時点で英語学習意欲が低いと，その後の減少率も低いという結果が示された。この結果を単純に解釈すると，英語学習を開始した4月において英語学習意欲が低い生徒の場合，学習意欲は比較的下がりにくいという解釈を導きがちである。しかし，現象をよりよく理解したいという研究者の関心に基づいて，用いられた尺度の性質を熟知しているならば，そのような解釈にはならない。

ここで用いられた学習意欲尺度は，4項目に対して「全くそう思わない」から「とてもそう思う」の6件法で問うている。そのため，4点から24点の範囲をとるが，4月に低い点数であればその後学習意欲が下がっても，そ

れが尺度得点としては反映されにくいという性質を，この尺度はもちあわせている。したがって，4月において英語学習意欲が低い生徒の場合，学習意欲は「比較的下がりにくい」のではなく，このような尺度を用いて測定している限り「下がりようがない」という，床効果のような現象を示してしまうと解釈できる。このように，関心相関的観点から自らの関心と現象に対する理解に基づけば，実質科学的[40]に妥当な解釈が可能となる。

[40]「実質科学的知見」という言葉は，「それぞれの研究領域，応用分野における理論，仮説，先行研究の結果，経験則などの総体」であると説明されている。
中村健太郎 2003 実質科学的知見とは 豊田秀樹（編） 共分散構造分析 疑問編――構造方程式モデリング 朝倉書店 p.41.

3 考察と関心相関性

ある研究を実施した際には，たんに分析結果を提示するのではなく，考察を行う必要がある。前節で検討したモデルの結果とその解釈を踏まえて，「中学1年生の英語学習意欲の個人間変化と個人内変化をとらえ，教育的介入を行う際の手がかりを得たい」という研究者の関心に応じて立ち現れた考察は以下のとおりである。

第1に，多くの生徒の4月における英語学習意欲は高い状態にあることが示唆された。たんに分析結果から論じるよりも，日頃から対象となる授業の参与観察を行ったり，実際に授業を行うなどしていれば，実感にも近い結果であるため，より積極的にこのような考察を行うことができると考えられる。

第2に，4月には多くの生徒が高い状態にある英語学習意欲を維持させるためには，自己効力感を高める，ないしは高い状態に維持するための教育的介入が必要であることが示唆された。このような考察を行うには，自己効力感とはどのようなものなのか，そして学習意欲に対してどのような影響を与えると考えられているのかといったことの理解が必要であろう。

そして，3節ではふれなかったが，実際の論文などで

教育実践に役立つように意識して考察をする際には,「中学校1年生の英語学習における個別の教育的介入を検討する際には,自己効力感に着目し,適宜それを捉えるようにするとともに,短期的な目標と長期的な目標を組み合わせて学習者に提示し,こまめに学習成果のフィードバックと学習方法のアドバイスを個別的に行うことが必要であると考えられる」といった記述がなされるであろう。

さらに,今後の研究の課題としては,次のようなことを指摘することができよう。すなわち,この分析の結果から積極的に言及できるのは,個人差を込みにした全体的傾向である。そしてその傾向とは,全体的にみると中学1年生の英語学習意欲は1年間で下がる。だが自己効力感の高い生徒においては,英語学習意欲の下がる傾向が抑制できるということである。しかし,図4－3で見られるように対象者1人ひとりについて検討すると,学習意欲が上がる生徒もいることがわかる。したがって,そのような生徒に対しては,別の方法によるその変化の検討を行うことによって,学習意欲を高める方略についてより実践的に意義のある結果を得ることができるだろう。

そして,そのような考察がなぜ可能であるかといえば,この調査が高い学習意欲を維持している子どもと学習意欲が減退する子どもの特徴と,1人ひとりの子どもの学習意欲が1年間でどのように変化するのかを捉え,学習意欲を高い状態に維持する教育的介入の糸口をつかみたいという「願い」と,現象に対する「こだわり」に支えられているからであると考えられる。つまり,そのような「願い」と「こだわり」が関心相関的にこのような考察を立ち現れさせるのである。

5節　関心相関性に基づく研究態度

1 分析手法中心的研究態度への警鐘

　本章では成長曲線モデルという分析手法を紹介した。この手法は3節で検討したように，従来用いられてきた縦断研究の手法の限界を超え，個人間変化と個人内変化を同時に捉えることができるという点で，縦断研究に従事する研究者にとっては魅力的な手法である。そして，本章では筆者がその分析手法を選択し，モデルを構成し，結果を解釈して考察に至るにあたって，「関心相関性」という考え方に支えられていたことを中心に据えて論じた。

　成長曲線モデルの上位モデルである構造方程式モデリングは，ユーザー側の自由度の高いモデルを構成し，それを検討することが可能であるが，ユーザー側の自由度が高いほど，「研究の価値も，研究者の身体や目的や関心（問い）に応じて立ち現れる側面があることを明確に認識可能となる」という関心相関性の考え方が重要になる。

　昨今の情報技術の発展により，心理学や教育の研究も多分に漏れずその恩恵に浴しているところであり，特に統計処理については，操作の容易なソフトウエアの普及に伴い，ひとむかし前には一般のユーザーには手の届かなかったような分析手法を用いた研究成果が広く公表されているところである。だが，安易に分析を行うことができるようになったことと引き替えに，「目新しそう」「なんとなくかっこいい」といった単純な動機で統計的手法を用いた研究が行われ，ある分析手法を使ってみたいがために行われたような研究の成果も散見される。

　研究においては，はじめに分析手法ありきではなく，

「言いたいこと」に依拠して分析手法が選択される。1節の4項でも指摘したが,「いったんとったデータから適切な分析手法を当てはめる」こともまた,本末転倒といわざるを得ないだろう。

仮に分析手法に関心があり,それを使うことが目的である場合は,それこそ「関心相関的」に分析手法中心的な態度で研究がなされてしまう危険がある。そこで,本章で中心に据えられた関心相関性は,1つの研究の遂行においてはどのような働きをするべきなのかを論じる。

2 関心相関性と研究態度

ここまで,中学校1年生の英語学習意欲の変化を捉えるために成長曲線モデルという手法を選択したところから考察に至るまで,常に関心相関性に基づいていたことを例示した。この過程を広く研究一般に当てはめて説明を試みたものが図4-11である。

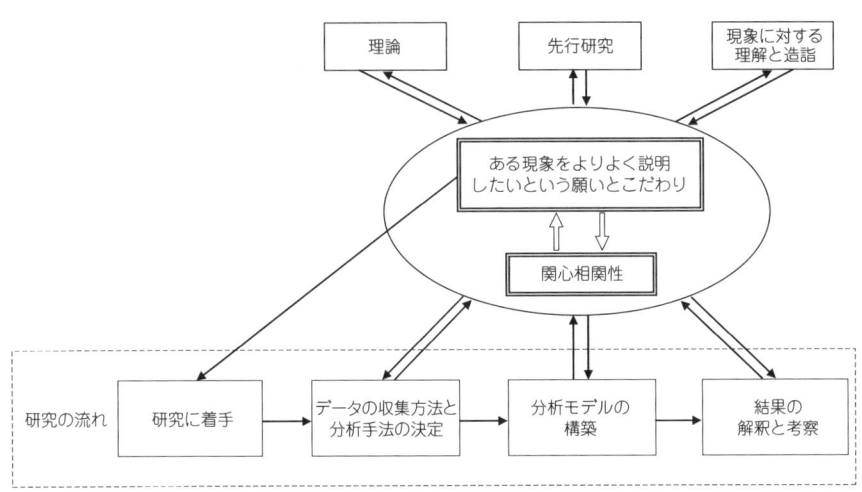

図4-11 関心相関性に基づく研究の流れ

この図について説明を試みると，以下のとおりである。まず，現象を目の前にして，その現象をよりよく説明したいという願いから研究に着手する。そして，データの収集方法と分析手法の決定にあたっては，その願いとこだわりが反映され，関心相関的に方法と手法が立ち現れる。また，それでは不十分な場合，その願いとこだわりが再度反映され，関心相関的な理論や先行研究の検討と，現象に対する理解と造詣が援用され，ふたたび関心相関的によりよいデータの収集方法と分析手法が立ち現れる。

そして，構造方程式モデリングのようにユーザーの自由度が高い分析手法の場合には特に，モデルの構築にあたってはその願いとこだわりが反映され，関心相関的にモデルの構築を行う。そして，それでは不十分な場合は，その願いとこだわりが再度反映され，関心相関的な理論や先行研究の検討と，現象に対する理解と造詣が援用され，ふたたび関心相関的によりよいデータの収集方法と分析手法が立ち現れる。

最後に，結果の解釈と考察の際にも，その願いとこだわりが反映され，関心相関的な解釈と考察が立ち現れる。たんなる思いつきではなく，その願いとこだわりが反映された理論や先行研究の検討と現象に対する理解と造詣から関心相関的に結果の解釈と考察が行われる。

このように，研究の実際と，理論，先行研究，そして現象に対する理解と造詣が，ある現象をよりよく理解したいという願いとこだわりに裏打ちされた関心相関性というフィルターを通して常に相互作用しながら研究が遂行されるといえよう。

関心相関性とそれに基づく研究の遂行は，多くの研究者にとっては，必ずしも意識的にはなされてこなかったと考えられる。本章では比較的最近に注目され，研究者

がユーザーとして用いる環境が整備された構造方程式モデリングによる成長曲線モデルについて，その実例を関心相関性に基づいて解説した。この手法のようにユーザーの側の自由度が高い分析手法が多く用いられるようになった今日において，関心相関性とそれに基づく研究の遂行は，より意識的になされなければならないであろう。

Column 5

チンパンジーを縦断的に研究するということ

明和政子

　ひとりのチンパンジーに焦点をあて，縦断的に研究することは，たいへん息の長い仕事となる。生活環境にもよるが，チンパンジーの寿命は40〜50年といわれている。ひと昔前のわれわれ日本人の平均寿命とそう変わらない。たとえば，チンパンジーの赤ちゃんが母親から離乳するのは5歳くらいだといわれている。この事実は，チンパンジーがいつ離乳するのかを知るため，研究者が少なくとも5年はかけたことを意味する。チンパンジーを相手に縦断研究をするには，"人生をかけて取り組む"かなりの覚悟が必要らしい。

　私はこれまで10年余にわたり（まだ10年足らずなのだが），多くのチンパンジーたちと出会ってきた。彼らは人間と同じように，それぞれ顔かたちはまったく違うし，性格もさまざまだ。研究者の目には，チンパンジーの個性がはっきりと映る。おもしろいことに，その印象は研究者の間でほぼ一致している。

　しかし，個性と呼ぶにはあまりに大きな差もある。それは，飼育下と野生のチンパンジーたちのふるまいの違いだ。前者は，たとえば研究施設で日常的に人間とかかわり，実験に日々参加するチンパンジーたち，後者は，チンパンジーが本来暮らしてきたアフリカの森で，人間と接触することなく，彼らのペースで生活するチンパンジーたちである。

　両者のどこが，どのように異なるのか。そう問われても，なかなかうまく表現できない。だがひとことで言うなら，飼育下のチンパンジーたちは，あまりに「人間くさい」。たとえば，京都大学霊長類研究所のあるチンパンジーは，手が届かない場所に欲しいものがある場合，われわれに「指さし（pointing）」を示す。チンパンジーの指さしは，人間の場合の「手さし」と呼ばれるものに近く，離れた対象物に向かって人さし指が明確に立つことはない。しかし，まだ言語を獲得していない人間の赤ちゃんとほぼ同じやり方で，「それ，とって！」と身ぶりで表現する。さらに，われわれが「それ，とって！」と指さしても，チンパンジーはこちらの意図をちゃんと理解し，応えてくれる。両者の間で指さしがあまりに普通に使われるので，指さしはすべてのチンパンジーがみせる

コミュニケーション手段だと勝手に思い込んでいた。

ところが，1996年，野生チンパンジーの生活を初めて観察したとき，彼らのふるまいがあまりに人間くさくないことに驚かされた。そういえば，野生チンパンジーが指さしを用いて，他者に意図を伝えた場面を観察したことは１度もないし，そうした報告も聞いたことがない。

だとすると，コミュニケーション手段としての指さしは，人間と生活するチンパンジーだけにみられるのだろうか。もしそうなら，指さしは，ヒトとチンパンジーに共通した基盤はあるものの，生後受ける人間的な養育経験によって伸びるかどうかが決まる能力，ということになる。では，人間に特有の養育スタイルとは，いったいどのようなものなのだろうか。

野生チンパンジーと人間の養育スタイルを比較してみると，そこには明確な違いがある。人間は，生まれたばかりの赤ちゃんに対し，おせっかいなまでに積極的にかかわる。赤ちゃんが泣いていると，「おなかがすいたの」「おしめ，気持ち悪いね」などと勝手に心を解釈する。赤ちゃんのふるまいは，生後直後から他者によって意味づけられ，人間くさく解釈されていく。そうした経験を経て，赤ちゃん自身も，自分のふるまいに与えられた意味を認識し，コミュニケーションするようになるのだろう。他者からのおせっかいなかかわりが，人間くさいコミュニケーション能力を発達させる原動力となっているらしい。飼育下のチンパンジーたちも，こうした人間特有の養育経験を受けてきたはずだ。彼らがみせる人間くさいコミュニケーション能力は，周囲の人間のおせっかいによって引き出され，発達してきたものなのかもしれない（写真）。

人間とは何か。それに答えることがむずかしいように，チンパンジーとは何かを知ることも，じつはたいへん奥が深く，むずかしい。彼らは生後どのような養育を受け，どのような能力を飛躍的に発達させてきたのか。こうした側面をしっかりと把握しておかなければ，チンパンジーを理解することはできない。チンパンジーの発達を丹念に縦断研究することは，人間がこの世に生まれてからどのように人間らしくなっていくのかを考えるための重要なヒントを与えてくれるはずだ。

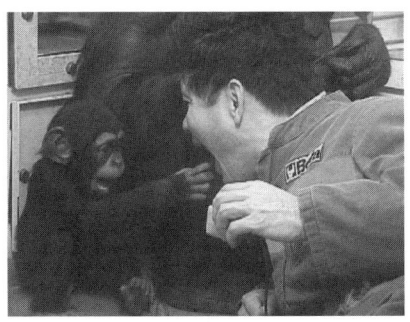

チンパンジーの子どもと人間のコミュニケーション

5章 「私」の発達の縦断研究，縦断研究における「私」の発達

松嶋秀明
Matsushima Hideaki

1節 縦断研究における研究者の存在

1 縦断研究とは何か？

縦断研究とは長期間にわたって現象を追跡し，その変化を記述するものであるとひとまずはいえるだろう。縦断研究は対象の変化を記述することがその役割の1つとしてある。したがって氏家[1]がいうように，従来の縦断研究は暗黙のうちに「研究者の視点は不変」という前提を共有してきた。視線が不変だからこそ，対象の変化が記述できるのである。

しかしながら，発達するのは対象だけだろうか。縦断的に調査するということは，その調査にたずさわる研究者自身も当然，変化するのではないだろうか。数年間，

[1] 氏家達夫 1996 子どもは気まぐれ ミネルヴァ書房

縦断研究に主体的に関わっていれば，その研究者の認識が変化しないということは想像しにくい。研究開始当初には見当もつかなかったことが，しだいに明らかになってきてもおかしくない。たとえば古澤[2]は，ある縦断研究の中で，そこに参加する自分自身の態度がしだいに変化したことを，参加者側からの見えを手がかりにして記述している。ここでは研究者の視点はそれと知らずに揺らいでいる。

従来の研究はこうした視線の揺らぎを，研究計画を綿密に立てることで乗り越えようとしてきた。たとえば，菅原ら[3]は11年間の縦断研究の反省点として，研究開始当時（1984年）には先行研究も不十分であったことから，たとえば，父親の子育てに与える影響を扱えていなかった点，愛着観を測定できなかった点など，研究デザインに多々問題を有していることを認めている。そして「中長期にわたる縦断研究の場合，開始時点での研究計画の確かさが大きな意味を持つ」と述べて，綿密な計画を立てることの重要性を指摘している。

しかし，綿密な計画を立て，できるだけ不変な視点を獲得することだけが，はたして唯一の目標といえるだろうか。研究者の視点の変化はたんなるノイズにすぎないのだろうか。

▶発達の新たな捉え方　筆者はこれまでに約4年間にわたってある更生保護施設のフィールドワークを行ってきた。これは長期にわたってその現場の変化を見続けたという点で広義の縦断的調査といえる[4]。調査期間中，筆者の研究視点はけっして不変だったわけではなく，変化していった。筆者の体験を詳細に記述することによって，筆者は研究者自身の発達が調査においてどのような影響を与えているのかということについて質的資料を用

[2]　古澤頼雄　1995　長い時間軸からみた縦断研究の方法を求めて　南博文・やまだようこ（編著）講座 生涯発達心理学5：老いることの意味　中年・老年期　金子書房　Pp.189-208.
竹内伸宣・古澤頼雄　2001　縦断研究法　齋藤耕二・本田時雄（編著）ライフコースの心理学　ナカニシヤ出版　Pp.86-93.

[3]　菅原ますみ・北村俊則・戸田まり・島悟・佐藤達哉・向井隆代　1999　子どもの問題行動の発達：Externalizing な問題傾向に関する生後11年間の縦断研究から　発達心理学研究，10, 32-45.

[4]　本章は無藤（2章）のいう第6のパターンに位置づけることができる。

いて検討してみたい。

なお，これは従来いわれてきたような意味での縦断研究ではない。というのも，従来発達するのは，子どもや母子関係といった「対象」に限定されてきたからだ。また，本書2章で無藤がまとめているように，本章で採用されるような，質的手法を用いた縦断研究は多くない。しかし，場（フィールド）や研究者自身も「発達」の対象に含まれてよいはずであるし，そうした新たな視点から得られる知見は後述されるとおり意義があると考えられる。上述のような筆者の関心に基づけば，研究者の視点の変化を捉えることのできる方法が必要であると考える。西條が提唱する構造構成主義（本書1章）では，質的指標であれ，数量的指標であれ，調査がもつ目的，関心によっては同様な科学性をもつことが主張されている。

したがって，本章では，上述のような筆者の関心に基づき，過去に筆者が著わした論文記述を手がかりとしながら，研究者自身の視点の変化（発達）を質的研究の枠組みで捉えることを試みる。そのことは昨今の現場への援助を志向する研究にとっても有益な示唆を与えると思われる[5]。

2 研究者が記述されるのはどのような時か？

もちろん，なんでもかんでも研究者の変化を描くべきだということにはならない。筆者がそれを必要だと思うのは，社会構成主義的な認識論[6]を共有し，ある種の実践（学校や，施設といった）を対象とする研究である。というのも，こうした研究では，研究者は「現場への貢献」志向をもつことがほとんどだが，研究者の見出した知見の位置づけにおいて従来の研究とは異なるからだ。その結果，研究の役立ち方もまた従来とは異なり，研究

[5] 西條の構造構成主義では，研究における欠点や不足もまた，絶対的に規定されるというものではない。あくまでも研究者の関心，目的といったものに照らして判断されるべきであることが強調されている。

[6] 一口に「社会構成主義」といっても1枚岩ではない。本章では以下のような主張をもつ立場として理解している。すなわち，①現象についての本質主義的理解をせず，②人々が世界を内側から理解する過程において，言語を媒介として作り上げられるものとして捉える。そのため研究者は，③現象に対して外在的（超越的）視点ではなく内在的な視点をとり，④言語の相互行為的な性質に注目し，それが実際に使われる文脈の考察が重視される。なお，本章では「社会構成主義」を批判的に扱っているが，これもすべての社会構成主義を標榜する諸研究に対して適用されるわけではない。本章での批判は，現実の社会的構成を主張しつつも，そのように主張する自らの立場に無自覚であり，省察も積極的関与も示さない諸研究に向けられている。

者と実践者との関係性もまた従来とは異なってくるからである（図5－1，表5－1参照）。以下では，①見出される知見の性質，②研究の役立ち方の違い，③研究者と実践者の関係性について順に述べていく。

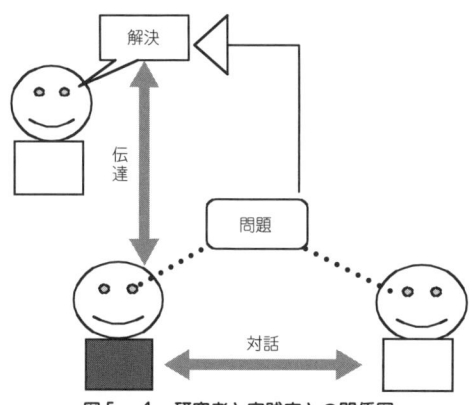

図5－1　研究者と実践家との関係図

表5－1　研究知見をめぐる研究者と実践家との関係性

	従来の研究	社会構成主義的研究
研究者の視点	超越的	局所的
研究知見の伝わり方	伝達的	対話的
研究者と実践者の関係性	垂直的	水平的

(1) 知見のもつ性質

社会構成主義的研究で記述されるのは，現場にいる人々にとっては新しいことではない。むしろありふれた，あたりまえのことである。たとえば，エスノメソドロジーを用いた障害研究[7][8]は，ある学習障害（LD）児の学校での生活の様子を詳細に観察，記述し，通常は神経生理学的な問題として捉えられがちな「学習障害」概念を，社会的相互作用の中で作られたり解消されたりするカテゴリーとして理解しようと試みている。

また刑部[9]は，幼稚園における1年間の参与観察から，

[7] McDermott, R., & Varenne, H. 1997 Adam, Adam, Adam, and Adam: The cultural construction of Learning disabilities. In H.Varenne, & R. McDermott (Eds.), *Successful Failure, The school America Builds*. Oxford, NJ: Westview Press. Pp.25-44.

[8] エスノメソドロジーとは社会学の一分野であり，ハロルド・ガーフィンケル（Garfinkel, H.）によって始められた。ここで探求の対象となるのは，人々がふだんあたりまえに行っており，それゆえにその存在にすら気がつかないような行為規則（これをエスノメソッドと呼ぶ）である。本章で分析対象となった筆者の過去の論文は，エスノメソドロジーに影響を受けている。

[9] 刑部育子 1998 「ちょっと気になる子ども」の集団への参加過程に関する関係論的分析　発達心理学研究, 9, 1-11.

ある子どもに対する，保育者の「ちょっと気になる」という実感が，その子どもの個人的能力によって生みだされているというよりも，保育園での仲間関係，あるいは保育者との関係を通じて関係論的に構成／解消されることを示している。ここで記述されているのは，実践者にとってみればあたりまえの現実である。

もちろん，社会構成主義的認識論をもつ研究者自身，実践家が驚いて感心するような特殊事例，実践家からは見えない子どもの驚くべき能力を発見したいと思っているわけではない。自分たちがやっていることは，すでに実践家によって発見され，用いられていることだと思っている。たとえば，上野[10]は「野球」を例にとって以下のように説明する。「野球」において，バッターの打率や投手の防御率といった指標は，研究者のみが調査の中で発見したわけではない。研究者がその存在に気づく前から，野球に参加している選手も観客もまた，こうした指標を「野球」を意味づけるリソースとして利用している。その意味で，自分たちの見出した知識が研究者が特権的に記述できる性質のものではないという具合に説明される。

(2) 現場への役立ち方／関係性

もちろん，新たな発見がないからといって彼らの研究が役立たないということにはならない。上野と西阪[11]が述べるように，「どのように（役立つか）」を考えることなく，従来型の役立ち方でないからといって，それが役立たないというのは早計である。佐藤[12]がいうように，上述の研究は，ある実践を支える視点，理論が絶対的なものではないことに気づく契機をつくり，相対化作業を通じた実践への見直しを助けるという意味で現場改善に

[10] 上野直樹 2001 仕事のなかでの学習 東京大学出版会

[11] 上野直樹・西阪仰 2000 インタラクション：人工知能と心 大修館書店

[12] 佐藤学 1998 教師の実践的思考の中の心理学 佐伯胖・宮崎清孝・佐藤学・石黒広昭（編）心理学と教育実践の間で 東京大学出版会 Pp.9-56.

貢献し得る。学校場面では自明視される LD という障害，あるいは幼稚園では自明とされる子どもの「能力」を相対化し，教師，保育者に子どもへの関わりについて再考を促すというように，である。

ここで重要なことは，従来とは異なる貢献のあり方を提案するということは，同時に，「貢献」が成立する条件もまた従来とは異なるということである。なぜなら，上記の諸研究にみられる知見の性質，役立ち方のもとでは，研究者と実践者の関係は，従来のように「知識をもつ研究者と，もたない実践家」というような非対称なものではなくなるからだ。当然，知見の現場へのもたらされ方も，研究者から実践者への一方的な伝達ではなく，むしろ現場の実践者と研究者が同じ土俵に立った対話へと変わっていく（図5-1，表5-1参照）。

3 対話をすすめるために

ここで「対話」という言葉について説明しておく必要があるかもしれない。対話とは，ただたんに会話を交わすということではない。

バフチン（Bakhtin, M. M.）[13]は人間のコミュニケーションのあり方を，次の2つの言葉で表す。すなわち，「権威的な言葉」と「内的に説得力のある言葉」である。前者は権威，政治権力，制度などと分かちがたく結びつき，無条件に承認されることを求める言葉である。それは「描き出されない。それはただ伝達されるのみ」（Pp. 161-162）である。

他方，後者は「われわれの意識の日常において（略）半ば自己の，半ば他者の言葉」であり，「自己を対話化する新しいコンテキストのなかに置かれるたびに，あたらしい意味の可能性を余すところなく開示する」（Pp. 164-

[13] Bakhtin, M. M. 1975 Слово в романе из предыстории романного Сдова Москва 伊東一郎（訳）1996 小説の言葉 平凡社

165）ものとなり得る。バフチンは後者の言葉に「対話」の可能性をみている。

研究者と実践者との関係も，このような対話的関係になる必要がある。それでは，対話をすすめるためにはどうすればよいか。これまでのように権威をたてにとって伝達するのならば，実践者がその知見を受け入れないということは起こってはならないことである。しかし，同等な立場で対話するのであれば，研究者の主張も，実践者の主張も同等の価値をもっており，研究者の主張がどのように役に立つのかを示すことなしには，実践者もその主張のよさがわからず，取り入れようがないということになる。実践者の側からすれば，研究者がいったいどのような立場に立ってその主張をしているのかが見えなければ，実践者が対話を志向していようとも，結局のところ，実践者のいうことを「真実」として受け取らざるを得ない[14]。

言われてみればあたりまえのことだが，実際の記述においてこれが実践されることはまだまだ少ない。たとえば，おそらくは，複雑な実践を対象として収集された膨大な資料から，特定の実践の，特定の場面をどのような理由で抜き出し，分析するのかが，研究論文に明示されないことはその好例である。

清矢[15]がエスノメソドロジーに関して述べるように，「従来の調査の感覚からすれば，当然」とされる「データをその収集以前に設定されている研究関心に沿って詳細に検討し，研究関心に沿った箇所を抜き出す」という作業ではなく，むしろ，前もってそうした枠組みをもたずデータを虚心に「観る」ことが重要視されることになる。

もちろん，清矢の指摘はエスノメソドロジーに対する説明としては正しい。しかしながら，データの提示をめ

[14] 刑部論文（[4]参照）の主旨は，あくまでも，「あらゆることが関係の総体のなかで，なかば必然的にそのように追い込まれ形作られることを示すことにあり，現場の保育者の責任を問うようなものではなかった」にもかかわらず読者からは，保育者の責任や，当該の子ども，あるいは仲間のパーソナリティといった個人の能力を評価するものと誤解されることが多かったという（佐伯, 2001）。これは誤解に他ならないが，現象をただ記述するというスタイルが，読み手によっては言外に別の意味ももってしまうことを示していると思われる。
佐伯胖　2001　幼児教育への誘い　東京大学出版会
[15] 清矢良崇　2001　研究者がAV機器を用いるのはなぜか　石黒宏昭（編）　AV機器をもってフィールドへ：保育・教育・社会的実践の理解と研究のために　新曜社　Pp.29-46.

ぐるわれわれの疑念に答えるものではない。そもそも「理解」が既有な知識と新奇な知識が結びついて生じるものだと仮定するなら，エスノメソドロジーにおいて分析者が「虚心」にデータを「観る」といっても，そこには何らかの枠組みが持ち込まれていると考えるのは自然である。

とすれば，「枠組みをもたずに分析する」という態度は，枠組みをもたないというよりも，むしろそれを「意識化しようとしない」という態度であるようにも思える。なぜ分析者がそのデータに興味をもち，どのような道筋で分析がすすむのかは本質的には見えにくい。実際，まだまだ少数派にとどまっているものの，いく人かのエスノメソドロジスト[16]は，こうした観察者（研究者）の見えにくさを指摘する。ここに研究者自身について記述していくことの重要性が認められるわけである[17]。

これは西條[18]が，Holloway & Wheeler[19]の「決定に至る軌跡」を，自身の「構造構成的質的研究法」の中で発展継承させて，質的研究における重要な評価基準として提案する「構造化に至る軌跡」と重なる。

西條によれば，この基準では，質的研究において何らかの知見が得られた場合，それがどのようにして導かれたのかというプロセスを詳細に記述することが求められる。そのことで，反証可能性を確保し，知見がどの程度一般化できるのかを，読者に吟味させることが可能になる。まさに実践者への説明責任を果たすことができる基準といえる。

このようなことから本論では，筆者が過去に行ったフィールドワーク過程を，これまでに発表された作品，およびフィールドノーツをもとに反省的に検討し，筆者が現場においていかなる位置どりをしてきたのか考察する。そのことを通じて，ある実践現場の発達を記述する

[16] 山田(2000)と好井(2000)によるラディカルレフレクシビティーの議論がそれにあたる。
山田富秋 2000 日常性批判：シュッツ・ガーフィンケル・フーコー せりか書房
好井裕明 2000 批判的エスノメソドロジーの語り：差別の日常を読み解く 新曜社
[17] 「私」の探求の意義を考える上で浅野(2001)は参考になる。彼は（社会構成主義的な）自己物語論における語り手の「自己言及性」に注目する。「自己」は語ることによって構築されると同時に，その語る自己は，語りに先立って存在していなければならない。このように，語る主体は語られる世界の一部であることを示すのが「自己言及性」である。浅野は従来の自己物語論において「自己」についての断定的記述が可能なのは，この自己言及性を隠蔽してきたからだと指摘しているのだ。
浅野智彦 2001 自己への物語論的接近：家族療法から社会学へ 勁草書房
[18] 西條剛央 2003 「構造構成的質的心理学」の構築：モデル構成的現場心理学の発展的継承 質的心理学研究，2，163-185.
[19] Holloway, I., & Wheeler, S. 1996 *Qualitative research for nurses.* Malden：Blackwell Science Ltd. 野口美和子(監訳) 2000 ナースのための質的研究入門：研究方法から論文作成まで 医学書院

という試みにおいて、いかに観察主体である「私」の変化が関わっているのかを明らかにする。

2節　分析対象とその方法

過去において筆者がこのフィールドワークを材料として著した論文の記述（表5-2）を主データとし、その記述のために用いた記録を補助的データとした。論文で扱われたテーマはそれぞれに異なるものの、通底するのは「現場で行われている実践をあたりまえのものとしてではなく、人々によって作りだされたものとしてみる」という社会構成主義的な認識論であった。

このデータをもとに、過去の私のフィールドにおける位置どりを示すため、本論ではまず、フィールドエントリー[20]の様子についての記述から始める。このことは、これまでの研究論文においてはそれほど取り上げられていない。しかし、あるデータにアクセスできたこと自体、観察者のフィールドでの位置どりをよく表していると思われることから、この過程を取り上げる。

フィールドワーク過程の検討に際しては、本山[21]の

[20] フィールドエントリーとは、研究者が現場に入る過程を表す言葉である。これをたんに調査開始前の準備期間と捉えてはならない。この時点ですでに調査はかなり進行していることを自覚すべきである。当該のフィールドで調査者が生き延びる（追い出されない）ためにどうすればよいのかをまず探るほうがよい。もちろん、調査者が主体性を捨てるということではない。

[21] 本山方子　2000　フィールドワークにおいて＜出来事＞に遭遇すること：民族誌『森の狩猟民』の記述を手がかりにして　人間文化論叢、2, 157-168.

表5-2　本章で検討対象となったテキスト

期分け	本文中の名称	書誌情報
第1期	第1論文	松嶋秀明(2002a)　いかに非行少年は問題のある人物となるのか？：ある更正保護施設でのソーシャルスキルトレーニングにおける言語的相互行為の分析　質的心理学研究, 1, 17-35.
	第2論文	松嶋秀明(2004)　非行少年の「問題」はいかに語られるか：ある更正保護施設職員の語りの事例検討　発達心理学研究, 14, 1-12.
	第2論文	松嶋秀明(2000)　ある実践家による、非行問題の物語り的構成：定性的研究の実際(69)　日本心理学会第64回大会発表論文集
第2,3期	第3論文	松嶋秀明(2001)　非行少年を対象としたソーシャルスキルトレーニングにおける相互行為：少年自身の課題への意味づけの検討を中心にして　名古屋大学教育発達科学研究科紀要, 48, 175-184.
	第4論文	松嶋秀明(2002b)　少年の声を聴くこと：少年更正保護施設の事例から　認知科学会教育環境のデザイン分科会研究論文集, 7-15.

フィールドワーカー（観察者）が現場で〈出来事〉に遭遇するという事態についての検討が参考になる。ここでいわれる〈出来事〉とは体験そのものではない。その体験が（書き言葉／話し言葉，内言／外言などの区別にかかわらず）言語化されたものである。〈出来事〉はフィールドにいさえすれば，誰でも一様に遭遇できるものではない。

調査開始時点から何度も聞かされたありふれた語りが，調査が進展したある時点から，にわかに重要な意味をもつようになるという体験，あるいは調査開始時には気にならなかった現地の方言が，実はフィールドワークを妨げる要因であったことに気付くといった経験がその好例となる。

〈出来事〉との遭遇という事態は，それがなければ気付かれることのなかった，フィールドワーカーが無意図的に持ち込んでいる前提を浮き彫りにするといってもよい。たとえば，澤田[22]は，ある時から現場において流通している方言を自分が理解できないことに気づいたという。そして，それまでの自分が自分にわかりやすい言葉で話してくれる人たちの情報のみに頼っていたということを再認識したという。このような出来事を検討することが，フィールドワーカーが現場にどのようなスタンスで関わっていたのかを表すことになる所以である。

もちろん，こうした作業さえも筆者の局所的な見えの産物であり，またもや観察者の位置は秘匿される。これには終わりがない。しかし，少なくともこの作業によって，読み手は筆者の導いた見解がどのような立場からなされたものか，現場の論理とどのような関係にあるのかについて垣間見ることができると考える。

[22] 澤田英三 1993 フィールドワーク初期に展開する研究者心理の微視発生に関する一考察：フィールドが自分らしくあれるまでの過程 広島大学教育学部紀要, 42, 161-170.

3節　フィールドワーク過程の再検討

1　フィールドエントリー前後

(1)　更生保護施設A園への初めての訪問

[23] 更生保護施設とは、罪を犯した人物の社会に復帰するための施設である。非行少年に限らず、大人が受刑後に社会復帰するための準備(貯金や職場探しなど)をする施設である。A園のような少年だけの施設は全国でもまれである。現在、おもに指導にあたっているのはN氏であるが、N氏の祖父の代に創設され、代々受け継がれてきたのがA園である。

[24] BBSは、もともとはアメリカで発祥したボランティア組織である。アメリカではこの組織は、非行に限らず福祉に関わる活動を行っているが、日本ではこれが非行少年への援助に特化されているのが特徴である。また、アメリカのBBSが完全なボランティア団体であるのと対称的に、日本のそれは、法務省が管轄し、あくまでも非行少年の更生保護のための手段の1つとされている。このような緊密な結びつきがあるからこそ、筆者がA園に入ることがそれほど懸念されなかったとも考えられる。

　私が初めてA園[23]を訪れたのは、X年6月であった。この数年前から私はBBSというボランティア団体のメンバーであった。BBS（Big Brothers and Sisters Movement）とは、非行少年の更生保護を援助するボランティア団体である。法務省が管轄し、全国に支部がある。団体では、非行少年と「友だち」として関わるために種々の活動を行っている。私がA園を知るきっかけもBBS主催の行事であった。それ以前に非行少年が収容される施設に対して、筆者が抱いていたイメージは「堅苦しい」「融通がきかない」「閉鎖的」といった否定的なものだった。少年のプライバシー秘匿を目的として調査活動に制約が加わることは理解できても、閉鎖的であることには不満だった。

　この点、筆者の先入観に反して、A園の職員は柔軟な雰囲気に見えた。積極的にA園を知ってもらおうという態度も見られた。私は「ここでなら調査を受け入れてくれるかもしれない」という希望をもち、早速に調査依頼の手紙を書いた。私の依頼は快く受け入れられた。私が所属する支部はA園と長年つきあいがあったので、BBS会員という身分には基本的に信頼が寄せられていたと考えられる[24]。もちろんBBS会員であることは、筆者にとっては罪悪感を喚起させる材料でもあった。というのも、BBSの目的は少年の更生援助であり、大学院生が業績を上げるために行われるべきものではないからだ。

他のBBS会員からの反発も怖かった。私は当時の地区会の会長に，研究者として調査も行いたいが，現在の自分にはBBS会員の本分とは違うと思えるといった主旨の手紙を書いた。会長は保護観察所に報告の上，調査を了解してくれた。

(2) 調査の許可という〈出来事〉

A園への参入は現場レベルでは許可されたが，監督者レベルでの許可は簡単には下りなかった。A園を監督する保護観察官のTさんは，プライバシー保護のため，テープ録音は避けてほしいこと，公表の際，できるだけ抽象化した形式で行ってほしいと筆者に申し入れてきた。率直にいって，当時の私は「それでは自分がやりたい研究はほとんど不可能だ」という感想をもった。少年のプライバシーは守られるべきだと認識していたが，閉鎖的な態度はかえって昨今の非行少年への無理解を助長するように思えさえした。しかし，調査の継続を第一に考えてTさんの指示に従った。内部の人間でなければ，こうした研究はできないのかと悩んだものだった。

事情が変わったのは2か月後である。Tさんが東京でSSTの書記を務めた学生がいることを発見したことで，筆者の観察は許可された。「前例がある」ことがその理由であった。Tさんの「前例がある」という判断根拠は，きわめて官僚的にみえる。実際，私は調査が許可されたことを喜びつつも，違和感を覚えた。こうしたフィールドエントリーの顛末は，現場において私の存在がもつ意味を示してもいる。というのもTさんは，一介の大学院生である私の申し出を言下に却下してもよかったはずである。しかし，彼女はそうせず，解決策を探してくれたといえる。ここには「内部者」としての私に協力したい

という心情と,「外部者」としての私に対しての守秘義務との間でのTさんの葛藤がみてとれる。逆にいえば,私は「ボランティア/内部者」であると同時に「研究者/外部者」という2重の役割を付与されていたともいえる[25]。

[25] このようにフィールドワーク初期には,調査者と現場の人々との間のさまざまなズレが明らかになる。このズレは,当該のフィールドが埋め込まれている,より大きな文脈を明らかにする手がかりとなる。たとえば,森の中の1本の木を調べたいと思ったとき,その木に絡まった種々の植物を引き剥がしてしまえば,生態系が崩れ,肝心の木までが枯れることがある。これと同様に,現場もまた分かちがたく結びついた社会的諸関係の中に埋め込まれている。したがって,このような社会的諸関係を,一種の生態系をみるようにみて,理解していく必要があるだろう。

2 フィールドワーク初期の過程／研究の生成

(1)「よそもの」としての観察者

A園のフィールドワークでまず違和感を持ったことの1つにテツオという1人の少年のふるまいがある。テツオの言動は優等生的であった。しかし,筆者はいくつかの論文で彼の言動を問題視している(たとえば第1論文)。たとえば「決まりを守ること」というテーマで話し合われた集会において,テツオは自らの過去経験をもとに,更生を目指す心構えについて熱弁をふるった。通常,こうした行為は賞賛されるべきものであったろう。しかし,当時の筆者が違和感をもったのはこの部分である。たとえば以下のような記述からはそのことが読み取れる。

　　この集会では,「規則を守る」というテーマで話しあいがもたれた。そのなかでテツオは,自分の過去を完璧に悔い改めるべきであると主張していた。そして,周囲の少年が提案する,比較的ゆるやかな生活目標を,ことごとく否定していった。私は,完璧な悔い改めを求める彼の姿に,「そんなに上手くいくのか?」「すこし甘えたい気持ちはないのか?」と問わずにはいられない気持ちになった。彼の言動には,私が感じる「甘えたい」「まあまあでよい」といった感情がまったく感じられていないかのように感じら

れた（第1論文脚注3）。

　筆者はこのように息苦しい雰囲気をテツオの語りに対してもつ。筆者は臨床心理学的面接訓練のなかで，こうした感覚的な違和感が，その人物の病理を知る際の手がかりになることを教えられていた。実際，しばらくすると，テツオが指導者の前でだけよい子を演じていることが明らかになった。N氏は「メッキがはがれてきた」と苦笑いし，また別の場面では「ペラペラなやつ」と，自分がなく他者にあわせてネコの目のようにふるまいを変えていく様子を形容していた。筆者の予感があたったことになる。こうした見方の一致からは，筆者の感じた違和感が，まったくの無根拠ではなかったといえる[26]。

　筆者は，しかし，違和感をもった際，そのことをテツオに伝えるのをためらっている。そうした発言が，現場の指導者に受け入れられる確証がなかったからである。フィールドエントリー時のエピソードは，筆者が発言を控えることの文脈となっている。立派な発言をするテツオを賞賛するならともかく，「そんなにうまくいくのか」と問うことは，この場にはふさわしくない発言である。筆者は自分が勝手に発言することで現場に混乱を引き起こすことを恐れた。現場への違和感をもちつつも，現場でのルールを感知して自分を隠すという，「よそもの」として現場に参加している筆者の姿が明らかになっている。

　このことは，集会の4か月後に行われたインタビュー（第2論文）にもいえる。このインタビューが行われたのは，筆者が初期の3か月の観察を終えた直後である。ここでは筆者は語りの中で指導者がいかに少年の問題を構築するのか見てみたいという，明らかに社会構成主義的認識論に影響された狙いがあった（以下のトランスク

[26] 心理臨床的視点からみるならば，テツオのような少年は，比較的深い病理をもつと考えられる。彼らは自己の感覚が希薄であり，常に周囲からの評価に依存して行動する。自分の中にある「悪い」部分（たとえば犯罪を犯す）と「よい」部分を統合することができず，悪い部分は「あのときはどうかしていた」といったように「自分ではないもの」として切り離そうとする。このような切り離しがうまく遂行される結果として，彼らは自らのふるまいに葛藤を感じることも，罪悪感を感じることもむずかしいとされることがある。

リプトにおけるIはインタビュアー，Tは指導員を表わす。また，…はその直前の音が引きのばされたことを示す)。

　I：親としても，別にその…，生活に困ってるとかそういうのではなく
　T：う…ん，その部分もあるのかも。でもたとえね，親が生活に困ってても（うん)，それを何とかするのが親のような気がするんですよね

このようにインタビューの際には，親の責任を追及するN氏に対して「しかし，親も貧乏とかそういうことが」と両親を免責するような質問をしたほか，それ以外では，子どもに「基本的な生活習慣ができていない」とするN氏に対して「基本的なこととは何ですか？」と問うている。この質問の意図を，筆者は以下のように捉えた。

この質問の意図は，基本的という言葉でN氏が何を指しているのかを明らかにすることであった。N氏のいう「基本的」という言葉が，社会のルールや道徳といった，どのような場所でも基本的であるとは必ずしもいえないことかも知れないと思ったからである（第2論文)。

フィールドに参入して半年もたたない時点であることを考えれば，経験の長いN氏の語りを無条件に受容する方法もあったはずであるが，筆者はそうしていない。むしろN氏の語りに違和感をもち，批判的なスタンスをとっていることが上の記述からわかる[27]。

ただし，この時点での筆者には，N氏の語る問題を社会構成主義的認識論に基づいて相対化することしかできていなかった。N氏の語りの恣意性を指摘はできても，

[27] これは「郷に入りては，郷に従え」という故事にある通りである。しかし，その場のルールに敏感になることは必要であっても，何でも無批判に現場の常識を受容するということになってはいけない。現場とは葛藤もズレも表面化せず，現場について豊かな情報をもたらすズレを見過ごすことになるからだ。

彼がまさにその語りをリアルなものと感じる理由に共感することはできなかった[28]。

(2) 少年の可能性の発見

筆者がN氏に初期の段階で行ったインタビュー（第2論文）の中で，N氏は以下のエピソードを「もしかしたら」SSTの効果かもしれないと語った。

すなわち，ある少年（タロー）が不良集団にからまれた際のエピソードを語った。その少年はケンカに巻き込まれるのではなく，そこから逃げることができたというものである。第1論文では以下のように書かれている。

> 彼（N氏）は先月のセッションに関して，抜粋3cにおいて不意の質問を行ったタローのことを語っている。いわく，タローはこのセッションの2週間後，実際に特別に外出した際，集団にからまれるという事件に遭遇した。その際，ケンカをすることなく，そこから無事に脱出してくることができた。N氏によれば，タローはこのような状況下では自ら先頭に立ってケンカをしかけていく少年だったという。もしかしたら，タローが，ケンカをせずに逃げることができたということは，SSTの効果なのかもしれないとN氏は語っている［X＋1年2月の公式インタビューより］（第1論文，p.29）[29]。

上述の文章中の抜粋3cに示されるタローの事例とは，実は筆者にとっても印象的であった。実際，筆者は以下のように書いている。

> N氏はX＋1年2月でのインタビューでは，「今

[28] 社会構成主義研究は，たとえば「イジメ問題」のように，現在の社会において広く知られ，もはやその存在を疑い得ない概念を取り上げて，それらが人々のやりとりの中で，社会的につくりあげられたものであることを例証する。このことは社会に流通している概念から距離をとり，現在の社会のあり方に対する批判理論を呈示できるというメリットがある一方，その概念に主体的に関与している人々の存在をも軽視する危険性をはらんでいる。このことは研究者もまた社会的に構成される世界の一員でありつつ，そのことが忘却される（[17]参照）ことによってももたらされる。

[29] N氏は，筆者がSSTについて行った分析を踏まえて，「効果」を認識しているわけではない。タローが逃げてこられたという行動のみから，これがおそらく効果であったことを推測しているのだ。もっとも，タローのSSTでの受け答えと，タローの実際の行動との間には，いくつもの偶然的な要因が介在していて，因果関係を立証することは困難である。2つの行動をつなぐことには慎重にならねばならないだろう。

までであれば,まっさきに飛び出していきそうな子」と表現していた。タローであることがわかったのは,筆者が,このインタビューから半年後に確認した時である。筆者は,抜粋3cの分析を行った結果,質問に先立ってN氏が語った少年は,タローだという予感をもっていた。このことは,抜粋3cでのタローの発言が,すくなくとも筆者には非常に印象的に聞こえたことを示していると思われる(第1論文,p.33)。

2つの記述で言及されているタローの事例(抜粋3c)とは以下のようなものである。すなわちタローはある月のSSTにおいて,議論をまとめて収束させようとするN氏を遮って質問をする。それは「2人から誘われた時はどうするのだ」という主旨の質問であった。SSTの課題設定が1対1場面での会話であったことに疑問を呈しているわけだ。

N氏へのインタビュー時点で,筆者はすでに抜粋3cの分析を着想していた。すなわちタローの質問は,たんに登場人物の人数を変えたらどうなるのかという,際限のなさそうな,つまらない質問ではなく,タローがSSTを自らの課題としてとらえたことを示すとする解釈である[30]。

筆者は次のように書いている。

(N氏は)タローによってふられた質問を十分にはフォローしていなかった。もしN氏がタローの声を議論すべき問題としてとりあげようとしたのなら,以降の展開は幾分異なっていたかもしれない(第1論文;p.29)

[30] タローがその質問をしたのは,数週間後に仮退園を控えた時期であった。仮退園すればタローに悪い誘いを仕掛けてくるかもしれない人はけっして1人ではない。集団で誘われることも十分に想像できる。そして,タローには二度と過ちを犯すことは許されない。このような彼の置かれた状況を考えに入れるとき,タローが「2人だったらどうだろう」とSSTで問うことは,たんに指導者の提示した課題に対して,登場人物を増やしただけの単純な質問ではないと考える理由は十分にあるといえる。

ここからはタローの発話に興味を示し、それへのN氏の対応を残念に思う筆者の姿が読みとれる。実際、筆者はタローらの会話を聞くまで、SSTを退屈に感じて眠気さえ感じていた。タローらの会話は私の目をさますものとなった。また、上述のN氏の話を聞いて、登場する「ふだんならまっさきに飛び出していきそうな」少年をタローだと直感していることはすでに述べたとおりである。

ところで、これは現場では共有されていない筆者の独自の直感でもある。N氏はこれを「もしかしたら自らのやりとりとの関連で確信しているわけではない。また、N氏はインタビューのなかで、(逃げ帰れたことには)タロー自身「驚いていました」と語っている。これはタローにとってもこの出来事がSSTの効果として意識されていないことを物語っている[31]。

さらに、これは外部観察者なら、誰でもとれる視点というわけでもないだろう。たとえば教師経験があれば、同じ場面を見てもN氏の苦労に共感しそうである。もちろん、先述のように、当時の筆者は臨床心理学的な個人理解に近い枠組みをもっていたから、何の枠組みももっていなかったわけではない。むしろ異なった枠組みを持ち込んで葛藤を引き起こしていたといえる。

こうした異なる枠組みどうしの葛藤に直面した際、筆者自身の見方が反省されることは少なかった。

たとえば、第1論文では、先述のタローの事例(抜粋3c)に引き続いて、Tさんの語り(p.29)が興味深い出来事として描かれている。このTさんの語りとは以下のようなものである。

すなわち、SSTにおいて少年がみせる有能性にふれて、Tさんは「あの子たちはいろんなことができる」「社会性がある」と驚きをもって評価した。そして、これまでは

[31] 自分の行動でありながら、自分のしたことに「驚く」ということは、そこに自分の主体性が伴わないという体験であることが示されている。

そうした「できる」少年を見ても，それは例外的な事例だと思っていたが，むしろそれが例外ではないことを知って「ショック」だったと語った[32]。

Tさんは20年以上の実務経験のある実践家である。その意味で彼女のこの驚きは，新参者が現場にでて感じる戸惑いとは意味が異なる。当然，新参者である私から十分な尊敬をもって聞かれてもよい内容なのであった。

しかし，筆者はそれを少年の問題の深さの表明とは感じず，むしろ専門性の揺らぎと捉えている（第1論文）。ここではTさんが長年つちかってきた，実践と関わる根拠とでもいえる論理を共有しようとはしていなかった。そしてむしろ，こうした揺らぎが新しいSSTの方向性を生むのではないかと期待してさえいる。実際にはSSTは変化しなかった。その際，Tさんの反応は筆者の期待とは正反対のそれであったので失望している。たとえば以下の記述のからはそれが読み取れる。

> しかしながら，期待とは裏腹に，次月のミーティングで，Tさんは「友だちの悪い誘いを断る」課題が，少年達にとってはあまりに生々しいために，相応しくないと言いだした［X+2月のFNより］。この発言の理由をたずねる私に対して，彼女は，SSTがあくまでも抽象的なスキルを学ぶ場であり，彼らの内面を吐露させ，カタルシスをもたらすものではないと語った［X+2月のFNより］。（第1論文，p.29）。

Geertz[33]は「あちら側（being there）」，すなわち現場にでている時は，その現場の人物に共感しているような顔をしつつ，「こちら側（being here）」，すなわち研究者のコミュニティにおいては学会に向けて好きなことを書

[32] ここでのTさんの「ショック」という言葉を私は「揺らぎ」と捉えている。これを揺らぎと捉えることもできるだろう。しかし，長年，その職場にあって経験を積んだ人にとって，その専門性を揺らがされるという体験はたいへんなものである。本文にもあるように，Tさんはより逸脱が起こりにくい課題に変えるように提案している。もし私がTさんのたいへんさに共感していたならば，安直に揺らぎが起こることを期待するのではなく，むしろTさんのこの選択を支持したはずだ。

[33] Geertz, C. 1988 *Works and Lives : The Anthoropologist as Author*. Stanford : Stanford University Press. 森泉弘次（訳）1996 文化の読み方／書き方 岩波書店

くというフィールドワーカーのもつコウモリ的態度について論じている。筆者の当初のフィールドへの参与の仕方は，まさにギアーツの描くフィールドワーカー像そのものであったといえよう。

(3) 観察初期における筆者の位置づけ

ところでA園における筆者の位置づけは，非行少年に関わるボランティアであると同時に，臨床心理学を専攻する大学院生であった。志水[34]は，研究者のフィールドでの役割をセラピスト型，コンサルタント型，コラボレイター型，インフォーマント型，ボランティア型の5つに分類している。

この分類に従えば，観察初期における筆者はボランティア型，すなわち現場に「お手伝いさせてもらう／勉強させてもらう」というかたちで参入するというものであった。

実際，A園の指導員からはボランティア会員として接せられることが多かったし，少年に対しても「BBS会員」として紹介されていた。もちろん，職員からの見方に変化がなかったわけではない。

たとえば，以下の2つのエピソードは，観察初期における筆者とA園との関係性をいくらか物語っている。

> エピソードA：参入から3〜4か月したある園内でのイベントの際，園長は少年に対してと同様，筆者にもプレゼントをくれた。「毎月来てもらっているから」というのがその理由であった。筆者は恐縮すると同時に，A園に肯定的に受け入れられていることに安堵感も覚えた。

[34] ボランティア型とは，ある現場に，もっぱらボランティアのように，補助的な役割をもって入るタイプの参入の仕方である。このタイプの参入の仕方では，研究者は現場から教えてもらうことが主となる。大学生や大学院生の研究の場合，このボランティア型の参入法はうまくはまる場合が多い。一方，インフォーマント型とは，現場の人から，研究者が重要な情報をもつ人物としてみられるようになる。
志水宏吉 2001 研究vs実践：学校の臨床社会学に向けて 東京大学大学院教育学研究科紀要, 41, 365-378.

エピソードB：参入から半年後，A園では「親子キャンプ」なる1泊2日の野外活動が行われた。これは少年の退園後の再犯率を低下させるため，こうした少年たちの受入先となる家庭との関係をよくすることを目的として行われる。初回時，C地区会はこのキャンプに協力していたので，フィールド参入以来，初めて地区会のメンバーの一員としてA園にかかわることになった。園長や，園長夫人は私のことを「まあ，松嶋さんはここの人みたいなものだから」と表現した。ここでも筆者の存在が徐々に受け入れられたことを感じた。

たしかにこうしたエピソードは筆者がA園に受け入れられていることを示す。筆者もそれを望んでいる。しかし，「研究者」としては必ずしも受け入れられていない。むしろボランティアの中でもお世話になっている人物といった認識である。実際，筆者はこの当時，自分がボランティアとしてのみ見られることに物足りなさや戸惑いを感じてもいた[35]。

[35] A園での観察中も，N氏が筆者にふってくる話題はほとんどボランティア活動に関することであった。筆者はちょっとくらい研究者として意見を求められたいと思い，N氏にはそのように認められていないのだなと考えていた。

3 フィールドワーク後期における展開

(1)「研究者」アイデンティティの揺らぎ

フィールド参入時点における筆者にとって，A園というフィールドは，大学とは異質な空間であった。しかし，A園の指導者と，筆者の思考が根本的に異なるわけではない。

たとえば，N氏は筆者がSSTについての知識を得た論文の著者のワークショップに参加し，そのことを契機としてSSTのデザインを変更した（第3, 4論文）。N氏によ

れば，これまでのSSTは「ロールプレイ的要素が強くて」，真の意味での認知行動の「認知」の部分が欠けていたという。そして，これまで以上に少年の語りに積極的に発言権を与えるように実践形態を変えていった。

これは筆者がより望ましいと思う方向への変更であったし，その意味づけも，以前から筆者がSSTについて感じていた，指導者のやりたいことと少年の理解にズレがあるというものに近いことがわかる。

そのため筆者は「なんだ，それだったら（N氏への批判になると思って差し控えていた意見を）最初から言っておけばよかったかな」と思った（第3論文）[36]。と同時に，これまで自分1人が感じていたと思い込んでいた問題点を，実際には現場の人々も感じていたことを知ってショックを受けた。そして，あらためて自分の存在意義といったものを考えることになった。

フィールドワークの進展に伴って起こった，こうした変化は現場と自分との区別や，筆者の「臨床心理学を学んでいる」というアイデンティティを曖昧なものにした。上述の「最初から言っておけばよかったな」といった筆者の実感は，筆者にとってその知識が現場の人々にはおそらく共有されないものだと感じていたことを示している。また，SSTの変化によってやることがなくなったように筆者が感じたことからは，筆者が研究者としてのアイデンティティを，こうした知識によって支えていたことを示している。

(2) 観察者の学び

SSTのデザインが変更された後，筆者はしだいに自らの想いをN氏に伝えるようになった。これは以下のエピソードからもわかる。第1のエピソードはX＋1年9月

[36] 筆者がこの時点でこのように思ったのは，SSTの方式が変更された理由が原因でもある。すなわち，N氏が主体的に考え抜いて変更したというよりも，たんにワークショップに出席し，アドバイスを受けたためだと説明されたのである。

もちろん，そのワークショップはSSTの熟練者によるものではあったが，N氏にそれを受け入れるレディネスがなければ，方式の変更には至らなかっただろう。つまり，N氏自身もまた変わる素地があったということであり，筆者は遠慮のあまりそのことに気づけなかったということだ。

に行われた第3回のキャンプのための打ち合わせについてである。この打ち合わせは筆者をまじえて行われた。この回から，BBSが積極的に運営に関与することが期待されていたからである。第2のエピソードは，X＋1年7月のSSTにまつわる出来事である。この月のSSTでは，「悪い誘いをうまく断わる」スキルが取り上げられた。N氏はSSTの導入として，その前日に，少年たちが屋上で夜遅くまでおしゃべりをし，園長から怒られたという事件を引き合いにだした。そして，A園の規則を遵守することの重要性について述べた。これに対して一部の少年は，明確にN氏の発言に異義を唱え，なかば強引にN氏が話題を切り上げざるを得ないほど，荒れた展開になった（第3，4論文）。

そのこともあってか，この時期，N氏からはSSTを続けることへの迷いが繰り返し語られた。その時，SSTの方法について筆者はN氏とともに話し合い，変化した方法をやめようと思うと言うN氏に，筆者の理解を告げて思いとどまるようにいった（第3論文）。

(指導者どうしでのミーティングの場面の会話が取り上げられた後) ここでは課題の選択が難しいことが述べられている。なかでも，最後のKさんの発言中の「我々の頭より，もっと鋭いものをもっておるんですよ」といった発言は，初期の事例におけるTさんの気づきに類似している。このように危機感を感じるNさんたちに対して，筆者は初期の事例を分析していた時から感じていた，「非行少年に何かを教えるというよりも，少年から教えてもらう態度をもつことが，逆に少年が主体的に自らの問題に取り組むことへの支援につながるのかも知れない（松嶋，

2001, p.182)」という実感を述べた。これはN氏の「認知」重視のSSTの精神と異なるわけではない。しかし,翌月もN氏は発言権を与えることの難しさについて筆者に繰り返し語った(第4論文;Pp.13-14)。

さて,前述のN氏に対して少年が反論している場で,筆者はN氏が少年の不満にうまく対処してほしいと緊張しながら見守っていた[37]。それまでであれば,少年がN氏に反抗する場面は,現場の虚構性を暴くという意味で筆者にとっておもしろいものであったが,この場面ではそれよりも,少年を納得させることができなければA園の生活が維持できないと思ったからである。これはN氏の目線に近い視点を筆者が有していたからこそ得られた認識といえるだろう。次の事例ではそのことがより顕著になる。

X+2年2月。私はいつものようにN氏の車で送ってもらいながら,今度で4回目を迎える親子キャンプについて話し合った。N氏はBBS会員の中に,第3回のキャンプにおける,会員の位置づけに不満をもつ人がいると指摘した。会員に求められていた立場は,少年をよい方向に導くため,模範を示してほしいというものであった。少年にはBBS会員も「先生」と呼ぶよう指導されていた。これには第2回キャンプの反省がある。この時,新規会員が多く参加していた。彼らには事前に「少年は普通の子。普通の友だちのように接してください」と説明されていた。彼らに無用な心配を与えるのを防ぐためであった。

しかし,このことは結果的に裏目に出た。当時の少年たちは年齢も彼らと近く,また非行性も進んでいた。そ

[37] このような情緒を伴う体験をすることがフィールドワークではたびたびある。その場の意味が,研究者の能動的な探索によって知的に知られるというよりも,筆者に見ることを迫ってくるような,いわば受動的体験である。こうした体験は,研究者が存在論的に意味を捉えたということを示している。

のためか特に女性の新規会員は彼らのペースに引きずられ，彼らがキャンプ中のルールを逸脱しても止められなかった。少しでも関係を深めようとがんばるあまり，少年との距離が近くなりすぎていると私には感じられた。さらに悪いことに，キャンプ終了後に実に8割の少年が脱走してしまった。しばしば，それは女性会員の接し方のまずさと関連づけて語られた。当時，N氏は苦々しい顔で，女性会員の参加方法については再考の余地があると語った（第2論文所収のエピソード）。

これに対してBBS会員のもらす不満とは，おおよそ次のようなものであった。すなわちBBS会員としては，上下関係，あるいは教える―教えられる関係といったことの生じない，純粋な友だち活動をしたい[38]。その点で，A園のキャンプで自分たちが期待されている立場は，少し異なるのではないかというものである。こうした会員の感じる違和感はBBS会員としては正当なものである。たとえば，当時BBS会長であった佐藤勲平氏は，BBS会員がしばしば少年のことを「対象者」と呼ぶことに，会員側の優越性を読み取って違和感を表明している[39]。BBS会員にとって，少年と上下関係のない関係をもつことは絶対に揺るがすことのできない条件である。

しかしながら，私は「友だち」であっても，彼らの要求を何でも受け入れてよいわけはなく，一般的にいう友だちとは意味が違うと考えてN氏の考えを肯定した。そして，やはり彼らに対しては，善悪の基準をしっかり示していかねばならないのではないかといったことを語った。その際，私は，自らがスクールカウンセラーとして勤務した際に遭遇した忘れられない次のエピソードを引用した。

[38] ここでは少年と対等に接するのか，上下関係をもつのかという対立が生じている。しかしながら，いずれにしても関わる側のみが考慮の対象となっている点では同じである。こちらが「対等」にしようと思っても，少年は大人を偉いと思うかもしれない。また，少年によっては「服従―支配」といった関係性しか他者と結べない子どももいるだろう。そのような子どもと対等につきあおうとしても，こちらが望んだ関係性は結べない。「少年にとって何が大切なのか」という目標をめぐって議論していく必要がある。

[39] 日本BBS連盟事務局 1999 更正保護とBBS運動の展開：佐藤勲平会長のスピーチ ともだち：日本BBS連盟機関誌，140（1月別冊）．

学校中を見回っていた私は，偶然にもタバコを吸っている少年に出くわした。2人とも中学では評判のワルであった。私は正直いってまずいところに出くわしてしまったと思ったものだった。注意すれば怒鳴られるか，無視されるかに決まっている。見過ごせるものなら無視して通りたかった。しかし，それは許されない。私は勇気をふりしぼって「おい，タバコ吸ったらあかんやないか。その1本だけやぞ。絶対タバコはいかん」といった。思いのほか，彼らは私との約束に素直にうなずき，そのタバコを吸い終わると立ち上がって教室へと帰っていった。どこか嬉しそうにも見えた。また別の日。生徒指導担当の教諭の前で，これみよがしにタバコを吸っている少年がいた。怒る代わりに彼女は「そうやって注意して欲しいんだろ」と笑った。少年は頷いた。甘えた表情にもみえた。筆者には，少年に取ってはきちんと怒ってくれることが喜びにもなることが実感された（X＋2年冬のエピソード）。

　この筆者のエピソードに続く発話として，N氏は「何でも聞き入れてくれる／肯定してくれる友だちというのは，彼らはもうすでにもっている。むしろ，これはいけないと止めてくれる友だちがいない」といったことを語った。そして，「今の子は頭ごなしに怒ってもダメ。ちゃんと説明してやる必要がある。でも，そうやって説明して，彼らが受け入れられるなら，それを恨みに思う子どもはいません」と続けた[40]。
　筆者が語ったエピソードはきわめて個人的な体験である。したがってN氏はこれに対して「ああ，そうだったのですか」というように，「初めて聞くこと」として受け

[40] 筆者が最近，行っている生徒指導を担当する教師へのインタビュー調査では，生徒指導担当の教師からはたびたびこれと同様の語りがみられる。
松嶋秀明　印刷中　教師は生徒指導をいかに体験するか？――中学校教師の生徒指導をめぐる物語　質的心理学研究，5．

取ってもよかったはずである。しかし，Ｎ氏はそのような対応をせず，「非行少年に必要な友だちイメージ」についておもむろに語り始めている。このことは，Ｎ氏が筆者の話を，その場に関連した話題として，とりわけＮ氏が指導観を語ることに関連した話題として受け取っており，いちいち同意や反論を述べるような話題とはみなしていないことを示している。また，筆者の話題を否定することもなかったことから，筆者のメッセージは，Ｎ氏にとって受け入れられやすい話題であったことを示している。日常語でいうならば「息があった会話」をしたといえるだろう。

　実際，私はこのときＮ氏の意見に大いに納得できた。しかし，よく考えてみれば，それは観察開始当初にはむしろ相対化したかった「少年を何らかの能力に欠けた人物としてみる見方」と同じである。私はしばらくしてそのことに気づいて愕然とした。もともと，こうした言説に対する違和感から調査を始めたにもかかわらず，知らず知らずのうちに自分もそのような見方をとるようになっていたことに気づいたからである。

　しかし，この時期からＮ氏の私イメージも若干異なり始めたように思われる。というのも，代表的な出来事としては，筆者はある日，Ａ園での取り組みの効果測定を行うことになったと告げられ，それにふさわしい心理学的な指標があれば教えてほしいという依頼を受けた。筆者はスクールカウンセラーや心理学の講師をしているといった活動報告をＮ氏との雑談で行っていた。筆者には，そのこともあってＮ氏がこれまでのようなボランティアとしての側面だけでなく，心理学研究者としての役割を求めてきたように感じられた。志水[41]の分類でいえば，ボランティア型から，少し現場に情報提供も行うような

[41] このような変化が訪れた要因は，筆者とＮ氏との関係性の変化によってのみもたらされたものではないだろう。筆者がしだいに専門性の高い職種（たとえば大学で授業をするなど）についたことも要因として考えられる。
志水宏吉　2001　研究vs実践：学校の臨床社会学に向けて　東京大学大学院教育学研究科紀要，41，365-378．

インフォーマント型に変化してきたといえる。

4節　総合的考察

1　A園における実践形態の変化

第1論文では，筆者はN氏の実践を，少年たちの過去をそれほど取り扱わず，それゆえに少年にとって真正性[42]を欠いた課題になっているとみている。そして，偶然にも少年の過去体験が開示される状況が生まれ，それへの対応に実践者が圧倒された結果として，主導権を奪われる様子をみて，少年にとっては課題がより真正性をもつものとなったのではないかと解釈している。そして「非行少年に何かを教えるというよりも，少年から教えてもらう態度をもつことが，逆に少年が主体的に自らの問題に取り組むことへの支援につながるのかもしれない。（第1論文）」と書くように，筆者は実践家が少年の過去体験を尊重して取り扱うべきであると考え，正統なSSTの見方からすれば逸脱とみなされる展開が起こることを期待さえしている[43]。

N氏が優先的に議論を方向づけるのではなく，むしろ少年が知識を披露できるようなSSTの展開に期待したのである。この視点からすれば，観察後期における実践形態の変化（より少年の過去経験を傾聴し，課題への理解を深めることをねらうもの）は，ある意味では実践形態がよりよい方向に発達したと記述することができるかもしれない。このとき，N氏のアイデンティティは「少年の可能性を抑圧する人物」から「可能性を引き出す人物」へと変化する。

しかしながら，SSTの方式の変更後，観察後半に起き

[42] 真正性とは'Authenticity'の訳語である。すなわち，ある課題なり活動なりが，自分にとって本物らしく感じられることをいう。学校での学習には，しばしばこの真正性が欠けているという批判がなされることもある。

[43] ここで断っておきたい。筆者は，A園のSSTが荒れるのを楽しんでいたわけではない。言語学者で，エスニックマイノリティへの英語教育に関する研究を行っているクリス・グティエーレス（Gutierres, K.）らが提唱する「第3空間」の議論にひきつけてこれを解釈している。グティエーレスら（1995）は，本来ならば失敗とみられるような教師の発言や行為が，結果として教室の学びに結びつく可能性を指摘している。筆者はこの施設でのSSTの荒れた展開に，第3空間が生じる可能性をみていたのである。
Gutierrez, K., Rymes, B., & Larson, J.　1995　Script, counterscript, and underlife in the classroom: James brown versus brown v. board of education. *Harvard Educational Review*, 65, 445-471.

た少年たちの「荒れた」態度と，N氏をはじめとした指導者の動揺をみれば，上記のように，少年の知識に耳を傾けつつ，発言権を多くとらせることが必ずしもよい結果に結びつかないことは明らかだ。この少年の荒れた様子こそが，N氏をしてA園の子どもを「普通の子ども」であると同時に「どこか違っている」「本当に怖い場合もある」と語らしめていた点と考えることができる。そして，少年たちにとって真正性のある課題を志向し，少年たちの過去を積極的に聴いていくことが，一方で少年たちの課題へのレディネスを高めると同時に，他方では，園内での逸脱行動を誘発しかねない危うさをはらんでいることも想像できる。このような場面ではN氏は，むしろ，会話の主導権を握ることが必要となる。

つまり，第1論文で示された視点が一面的であったことが示される。第1論文の視点からすれば「発達」と観察できることが，第3，第4論文以降の視点からみれば，むしろ不十分であると観察することもできる。たとえば，第3，4論文の結果を踏まえれば，N氏は「少年に自由を与えること」と「少年にある制約を加えること」とのバランスをとることを志向しつつも，それがうまく調節できない人物としても描けるわけだ。こうした複数の「発達」を意識することは，ある実践の発達といったものを，より広い視野にたって見直す視点を生み出すことにもなる[44]。

2 縦断研究における研究者の発達

関係とは相互的なものである。文化人類学においてフィールドへの参入モデルには，「境界横断（boundary crossing）」と「境界書き込み（boundary inscribing）」があるとされる[45]。各時点における筆者のフィールド参

[44] たとえば，学校場面ではI（initiation）で教師は発問し，生徒がこれに答え（reply），これを教師が評価（evaluation）するという3連構造の談話があることが知られている。これは教師が一方的に権力をもつ談話形式として批判され，むしろIを生徒が行うのがよいとされることすらある。しかし，本稿での議論を踏まえれば，大事なのは「問題」は何かということであり，発問を「教師が一方的にするのがよいのか／子どもがするのがよいのか」ということではない。

[45] 太田好信　2001　トランスポジションの思想：文化人類学の再想像　世界思想社

入イメージは，初期には境界横断的であったが，後者は「境界書き込み」的といえる[45]。ところで，境界横断する個人というものを想定するとき，そこには安定したコミュニティ（本論の場合であれば「学校」と「現場」のように）が想定されている。これに対して後者のモデルでは，そもそもそのような所与の共同体があるということに疑問を呈する。そして，そのような共同体はないという前提から始め，それでもある種の共同体の存在が実感されたなら，それはどのような事実の布置の中にみてとることができているのかを分析するという方向性をもつ。

このうちで後者の立場に依拠すると，初期に私がもっていた「境界横断的」イメージは，現場を「少年の自由を抑圧する場所」といったステレオタイプなイメージで捉えることや，自分が臨床心理学を専攻していることを拠り所にして，現場の人よりも少年へのより適切な対応を知るものとして存在したいと欲望していたことを明るみに出している。いずれもそこで実践者が直面している少年の大変さを共有し，自分もまた彼らとの関わりにおいて必ずしもうまくやれるわけではないという無力感をもつことはない。自分の身を安全なところにおくやり方といえる。

フィールドワーク後半になって「境界書き込み」的イメージへと変わっていったということからは，それ以前には疑いをもつことすらなかった自らの立場の捉え直しが起こったことが示唆されている[46]。筆者が当初からもっていた社会構成主義的認識論は，1つの立場の相対化をはかることに長けている。このことからすれば，自分の立場自体を相対化して捉えることも可能なはずだが，それは困難であった。対象の相対化とは異なり，自分の

[46] 橋本(2000)は臨床心理面接の中で，経験の浅いセラピストが母親面接者を担当することによって，母親よりもむしろ語られる対象である子どもに同一化することから，しばしば目の前の母親の悩みに共感するよりも，批判的になってしまうことを指摘している。筆者の研究者としての発達をこのように捉えることもできるだろう。
橋本やよい 2000 母親の心理療法：母と水子の物語 日本評論社

関心を相対化することは困難なのだ。自分の立場の捉え直しとは、いわば自らの足下を崩されるような痛みを伴う経験である。西條[47]が構造構成主義の中で提唱する「関心相関性」（本書1章参照）は、「自分の関心に応じて認識論を使い分ける」といった表現から、あるときはノコギリ、あるときはカナヅチというように、すでに出来上がった道具を道具箱から出して使い分けるといったイメージで捉えられるかもしれない。しかし、そのように理解されるべきではないだろう。道具はあらかじめ用意されておらず、むしろ、研究者の目的関心と同時に見つけ出されるといったほうがよい。「関心相関性」がどのようなプロセスをへて達成されるのか。筆者が本章で行ったように、その内実はまだまだ詳述される必要がある。

3　現場との〈倫理的対話〉

　実践への貢献という視点からみた場合にはどうだろうか。筆者が1年目の時点で得た知見を、即座に現場にフィードバックしたとしても、N氏が実際にそれを受け止めてくれる可能性は少なかったのではないかと思われる。これは先述の通り、観察後半におけるSSTの方式の変更と、その後に起きた一連の事件から明らかである。筆者はこの時点で、筆者があらかじめ持ち込んだ分析枠組みに基づいてみえてきた現実をみていたにすぎず、N氏をしてA園の子どもを「普通の子ども」であると同時に「本当に怖い場合もある」と語らしめる存在でもあるということを知らなかった。

　もちろん、知見自体が有効でなかったとは思わない。ある視点からみた場合、たしかに第1論文で示されたような分析は可能である。実際、第3、4論文で示されているように、第1論文で得られた知見をN氏にフィード

[47]　文献は[18]参照。私見では「構造構成主義」は、研究者に強い自己決定力と倫理観を求める。この認識論が、世界には研究者の関心から離れた絶対的真実はなく、どのような認識論であれ、認識可能な側面とそうでない側面があることを前提としていることにその理由がある。上記の前提のゆえに、研究者は自分の選択の正しさを、客観的に実在する真実によって担保されない。また、社会構成主義的に相対化される社会の中に自分もまた参与していることを認めざるを得ず、相対化される社会とは無関係で、安全な位置に自らを置くことができなくなる。研究者は必ずどこかから批判される可能性を引き受けながら、自らが目指す目的のため、自らの責任において方法、認識論を選択・決定していくことが求められる。ただし、このことは研究者をして、独善的になる危険性をもたらむだろう。自分が未だ出会ったこともなく、どのような思考枠組みをもつかすらわからない他者との対話に開かれ、研究者が自らの立ち位置を省察していくことの重要性がここに認識される。本章の取り組みはこうした他者との対話の一形態と位置づけられるだろう。

バックして，実践形態を変えようかと悩むN氏に，(ともかくも実践形態は維持されていることから) 熟慮するための1つの視点を提供することに成功したと考えられるからだ。すなわち，ここで重要なのは知見そのものの有効さではない。どのような文脈を実践者と共有し，何者としてそれを伝えるのかということである。あるいは有効さということ自体が，文脈と込みになってはじめて明らかになるといってもよいだろう。

たとえば，筆者は第3，4論文で得られた知見により，筆者が実践者の苦労に共感し，ともに少年を更生させるという難題に取り組まなければならないという身構えをもってこれを行っている。筆者は調査者の言葉が，実践者に届くのは，1つはこうした研究者自身の現場の意味の捉え直しを経た後ではないかと考えている。

現場貢献を志す研究者が，自らが学ぶことを含みつつ現場の実践者とやりとりしていくことを，ここでは「倫理的対話」と呼びたい。ここでいう「倫理」とは，「調査の許可は取らねばならない」「被調査者のプライバシー保護に配慮する」といった行動規則としての倫理ではない。常にその現場にあって「自分に何ができるのか」と自省的に問うていく「あり方」としての倫理である[48]。

これは(1)現場に参入当初の違和感というかたちで，現場ではそれほど意識されていない断片が研究者の中に投げ入れられ，あるいは取り込まれ，(2)研究者が自らの心身を道具としてそれを嚙み砕いて消化しようとするが，(3)その過程で，研究者はこれまで現場のことがわかっているつもりでわかっていなかったと認識し，自身のアイデンティティが定まらない状態を経て，(4)やがて現場に受け入れやすい「発達」のストーリーが語れるようになり，それを再呈示するというステップを経ると定式化で

[48] このような関係性のもとでは，従来の研究のように研究者がすでに完成させた「知見」を現場に持ち込むという形での貢献ではなく，実践家と研究者が目標を共有しながら，お互いの視点を開示し合い，そこから対象への関わり方を考えるという，新たな形での貢献が生まれるかもしれない。

きるだろう[49]。特に、(1)では縦断研究を成り立たせる調査の継続ということそのものが脅かされるという経験と隣り合わせになるかもしれない。また(3)では、研究者自身が現場から教えられ、当初理解していたと思っていたことが実は理解されていなかったことに気づく局面もある。現場では十分に物語られずにいる断片のような側面が、体内に入った異物を排除する免疫反応のように反応することもあるだろう[50]。このような苦しみを経験しつつも、ある「発達」観から別の発達観、すなわちストーリーとして語れるような在り方をとり続けることが、現場貢献へとつながると考える。

▶研究者の「私」の発達をみる方法：「痕」をたどる

本章の最後に、あらためて本章で筆者が試みた発達研究の方法の有用性と、その要点についてまとめておきたい。前章の〈倫理的対話〉ということから考えても、これはいわゆる「ヒューマンサービス」を志向する実践にかかわる研究者、あるいは実践者が自らの取り組みを捉え直す上で有用な手段となるだろう。実践現場に貢献するための条件の1つとして、持続可能性[51]がある。対象となる現場との関係を逐一モニターすることなしには、長期にわたって良好な関係を維持することはむずかしい。これは縦断研究が成立する条件そのものでもある。対象を観察することと同時に、それを行っている観察者の態度を省察することが不可欠となる。

通常の発達研究が、対象の発達をみようとするのに対して、本章で対象となっているのは、その研究を行っている当の研究者自身である。このような特色をもつ本章の方法を行うにあたって、まず重要なことは、それ自体を目的としてはならないということだ。「私」の発達は、

[49] 研究者自身を考察の対象にしつつ、そのありようをみたものとして石野(2003)は興味深い。
石野秀明 2003 保育観察者の多様な存在のありよう：保育の場での子どもの「育ち」を捉える可能性を探り当てる試み 発達心理学研究, 14, 51-63.

[50] 本章では、消化や免疫反応といった、身体を想起させるようなメタファーを使っている。これは、〈倫理的対話〉を目指した取り組みといったものが、ある意味では非論理的で、身体的なものであるということを強調したかったからである。

[51] 持続可能性を考える上でコール(Cole, M., 1995)の5th Dimension(以下5D)の取り組みの報告は参考になる。5Dは校外で放課後に、子どもにコンピュータを教えるプロジェクトである。このプロジェクトは初年度、図書館とBoys & Girs Club(学童保育所のようなもの。以下B&G)に設置された。学習への動機づけの高い子どもがいる図書館に比べて、放課後に子どもが遊ぶ場所であるB&Gでは、他の遊具に比べて地味なコンピュータは子どもの興味をひかず、学習成績はよくなかった。しかし、騒がしくしてもよいB&Gに対して、図書館は静かにすべき場所という規範があるために、5Dは図書館では2年目に打ち切られてしまった。当初は研究者に見えていなかった、現場の文脈が、調査打ち切りという形で表面化したのである。
Cole, M. 1995 Socio-cultural-historical psychology:Some general remarks and a proposal for a new kind of cultural-genetic methodology. In J. Wertsch, P. del Rio & A. Alvarez (Eds.), *Sociocultural studies of mind*. New York: Cammbridge University Press. Pp,187-214.

常に，対象自体の発達を捉える活動の中で，自分自身が残した痕（あと）がおりなす「軌跡」としてはじめて知覚できるものだ。その意味で，この方法を行うためにまず必要なのは，逆説的に，研究者の役割に徹し，対象の発達をみることに専心することといえる。

その中では研究者自身と対象との関係の「痕」を残すことに意識的になるべきだろう。「痕」とは，具体的には，フィールドノーツ，あるいは論文中に記された，研究者自身が対象と関わる中で感じる葛藤や悩み，感情，あるいは対象との関係性を象徴するような他者の言葉などである。こうした素材をもとにして，対象への探求による新たな知見の獲得と，その知見を獲得するための過程への反省的な分析との往還を通じて，現場にとっても有用な発達研究を行うことができるだろう。

Column 6

縦断研究協力者に面接者はいかに出会うか

白井利明

　私は縦断的面接調査を約10年間に渡って実施してきた（白井，2004）。そのなかで考えてきたことの1つに，調査への協力者と面接者の関係のことがある。

　第1に，私の場合，協力者は私の大学の学生であるため，教員が面接者ということによる影響がないかどうかが気になっていた。たとえば，「大学時代でよかったことは？」と聞いても，「勉強したことがよかった」と建前しか言わないのではなかろうかなどと考えていた。ところが，多くの学生はそんなことは言わなかった。「よい友だちができた」というのが大方の回答であり，義理でも「大学の授業がよかった」と言ってくれる学生はいなかった。この点に関しては心配無用だったことがわかってほっとした。

　面接調査にのめり込むようになったのは，教員としての大きな発見があったこともきっかけになっている。目の前の眠たそうに授業を聞いているイメージしかなかった学生が，面接調査でいっぱしの人生論を語るのを聞いたとき，彼らを見る私の目は節穴だったのかとさえ思ったほどだった。ところが，再度，授業の中の彼らの姿をどうやって見ても，やはり今までと同じだった。このことを同僚に話したら，「授業とそれ以外で学生の態度が違うほうが当然だ」と言われた。場面による違いなのだろうが，ほかに，考えたり話したりしていることと実際に行動していることとの乖離という問題もあろう。それ以来，面接調査では相手の考えていることだけではなく，実際に何をしているのかも聞くようにした。

　それと，面接調査の最初の頃は，協力者に役立ってもらおうという意識が強かったように思う。協力者が役立ったと思ってくれれば今後の面接調査への動機づけになると考えていた。そこで，調査が終わった後，面接調査の中で気がついたことをアドバイスをしていた。当時は働きかけをすることは調査に反するという疑問しかもたなかったが，今から考えてみると，たんに自分の考えと違う学生の意見を放っておけなかっただけのようにも思う。学生が言ったことに対して教員としていちいち指導する必要はないのだと気づいてから，傾聴す

ることに専念できるようになった。

　面接調査を始めて9年たったとき，面接調査の意義をふり返ってもらったところ，「先生がじっと聴いてくれたのは，カウンセリングを受けているみたいでよかった。ふだん考えていないことを考える機会になったり，考えていることでも話をしているうちに自分で考えがまとまった」と口々に言ってくれた。「面接調査をしたことは何か影響を与えたか」と尋ねると，多くは「影響を与えていない」と答え，ある人は「影響はないが，気がついていないだけかもしれない」と答えた。「影響はない」という回答は研究者としてはうれしくもあり，寂しくもある。何かプラスの影響を与えていたいものだという気持ちは，やはり拭いきれない。

　第2に，相手が言いにくいと思うことをどうやって聞くかという問題がある。20代の女性がおもな協力者であり，彼女らに時間的展望を尋ねるといえば，結婚の予定についても聞かざるを得ない。プライベートなことは聞いてもよいものかどうか，最初は逡巡した。実際に，大卒2年目（24歳頃）の協力者は，あまり聞いてほしくないような様子だった。それが大卒5年目（27歳頃）になると，結構，話してくれるようになった。それは面接調査を重ねるに従って信頼関係が強くなったということも関係するだろうが，他方で年齢的な問題も大きいだろう。20代後半になって結婚は客観的な問題になったともいえる。協力者と面接者のコミュニケーションの中に発達的な問題が反映しているのである。

　以上は，面接者の勝手な感じを書き連ねたものである。協力者には協力者の感じというものもあろう。おそらく協力者も面接者が教員であることは十分に意識していて，たとえば「母校の恩師と定期的に会う」といったことが協力の動機づけになっていることは想像できる。面接者としては，協力者がどんな人生を歩むにせよ幸せな人生であってほしいということを願いながら，話を聴き取っている。

　協力者と面接者の相互関係が縦断研究の維持だけでなく，協力者の語りの内容に影響していることは十分に考えられる。個人の縦断データのうちどんな側面が特に協力者と面接者の相互作用で生み出されるものによって媒介されているのか，解明が望まれる。そのためには，面接者の内省報告もデータ化し，相互作用の中での経時的な変化を分析することも有効だろうと思う。

●引用文献

白井利明（2004）「大卒8年後のキャリア発達に関する縦断研究─時間的展望の再編成に注目して」平成13年度〜平成15年度科学研究費補助金（基盤研究(C)(2)）研究成果報告書

Column 7

異文化における縦断調査経験から：研究者の文化の影響

則松宏子

　発達心理学の分野で乳幼児の発達と文化の関係に関心があった私は，それまでの日米比較の先行研究を参考に，日仏比較研究を行いたいとフランスへ向かった。そして子どもたちの自立性の発達とその社会・文化的な環境要素を調査すべく，行動観察とインタビューを併用して，保育所や家庭という日仏のフィールドに入ることになる。そこで調査を進めていくうちに気づかされたのは，必然的にわれわれ研究者自身の個人の特性や文化的背景などが大きく影響してくるということだ。これは，文献を読んだり研究計画をたてたときにはあまり想像していなかった要因で，しかしけっしてあなどれない影響力の大きいものである。ここでは，私がフィールドで実感した研究者自身の文化というものの影響について，周囲の研究者の経験も交えて紹介しよう。

　まず日本人である私がフィールドに入るとき，日本の子どもたちとその養育者のいるフィールドに出かけていくことは比較的容易であっても，フランスではいろいろなむずかしい点が出てくるだろうと想像されないだろうか？　当時調査条件をできる限り統一しようと，私自身がそれぞれの国で同様の過程を経て参加者を募り現場へ入っていたのだが，実際の感触はこの予想とは少し違っていた。もちろんいずれの国でも個人差はあり，言葉数の少ない方や多くを語ってくださる方などさまざまだ。しかし回を重ねるごとに参加者・調査者間の関係がうまく築かれているなと感じられるとき，その関係性の中に異なるものが感じられた。

　概してフランスでは，予想以上に養育者の方がいろいろとフランスでの育児についての慣習や考えについて，自発的に語ってくださることが多かった。たとえばキリスト教関係のカテシスム（Catéchisme）という子どもたちも参加する活動について解説してくださったりする。実はこれらの活動についてある程度知っていても「ふむふむ」と耳を傾ける私に，さらにいろいろなことを説明してくださる。しかし知識として知っていることも，実際にそれを実践している方がおられることや，どのような考え方でそれを実践されているのかなどを

知るよい機会になり感謝の気持ちでいっぱいになるとともに，インタビューでは予想以上にさまざまなことを語ってくださることに少々驚いたほどである。そこでは明らかに，私という外国人調査者を迎え入れ，フランス文化・フランスの子育てというものを教えてあげよう，という熱意が参加者の多くの方に感じられたのである。

　一方日本では，私という日本人の調査者にあえて日本文化や日本の子育てなどについて熱く語られる方は皆無に近い。その一方で日本の参加者たちは，個人的な悩みや体験を，私が想像していた以上に自発的に語ってくださることが多かった。フランスでは縦断的に家庭を訪れる中でいかに関係性がうまく構築されていると感じても，また質問項目がそのような内容にふれても，個人的悩みなどについてはそれほど多くの語りを聞いた記憶はない。ここでは，乳幼児を育てておられる日本の母親の方々と比較的年齢の近い日本人女性，という私の個人的特性も関係しているのではないかと思われた。実際に調査の最後に参加者の方々に「調査や調査者についての質問」をしたところ，調査者の年齢もさることながら，むしろその性別によって，参加者である母親の反応はかなり異なったかもしれないという意見が多くあった。

　また，知人のフランス人研究者から，アフリカのある国に調査に行ったとき，母親たちにインタビューするにあたり現地語を話す現地の女性をインタビュアーとして雇い調査依頼したところ，なかなかうまくいかなかったという話を聞いた。同じ民族の言葉を話す同国の女性のほうがインタビューに適任であろうと想像していたのであるが，実際には子どもの発達観などについて質問された母親たちの多くが怪訝そうな表情で，「あなた，どうしてそんなこと私に聞くの？　そんなこと自分もよく（同じ文化で育っているので）知ってるでしょう」と返され，あまり質問に答えてくれないというのだ。異文化での調査にあたり，言葉の壁への対策として現地の人に調査を依頼するということが必ずしも最良の方法とはいえず，むしろ逆効果の場合もあるということだ。

　参加者にもわれわれ調査者に関する表象がある。研究者は，このような参加者のもつ研究者や調査状況についての表象に，より意識的になるべきだろう。また，参加者・調査者間の関係性はそれぞれ相互の個人的・文化的特徴などに大きく依存するということを，われわれ研究者はしばしば忘れがちである。両者の関係性の中で得られるデータには，参加者の諸特徴のみでなく調査者側の諸要因も絡んでいることを，研究者はもっと自覚すべきではないか。このことは，長期的に関係性が築かれる縦断研究の場合，さらに重要であるに違いない。

6章 「典型人」構成による質的縦断データ分析法

川野健治
Kawano Kenji

1節 質的縦断データ分析法の構造

本章では短大入学における移行体験の分析のために工夫した手続きを紹介する[1]。タイトルからは「典型人」構成という1つの手法のように思われるかもしれないが，むしろ，目的に応じて工夫したアイデアを組み合わせたものである。そこで，2節では本研究におけるその組み合わせの論理を「必要性のポイント→アイデアの背景→移行体験研究での具体的方法」という構造で提示していく。その上で，3節では個々のアイデアの利用可能性について述べるので，関心に応じて読み取っていただきたい。

ただし，全体のイメージとしては，劇作家平田オリザの以下のような演劇手法に例える[2]とわかりやすいよう

[1] 川野健治・佐藤達哉・友田貴子 1998 短大入学時の環境移行：気分の原因帰属を手がかりとしたモデル構築の試み 発達心理学研究，9，12-24.

[2] 典型人構成を考える上で，あらかじめ平田の演出を参考にしたわけではない。しかし，芸術表現に例えることで，典型人構成を「表現」として捉えることができるようになった。

に思う．彼は，演劇によって「精神の振幅」を描きたいと述べている[3]．そしてその方法の1つとして，戯曲の中に文脈が少しずつずれた人物を登場させるという．

[3] 平田オリザ 1998 演劇入門 講談社現代新書

たとえば，妻を早く亡くし，長く家を離れて暮らしていた男が再婚するという状況設定を考える．その長女は父，母と3人で暮らした記憶を，次女は母と長女と3人で暮らした記憶をもっており，そして三女は2人の姉と3人で暮らした記憶しかもっていないという構造を潜ませる．こういった差異は，ストーリーが進むにつれて父の再婚に対する三者三様の思いとして現れてくることになるだろう．最初はそろって抵抗を示した長女と次女がやがてお互いの気持ちのズレに気づき，言い合いになるかもしれない．あるいはその場面に接して，三女は母，そして父への思いを2人に告げることになるかもしれない．ここに，時間経過とともに明らかになり，さらに変化していく三姉妹それぞれのプロセスと相互の差異に観客は出会い，さらにそれらを通して父親の再婚と娘の立場についての全体像，平田のいう「精神の振幅」を捉えることになる．

また，演劇では登場人物しか語れないという制限があるため，作家が背景をいちいちナレーションで注釈していたのでは成立しない．つまり，観客は舞台上でストーリーが進むにしたがって，登場人物の差異が観客に伝わるように構成された「対話」の展開を目にする．

一方，本研究が扱う短大入学における移行体験も，短大入学，授業やサークルへの参加，初めての定期試験といった共通のイベント群（ストーリー）に出会いつつ，それぞれの体験の仕方は一様でないと考えられる．もちろん，心理学という学問である以上，当該の移行を最も表現できる人物をまったくの想像から作り出してしま

［4］しかし，短大への移行過程を表現する上では，一見客観的な手続き（たとえば，本研究ではクラスター分析＋データの加算処理）よりも，かなり恣意的な手続きによって人物像を準備したほうが有効な場合はあるだろう。たとえば，これがデータを用いた学術論文の執筆ではなく，内容をよりわかりやすく伝えることを目的とした啓蒙書であるならば，後者を選択することは十分考えられる。

わけにはいかない［4］。

そこで，収集したデータから明確な手続きのもとで複数の典型的な人物像を探り出し，それを時系列で比較し得るように整理・表現することを目指すことになる。これが，「典型人」構成のねらうところである。もちろん研究である以上，研究者の解釈だけを提示するわけにもいかない。

まずは，個々の調査協力者からその人自身の方法（言葉）で体験を表現してもらい，そのデータを少数の典型人のより「自然な台詞」としてまとめる。その上で，各典型人内の通時的差異と典型人相互の共時的差異が容易に伝わるように，つまり読み手が「比較」しやすいように結果は提示することになる。ここから，典型人の移行体験過程を1人ずつ追うことも，比較して移行体験の「振れ幅」をみることも可能になると考えた。

2節　短大入学における移行体験

1　研究の目的とデータの特徴：より自然な台詞を得るために

短大入学という環境移行によって，新入生たちはさまざまな体験をする。期待感や不安感を伴い，新しい人や課題と関わる。新しい学校で最初から生き生きと活動できる人もいる一方で，うまくなじめず，家族に相談する人もいるだろう。高校時代の友だちと連絡を取り合い，お互いの様子を確かめ合うということも起こる。しかし，いつまでも不安定な時期が続くわけではなく，時を経てこの新しい環境での生活が，あたりまえのものとなっていく。

本研究の目的は，この「あたりまえのものになってい

く」という過程を記述しモデル化しようとするものである。その理論的前提として，有機体発達論的システム論的アプローチ[5]をおいた。これは以下のような特徴をもつ。①人は目的を目指して環境と相互交流を行う，②人と環境は全体的に統合された状態で機能し，システムの一部に混乱や動揺があるとシステム全体の各部分間の関係に影響を与える，③人間－環境システムでは，人が対象や経験する事象のさまざまな側面に注意を向けたり，焦点を当てたりする多元的志向性（multiple intentionality）が示される，④システムは未分化な状態から，分化し階層的に統合された状態へと移行する。このアプローチの用語を用いて本研究の目的を言い直せば，「移行期に人－環境システムのどの部分に動揺が起こり，やがて安定していくのかを，多元的志向性を手がかりに記述する」となる。

では，この目的に適しているのはどのようなデータだろうか。ここがアイデアを必要とする第1の点である。つまり，「人－環境システム」の構成要素は人によって違うので，多元的志向性を手がかりにするといっても，人によって焦点を当てる対象は異なる。ある人はサークル活動に充実感を感じ，別の人はいやいやながらアルバイトをしているかもしれない。したがって，研究者側が思いつく限りの対象について1つずつ，「今，『アルバイト』はうまくいっていますか？」というように聞いていくのは現実的ではない[6]。そして，できればその人自身の表現の仕方で自らの志向を示してもらいたい。さらに，その志向している対象や感覚が「うまく言葉で表現できない」「今は言葉にならない」感覚も，重要な多元的志向性の表現として扱いたい。

そこでここでは，そのときの気分を尋ね，その原因を

[5] Wapner, S. 1992 有機体発達論的システム論的アプローチ 山本多喜司・ワップナー, S. 人生移行の発達心理学 北大路書房

[6] 従来のアンケート調査の設計では，むしろこのように対象を絞り込むことが「現実的な」手段である。そしてそれが可能となるためには，調査協力者やフィールドの情報を研究者があらかじめ十分にもっていることが前提である。しかし，本研究のように個々の多元的志向性が時間を追って変化する場合（たとえばt時点での状態が$(t+1)$時点での状態に影響する可能性があるので），事前情報を得ることそのものが，かなり困難である。

説明してもらうという形式のデータを用いた。調査協力者は答える内容や表現を制限されてはいないが、まったく自由に語るわけではない。まず自らの気分を報告し、次にその原因を推測して「昨日、母とけんかしたので、（今は気分が悪い）」というように言葉にするのである。これは身体経験（気分）から語りを生成している、あるいは身体と生活体験をつなぐことで経験を物語化している[7]といえるかもしれない。もちろん、「理由ははっきりしないが気分は優れない」というように必ずしもうまく言葉にならない場合もあるだろう[8]。このように、気分を手がかりとした語りを材料にすることで、移行体験のより自然な「表現」を検討していくことができると考えた。

具体的には、以下のような2種類のデータが扱われた。1つは調査時の気分であり、VAMS (Visual Analogue Mood Scale)[9]を用いた。これは目盛りのない1本の直線上に、そのときの気分を表す1点に×をつけることを求めるものである。右端がプラスの気分、左端がマイナスの気分になっており、中央からの距離を測って得点とする。もう1つは、VAMS記入後に、「あなたはどうしてそのような気分なのですか。その原因となる理由や出来事を具体的に記入してください」という教示のもとに求めた自由回答である（以下、気分の原因帰属）。

この気分の数値データ（VAMS）とその理由のテキストデータ（気分の原因帰属）のセットは、ある授業を受講した短大新入生76名を対象に、5月の連休明けから7月の定期試験までの毎週1回で計7回、授業時間に上記のデータを収集された。つまり、76名×7回の多変量（質的データと量的データ）の縦断データである。

[7] やまだようこ 2000 人生を物語る ミネルヴァ書房

[8] 社会構築主義を背景とする物語論の一部では、このように「明確に言葉になる前」を扱うことを考える必要はないかもしれない。しかし、言葉を発する人と世界の関係を問うことも心理学であるならば、この検討は重要である。それは、「物語」において身体がいかなる位置を占めるかを問うことの重要性でもある。

[9] 島悟・鹿野達男・北村俊則・浅井昌弘 1985 新しい抑うつ性自己評価尺度について 精神医学, 27, 717-723.

図 VAMSの例

2 典型人構成と手がかりとしての数値データ：違いを潜ませる

さて，上記のようなデータは1人ずつ個別にその様子を見ることができる。たとえば「Aさんは，7回の調査期間中ずっとマイナスの気分を示し，その原因として，学校の生活になじめないことをずっと気にしていた」というようにである。しかしこれを76名分羅列しても，移行プロセス（ストーリー）への理解にはつながりにくい。もちろん，平均値のようにただ1つの例で説明してしまうことも適切ではない[10]。ここで，先に述べたように，少数の典型的な人物像を探り出す，つまり少数の典型例に縮約することが必要になる。これがアイデアを必要とする第2の点である。

多（変）数を縮約する場合，一般的に2つの方向性があるだろう。1つは，当該データそのものに着目して，その類似度でまとめ上げていく方法で，質的方法であればKJ法のようなボトムアップのグループ化と類似性の抽出がそれに当たる。

もう1つは，関心のあるデータ以外の情報を使ってグループ化するもので，実験計画法でいえば，特性に対する要因のように考えればよい。たとえば100人分の身長のデータがあるときに，それが5歳児のものと12歳児のものが混じっているという情報があれば，「年齢でグループを分けて身長を比べる」のは効率がよいと論理的に推測できる。おそらく分散分析をすればかなり大きなF値が期待できるだろう。その上で，適切な代表値を得ればよい。

本研究では，「VAMSの得点の縦断的変化パターンでグループを分けて，気分の原因帰属の内容を縮約する」という後者の方法を選んだ。なぜなら，本研究の手続き

[10] 平均値をはじめ，代表値の多くは散らばりの指標（例：SD）とともに提示されることが多いので，ただ1つの値だけで全体像を説明するわけではない。ただし，ここで問題としているのは，むしろ（数量データの文脈でいうなら）単一母集団という前提への疑問である。これらのデータを一組の代表値と散らばりでまとめてよいのか。複数のグループが入り混じっていると考えるべきではないのか。単に76のデータを入手した段階では，その検討が必要だということである。そして量的データでは，散らばりの大きさは指標の1つとなるが，仮説検証のためにとったのではないテキストデータでは，そのような散らばりの指標がない。そこで，工夫が必要になるのである。

では，自由記述のデータを類型化する作業はかなり煩雑でバイアスの入りやすいものであり，一方移行体験の表現である自由記述は，まさに気分の変化（VAMS）と密接に結びついている（つけてある）ためである

具体的には，まず7回の調査時のVAMSの得点によるクラスター分析（ウォード法[11]）を行い，グループ化した。76名のうち7回すべての調査に回答した51名の調査協力者を対象とした。変化の型として理解しやすい5つのクラスターが得られた[12]が，7回すべてに高い得点を示したクラスターはメンバーが3名と少ないため，以後の分析では削除した。残りの4つのクラスターのVAMS得点の平均値を図6-1に示す。

次に，クラスターごとに気分の原因帰属の語りを1人の典型人の「台詞」，つまり自然な移行体験の表現としてまとめるのだが，各調査協力者は自分の気分を手がかりに，さまざまな長さ・内容を語っているので簡単ではな

[11] ウォード法は，クラスターを構成する手続きとして，あるデータがそのクラスターに属することによってどの程度散らばり（偏差平方和）が増加するかを基準に行う，階層的クラスター分析である。つまり，他の手法と比べて各クラスター内のまとまりがよくなることが期待される。ただし，ここでの目的は7回のVAMS得点の分類そのものではなく，それを使って調査協力者をまとまりよく分けることである。つまり，データによっては，より適したアプローチの可能性を考えるべきである。たとえばバリエーションが少なければ，目の子勘定で7回のVAMS得点の変化パターンを分類してしまえばいいだろう。あるいは，7回の調査日が移行過程において等価でなく最初と最後だけが重要ならば，そこだけを用いた分類を考えてもいいかもしれない。
[12] とりあえずは，クラスターのまとまりのよさによって数を決定したとしても，最終的な判断は，あくまで典型人がうまく構成されるかどうかによる。つまり，一度クラスター分析の手続きを終えても，必要ならやり直すべきである。そして典型例について先行研究があるなら，それを生かすことで妥当性は高まる。

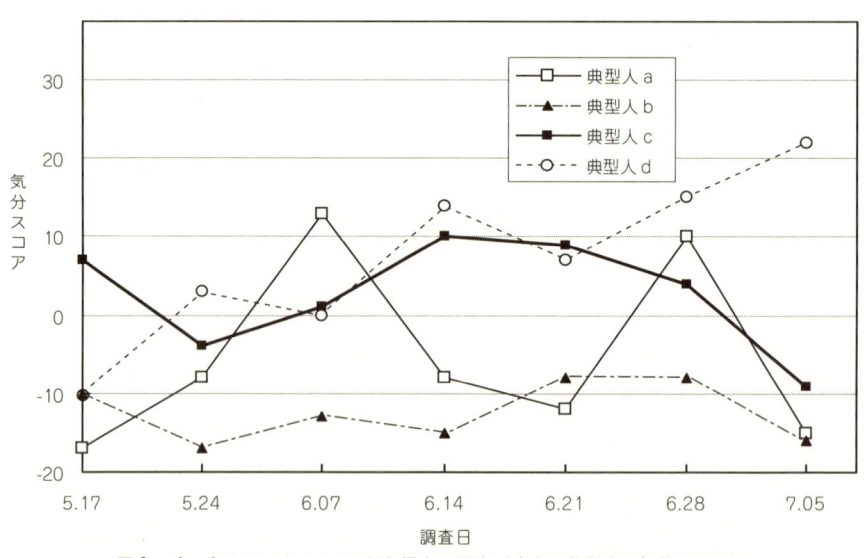

図6-1 各クラスターのVAMS得点の平均（4人の典型人の気分スコア）

い。ここでは明確な手続きを示すこと[13]が必要だろう。

そこで，個々の気分の原因帰属が何に言及しているのかに注目してボトムアップに8つに分類し[14]，カテゴリ名をつけた。その8つのカテゴリとは「自分近傍」（体の調子や心の状態），「短大関連」，「新規生活」（サークルやバイトなど正規の短大活動以外の新生活），「従来生活」（家庭や趣味など），「中高関連」（中学・高校の友人との交流），「何となく」，「説明なし」，「分類不可」であった。

そして，クラスターごとにカテゴリの頻度を集計し，それを各クラスターの特徴を示す語り，つまり「（各クラスターを代表する）典型人」の移行体験の表現[15]とした。これによって，76名×7回の原因帰属についてのテキストデータは，8つの原因カテゴリ×4人の典型人×7回の調査という，名義尺度レベルのデータセットに変換された[16]。

頻度の多いカテゴリほど，より強くそれを志向していると読み取ることができるだろう。たとえば，「ある典型

[16] 76名×7回のテキストデータの形状

調査日	調査協力者	データ
1	1	昨日母とけんかした
1	2	明日，高校の友達と会うので楽しみ
1	3	授業の発表がうまくできた
7	75	見たかったビデオを借りてきた
7	76	バイト先の先輩とうまくいかない

↓

76名×7回（8つの原因カテゴリ）データの形状

調査日	調査協力者	カテゴリ							
		自分近傍	短大関連	新規生活	従来生活	中高関連	何となく	説明なし	分類不可
1	1	0	0	0	1	0	0	0	0
1	2	0	0	0	1	0	0	0	0
1	3	0	1	0	0	0	0	0	0

↓

同じクラスターになった調査協力者を合算して
4人の典型人×7回（8つの原因カテゴリ）データを作成

[13] 質的データの分析は，時に再現性が保障できず，従来の心理学研究の基準たる追試可能性や反証可能性が得られないことがある。これに対し，データの信憑性や確実性といった質的研究独自の評価基準も提案されている。その場合，同じ操作ができる，すなわち手続き再現性を保障できるように明確な記述が求められる。

[14] カテゴリの生成はある程度，恣意的になる。このとき，信頼性を高めるために，複数の研究者が独立でカテゴリ作成を行い，一致率を計算するなどの手続きも考えられるがここではあまり推奨しない。むしろ，ここでユニークなカテゴリを出すことが，研究のオリジナリティにつながるかもしれないからである。ただし，それとは別に適切さの評価は必要で，たとえばカテゴリのレベルの混在（例 カテゴリ1：動物，カテゴリ2：犬，カテゴリ3：チワワ）などが，分析に適さない場合もある。

[15] ここでは各クラスターを代表する表現として，クラスター内での頻度集計を用いている。しかし，この後の追加処理に用いることを考慮しても，他の表現はあり得る。たとえば，あるクラスターには20ケースが含まれ，そのうち16ケースが8つのカテゴリについて同じパターンを示しているなら，集計するより，その最頻パターンを使ったほうが典型的といえるかもしれない。あるいは何らかの根拠があれば，その20ケースのうち，最も典型的な表現としてある1人のデータを採用することもあり得るだろう。たとえば，そのクラスターに含まれる人々は，ある1人の行動をまねていることがわかっている場合，因果関係としてみればその1人が原型であり，残りはバリエーションなのであるから。ともあれ，ここで典型的な表現を決定する方法は一通りではない。

[16] 各データの形状は左の図の通りである。

人は3回目の調査時において，『短大関連』に多く言及する。他の典型人は同時期に「従来生活」に多く言及していることからも，これはこの典型人がこの時期の特長の1つであろう」という具合である。

ところで，本当に「台詞」を作成したいのであれば，テキストで得られたデータをカテゴリに変換する作業は適切ではない[17]。台詞という以上，各クラスターの特徴を検討した上で，「文」を作るべきだろう。

[17] 実際にそれぞれの調査協力者の表現は，カテゴリにすることで情報量が格段に落ちてしまう。上記[14]の通りである。

しかし，このようなカテゴリ・データセットを作成したのは，上で述べたようにバイアスのかかりやすい煩雑な作業を明確な手続きに還元するためだけではなく，次に双対尺度法と追加処理という多変量記述統計を用いることで，先に述べた「各典型人内の通時的差異と典型人相互の共時的差異」をうまく表現できると期待するためでもある。つまり典型人の作成は，それらの統計手法が背景にあってこそのアイデアであった。

3 双対尺度法と追加処理：時系列を空間化して一望する

演劇や音楽は時系列で展開する表現形態であり，厳密には観客はその瞬間とそれまでの記憶の関係しか知覚できない。もちろん，何度も聞いている曲というのもあるのだが，それにしても聴衆の知覚はさっき聞いた音と今まさに聞こえている音との連続を捉えている。読書も同じで，次に書いてあることは「予測」しかできず，順を追って目を通すしかない（本格派ミステリーのファンの方は，特に同意してくださると思う）。

同様に，移行体験も時系列で展開する表現といえる。したがって，数人の典型人について時系列（調査時期）にそって作成した「移行体験」エピソードを1つずつ紹介していくことも有効な結果表示の1つであろう。ただ

し,「読み手に対し,通時的・共時的比較を容易にする表現」の工夫としては十分ではない。ここが,アイデアを必要とする第3の点,つまり双対尺度法と追加処理を道具として導入した理由である。

「移行体験」についてはリアルタイムで調査しているだけではなく,すでに述べてきたように1回目から7回目までの表現をデータとして手に入れている。したがって,全体像を示すような,他の表現形態の可能性を探ることができる。つまり,音楽に対する絵画表現の長所。それは空間化して,つまり模式図として移行過程を示すことである。図なら一瞥して全体像を把握することができる[18]。

前田[19]による文学作品の分析は,まさにそのような試みであった。すなわち,文学作品の読書において,われわれが内空間を作り出し,そこに包み込まれ,あるいはストーリーを追ってその空間内での位置を変えていくような体験を取り上げ,読み進むにつれて展開していく作品世界を位相空間として分析する手法を示した[20]。

時系列であれ異なる側面の測定であれ,多(変)数によって捉える現象について,空間化して全体性(構造)を示唆する手法は,実は心理学ではなじみの深いものである。データを1つずつ確認していくより,数本の折れ線グラフで表現することの効果はよく知られている(し,それをゲシュタルトとしてみる心性をまた,評価することすらできる)。あるいは,縮約が目的の多変量解析の技法,たとえば因子分析,数量化Ⅲ類なども,まさに空間化・視覚化する効果を発揮してきた。

そして,ここでは双対尺度法を用いて8つのカテゴリの空間を定め,その空間の中に調査日によって徐々に変えていく典型人の位置を示すという方法を用いた。

[18] もちろん,すべて同時に把握できるというわけではない。むしろ自在に目線を動かすことが可能なので,徐々に体制化することができる。
[19] 前田愛 1992 都市空間の文学 筑摩書房
[20] たとえば密着空間に対応するモデルが当てはまる例として立原道造のソネット「私のかへって来るのは」を取り上げ,テクストが内部空間と外部空間の分節に即して切り分けられ読者の中で展開していく構造を示した。つまり,私のかへって来る部屋=私の存在が根ざしている「ここ」をうたった第1,2連,「かしこ」をうたった第3連,再び「ここ」へもどってくる第4連というように,「私」もしくはその視点を借りている読者の身体との「近さ」を鍵の概念として,作品世界の構造を記述したのである。

前田(1992)が分析した立原道造のソネット「私のかへってくるのは」

私のかへって来るのは いつもこ
こだ
古ぼけた鉄製のベッドが隅にある
固い木の椅子が三つほど散らばっ
ている
天井の低い 狭苦しい ここだ

ランプよ おまへのために
私の夜は 明るい夜になる そして
湯沸しをうたはせている ちひさ
い炭火よ
おまへのために 私の部屋は す
べてが休息する
── 私は けふも 見知らない友
を呼びながら
歩きつかれて かへって来た
街のなかを 私は けふも 疑っ
ていた
そして激しく渇いていた ──

窓のない 壁ばかりの部屋だが
優しいが
すっかり容子ををかへてくれた
── 私が歩くと
ここでは 私の歩みのままに 光
と影すら 揺れてまざりあう
のだ

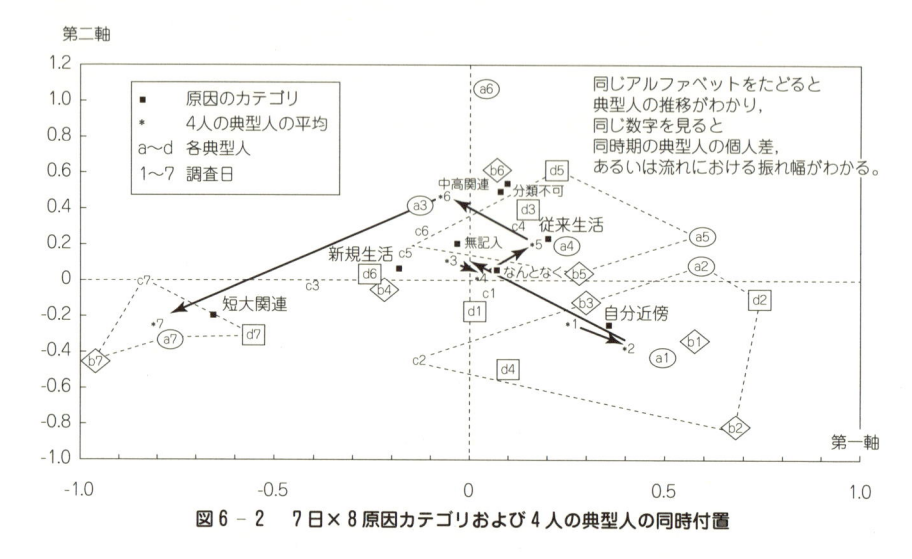

196 6章 「典型人」構成による質的縦断データ分析法

```
第二軸
                                  同じアルファベットをたどると
   ■ 原因のカテゴリ                    典型人の推移がわかり，
   * 4人の典型人の平均                 同じ数字を見ると
   a～d 各典型人                     同時期の典型人の個人差，
   1～7 調査日                      あるいは流れにおける振れ幅がわかる。
```

図6-2 7日×8原因カテゴリおよび4人の典型人の同時布置

[21] 7回(4人の典型人の各回平均)×8カテゴリのデータの形状は右下の図の通りである。
カテゴリの相互関係のバランスを吟味する作業が必要になる。もしあまりにも空間的に近接している場合，意味内容を吟味し，必要に応じてカテゴリ併合をして，76名×7回のデータセット作成までもどるべきである(たとえば本研究の場合，従来生活と中高関連は内容的には関連性を感じるが，空間的には併合を検討する必要はない。一方，中高関連と分類不可は空間的には近接しているが，意味の上では併合は適切ではないのでカテゴリ併合は行わなかった)。ただしここで作業は，この後追加する典型人のプロセスを理解しやすくするために，わかりやすい二次元空間を確定することが目的である。この作業だけを厳密に検討してもしかたがない。

具体的には次の通りである。先のデータセットをさらに加工して，まず調査日ごとに4人の典型人の各カテゴリ頻度について平均値を算出した。そして，これを使って8カテゴリ×7調査日ごとの代表値のデータセット[21]を作成し，双対尺度法により整理した。累積寄与率や固有値減少率，また内容のまとまり具合を考慮して，2軸表現が適切と判断した。つまり，8つの原因カテゴリは二次元空間上に配置できるようになった。

ここで8つのカテゴリの位置関係を確認しておくと，第1象限に従来生活，中高関連，何となく，分類不可，無記入，第2象限に新規生活，第3象限に短大関連，第4象限に自分近傍が位置した(図6-2)。空間は，第一

[21] 7回（4人の典型人の各回平均）×8カテゴリのデータ

調査日	カテゴリ							
	自分近傍	短大関連	新規生活	従来生活	中高関連	何となく	説明なし	分類不可
1	6	2	3	1	1	0	1	0
2	8	3	2	0	1	0	0	1

軸プラスからマイナスに向かって中心から周縁へ，あるいは私から公へと移っているように見える。一方，第二軸はマイナスからプラスに向かって，対処すべき事態からなじんだ対処不要の対象へと移っているといえるだろう。

そして，4人の典型人の平均値を調査日順に追っていくと，第4象限→第1象限→第2象限→第3象限と反時計回りに移行時の志向が移っていくことが見て取れる。

大まかにカテゴリの配置とその中での時系列を確認したので，次に追加処理により4人の典型人の位置を同じ2次元空間上に定めた[22]。つまり，先の双対尺度法で得られた8つの原因カテゴリの第一軸と第二軸のカテゴリウェイトと，4人の典型人の各カテゴリの頻度をつかって，4人の典型人の調査日ごとの座標を計算した。こうして，8つのカテゴリとの関連によって4人の典型人の空間位置を定めたので，それらを一度に図示することができる[23]。

4 解釈：位置関係を読み取る

では，8つのカテゴリにおける典型人の相対的な位置を時系列に確認しながら，あらためて移行のストーリーを読み取っていこう。図上で調査日の順に追っていくと，典型人ごとの差異はあるにしても，全体としては自分近傍から短大関連へと変わっていく様子がみられる。ただしその変化は単調ではなく，その間に従来生活や中高関連に近くなる時期がある[24]。自由記述にもどって確認してみると，第1回調査日での自分近傍のうち風邪・眠い・だるいなど，体調の悪さを訴える内容が45％，2目目では57％を占め，また7回目の短大関連の内容の79％は（入学後初めての）期末試験やレポートに言及したもので

[22] ごく単純にいえば，ここで行った追加処理とは(1)7回×8カテゴリの双対尺度法で8カテゴリの数量化得点を計算しておき，(2)追加する典型人の8カテゴリの頻度データを重みづけすることで，典型人の数量化得点を計算することである。たとえば，第一主成分の数量化得点を(W1～W8)とし，典型人Aの第1調査日のカテゴリ頻度を標準化したものを(f1～f8)とすれば，典型人Aの第一主成分の数量化得点はW1 * f1 + w2f2・・・W8 * F8で計算できる。大隅昇 1989 統計的データ解析とソフトウェア 放送大学教育振興会

[23] 一度に図示するだけのことなら，上の7回×8カテゴリのデータセットを分析する手順をスキップして，最初から（4人の典型人×7回）×8カテゴリのデータセットを双対尺度法等で分析すればよいのではないか，と考える読者もいらっしゃると思う。たしかに，それでもうまく分析できる可能性がある。ただし，ここで追加処理を用いるメリットの1つは，[20]で述べたようにまず空間の意味づけが確定することである。移行全体の流れを押さえてから，個別の典型人の過程を解釈するという二段構えのほうが，思考がまとまりやすいのではないだろうか。共通のストーリーのもとでの個々の差異という，演劇をメタファとした本稿での説明にもより近い作業となる。さらに，いくつ追加処理しても空間（原因カテゴリの相互関係）が変わらないので，上の[13]のようにいくつかの典型的表現の候補があるときには，一度に多数の典型的表現を追加して相互に比較することができる有利さがある。これに対して，毎回典型人データを入れ替えながら双対尺度法を繰り返す場合は，原因カテゴリの配置もそのたびに変化する可能性があるので混乱するかもしれない。

[24] 追加処理を含めての同時布置＝空間化では，変数が多すぎてむしろ理解しにくい。本報告の場合，空間を固定するためにまず7回×8カテゴリのデータセットを分析したことを活かし，大きな流れを追うことから解釈を始めてい

あった。

　これらの結果から，1，2回目の，つまり5月中は体調の悪さを中心に自分の心や体の状態へ焦点化する時期であり，環境の急激な変化による人間―環境システムの「混乱期」と解釈した。現実の生活では新しい領域での活動は始まっているにも関わらず，語りを通して示される空間（以後，生活空間）では，混乱のために新しい領域に焦点化できていない状態である。一方7回目は，期末試験やレポートを中心に短大関連に言及された。混乱期と同様気分スコアは低下しているが，差し迫った課題に対して焦点化できている点は混乱期と対照的である「課題期」である。

　ところで，この2つの間にある3，4，5，6回目は，移行の中心的変化である自分近傍から短大関連への動きからすると余分な動きを示す。つまり，混乱期からは離れているもののまだ完全には課題期に入らず，両時期と相対的な関係で成立している。この時期は，システムの急激な変化を調整し，従来生活や中高関連などとの関わりによって新しい環境を生活空間の中に位置づけたりしていく機能を担っているのではないだろうか。そしてそのような能動的な作業の副産物として，気分の原因を明示しない「何となく」という語りもこのあたりでみられる。そのような意味で「移行作業期」と呼ぶ。

　つまり，「短大入学という移行体験は，まず心身の状態が混乱し，次に少しずつ移行作業による人間―環境システムの調整を行ううちに，夏休み前の課題への挑戦へと準備が整っていく」という構造＝ストーリーをもっていると解釈される。すなわち，現実にはすでにスタートしている短大やその他の新しい生活への接近が生活空間で遅れたり，実際の試験日より少し早めに課題に焦点化し

るのである。7回の調査日のプロットは時系列情報と利用しやすいように，図6-2では矢印でつないである。

たりするのである。

　このような生活空間と現実の動きのズレが，移行という通常とは異なる事態で急激な変化を避けたり，課題に備えたりしながら，自分と環境要素との結びつきを調整しているといえる。いわば「安全弁」の機能を果たしている可能性があるのではないだろうか。

　さて今度は，以上のような全体的な流れの中で，4人の典型人の差異の表れをあらためて確認してみる。まずは，図6－2での空間的な特徴だけに注目[25]する。「混乱期」はいずれの典型人も第4象限近くに位置している。そしてその後の典型人a, b, cは，「移行作業期」において，いずれも第一軸方向のプラス⇔マイナスで値を変動させながら第二軸のプラス方向へ，つまり従来生活や中高関連が位置する第一象限へと移動し，やがて「課題期」で第2象限を通って第三象限の短大関連へと向かう動きを示す。形だけを表現するなら，図の右下から左右に揺れながら（やや左よりに）上昇し，それぞれの頂点から今度は直線的に左下へと下降していく軌跡を示している。

　ただし，そのような動きを示す位置が相対的に異なるのである[26]。大まかにいうと，典型人aが右よりの頂点の高い軌跡を描き，典型人bはより低い位置で同様の軌跡を描き，典型人cは左よりの位置でより小さな軌跡を

[25] 空間化した利点を活かすためにも，意味の解釈の前に図として特徴を把握することが有効である。

[26] このような空間的な特徴は左下のようなシンプルな図のほうが読み取りやすい。

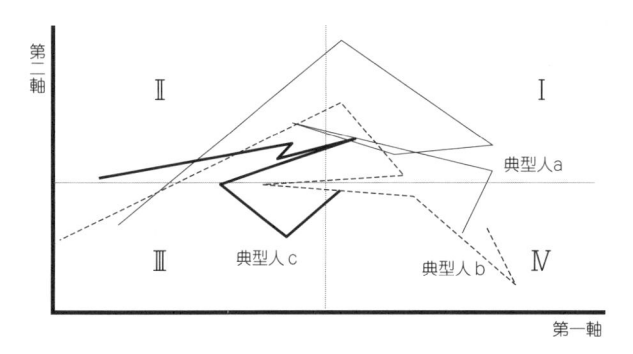

描いており，途中の差異に比べ終着点である 7 回目の空間的差異は他の時期よりも小さい。

次に，原因カテゴリとの関係を解釈していこう。気分が大きく変動していた典型人 a は，図上ではより第一象限近くで上記のような軌跡を描いていた。第二軸のマイナス側，つまり自分近傍や短大関連・新規生活への志向が相対的に少なく，従来生活や中高関連への志向が多かったことが特徴であり，移行における対処すべき事態からは距離をとっている「乖離型」というべき過程を経ていた。

一方，気分が常にマイナスだった典型人 b は，図上では相対的に第 4 象限近くで同様の軌跡を描いており，いわば常に対処を強いられる過程を経ている。混乱期での自分近傍への言及の多さが特徴で，環境から強く影響されている「受身型」といえるだろう。

典型人 c の軌跡は，図上では上記 2 つよりも第一軸のマイナス側にあり，移行作業期の頂点もあまり高くない。つまり混乱期，移行作業期においても多く短大関連や新規生活を志向しており，移行への「積極型」といっていいだろう。

一方，気分が徐々に上昇していった典型人 d は，上記 3 人とはやや異なる軌跡を描いており，「移行作業期」における第一軸方向の左右の動きがほとんどない。そして第一軸の右半分で動いていて，新規生活や短大関連への志向が弱いように見える。結果的に，混乱期から移行作業期への遷移が他の 3 人より不明確になっている。自由記述にもどってみると，課題期において試験やレポートにまったく言及していない[27]。つまり，上記 3 人が移行のストーリーの影響から「距離をとり」「受身になり」「積極的になる」のに比べると，移行の流れから無関係に自

[27] たとえば，アルバイトや友人関係，夏休みの計画を立てるといった内容に言及していた。

らの課題に向かっている「独自型」といえるだろう。

　ここに至って，本研究が大まかに前提していた「移行体験を1つに集約しない」ことが，より具体的に換言される。それは，先に検討した短大入学という移行の構造＝ストーリーに以下のような分岐の可能性をつけ加えることである。「ただし，短大への移行体験は単一のプロセスではない。人は，自分近傍での混乱を収めるにつれ，従来生活や中高関連への志向と新規生活や短大関連への志向の2つへと軸足を移していくが，どちらの方向をどのくらい強く志向するか，またどのくらいのペースでそれを進めるかが異なる。移行体験の差異とはそのようなものである。」

5　時間への多元的志向性：質的データへの複眼の可能性

　ここまでは，テキストデータを8つのカテゴリに分類した上で分析してきた。このカテゴリ化の作業は，バイアスの入りやすいことは先に述べた。もちろんそれは旧来の心理学が依拠してきた妥当性・信頼性概念の立場からみてのことで，ナラティブアプローチなど質的研究からすれば，それはバイアスというより「視点」「パースペクティブ」というべきかもしれない。

　しかしいずれの表現を使うにしろ，カテゴリ化の結果はこの一定の方向性を前提としたものなので，研究目的に応じてその影響を評価すべきであるし，特定の「視点」の影響が研究の意義に関わるようなら何らかの対策が必要だろう。ここがアイデアを必要とする第4の点である。

　本研究では，8つのカテゴリを準備したことが適切かどうかについて直接検討することがむずかしい。もちろん，目的の「移行期に人―環境システムのどの部分に動揺が起こりやがて安定していくのかを，多元的志向性を

手がかりに記述する」に照らしてそれを可能としたのであるなら，適切であったといえるかもしれない。

しかし，それは最終的には論文の読者にゆだねられるべき事柄であろう。そこで，もう1つの可能性として，多元的志向性とそのテキストデータの多様な解釈可能性を利用することを考えたい。先に述べたように，多元的志向性とは「人間—環境システムでは，人が対象や経験する事象のさまざまな側面に注意を向けたり，焦点を当てたりする」ことであるから，注意を向けるのは気分の原因となる「対象」とは限らない。そしてテキストデータは異なる読み取り，すなわち別の視点から分析を進めることが可能である。

つまり，質的データをカテゴリ化する際に，複数の視点を採用[28]して分析をすすめ，それぞれの結果について整合性を検討し最終的な結論を下すことは，有効なアプローチなのではないだろうか。具体的には，気分の原因を帰属した際の時間に注目した分析を行った。これは移行体験を記述する視点の「複眼化[29]」である。以下，多元的志向性の時間の側面を検討した手順を紹介する。

テキストを，何を気分の原因としているかという因果律の説明としてみたこれまでの視点とは別のものとして，「いつの出来事に帰属させているか」に注目してカテゴリ化した。具体的には時間を明示する副詞（例：これから）や名詞（例：昨日）および，動詞の時制を手がかりに，1．過去，2．現在，3．未来，4．分類不可の4つのいずれかにテキストを分類したのである。

ここから4カテゴリ×7調査日の数値行列を作成し，5％の危険率を設定してχ^2検定を行うと有意差があり，多重比較を行うと，1，2回目と7回目の間に有意差が見られた。すなわち，時間カテゴリの分布も原因カテゴ

[28] 質的データのカテゴリ化の作業には，本来情報の切り捨てを伴うものである。たとえば，KJ法の一行見出しやGT法のコーディングも，作業のためにカード化した情報の，さらにその一部だけを利用している。つまり，あくまで研究者のねらいや発想に関連した部分だけを抽出しているのである。しかし，研究テーマの絞込みがあいまいなまま分析を続けるのか，あるいはもとのテキストから切り出した（カード化した）データに豊かな文脈情報を含んでいるのが，質的データの特徴でもある。そのような場合，分析作業の中で，複数の視点がうまれることを前提に，手続きを考えておいたほうがいいだろう。

[29] 上記[28]ではカテゴリ化の段階での複数視点の採用する意義を述べた。その段階で視点間の比較をすることも可能だろう。しかし，ここでは，そのまま複数の視点から分析をすすめ，結果あるいは考察段階で相互に比較したり関連づけたりすることを選択した。これもまた，それぞれの研究の構造化のレベル，つまりどの程度探索的な研究かという点から考えて選べばよいだろう。

リと同様，短大入学時の移行過程を3つの時期に分けて把握できる可能性を示唆しているといえるだろう。

ところで，多元的志向性の時間の側面を検討する意義はどのようなものだろう。実は原因帰属のカテゴリを用いたここまでの分析と比べ，その意味はあまり明確ではない[30]。ただしここでは，現在の気分と未来をつなげること，たとえば「明日，友だちと遊びにいくから（今気分がいい）」という語りは，計画や展望，あるいはもっと漠然と「身構え」のようなものと想定しておきたい。

一方，現在の気分と過去をつなげること，たとえば「昨日母とけんかしたので（今気分が悪い）」という語りは単なる記憶再生ではなく，現在の自分の状況にとっての過去の意味の問い直しや再解釈，場合によっては仲直りといったような具体的な調整につながるものといえるだろう。そして，このような多元的志向性の時間の側面は，おそらく身体性に影響されていて，今ここで起こっていることが注意を引けば，未来や過去に思いを馳せる余裕はなくなると考えられる。

これらの想定のもとに，典型人の時間カテゴリの比率の推移をみていく（図6-3）。典型人cは混乱期では現在の比率が高く，移行作業期に向けて過去の比率が高くなり，課題期に向けて未来の比率が高くなるというなめらかな移り変わりを示す。これは移行のストーリーからの影響を一方的に受けているだけではなく，未来に備えたり過去を問い直したりと能動性を示した「積極型」の特徴から了解できる。

一方，典型人bは同様の移り変わりの傾向を示すものの現在の比率が混乱期から高く，過去の比率が高くならない。これは今ここで起こっていること，具体的には心身の不調に注意が集中し現在時制が多くなったため，と

[30] 動機づけと時間的展望の関連を指摘する研究などもあるが，ここではむしろ，物語論的な理解のほうが適しているように思う。すなわち，気分の原因帰属が自己と環境との関連づけを行って空間を構成しているのに対し，現在と未来・過去との結びつきは，自己の時間的連続性に関わる表現であり，自己が安定していること＝物語的に自己が成立していることに関連していると考えられる。

204 6章 「典型人」構成による質的縦断データ分析法

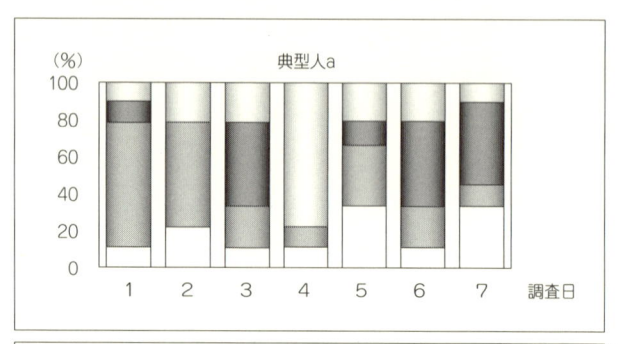

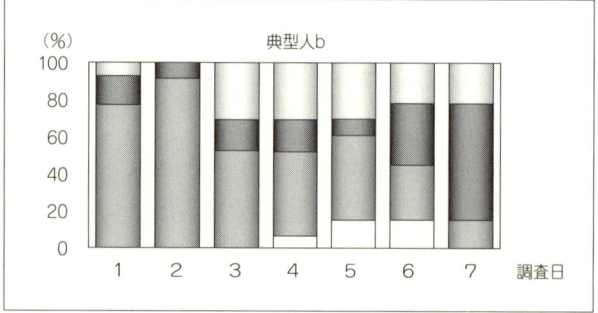

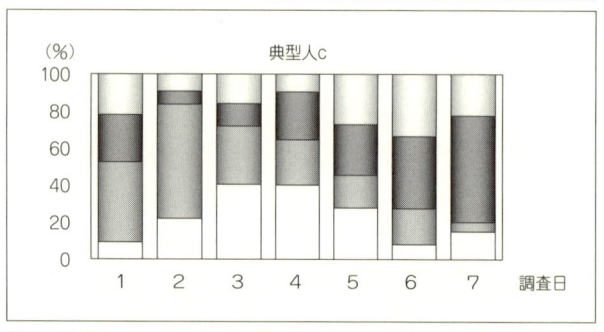

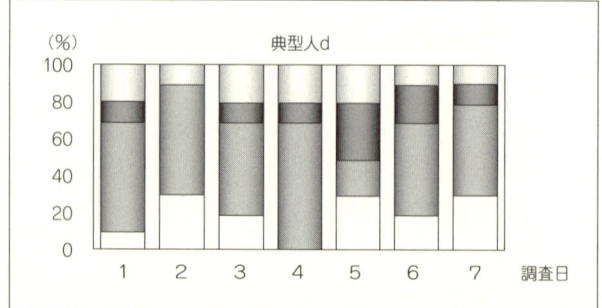

凡例:
- □ 分類不可
- ■ 未来
- ▨ 現在
- □ 過去

図6-3　時間カテゴリの比率

推測すれば，やはり「受身型」の特徴として整合性がある。

そして典型人dが，未来時制の比率が課題期に高くならないことは，そのような「身構え」を必要としていない「独自型」の移行体験と考えてよいだろう。

ただし，それらと比べると典型人aの時間カテゴリの比率の特徴は理解しにくい。しかし，先の原因カテゴリとは異なる視点から準備したカテゴリによって，3つの時期が判別でき，また4人の典型人のうち3人までの特徴を相互比較可能にする点が，まず重要である。複眼化は，ここでは解釈の信憑性（credibility）[31]を高めることにつながっている。

6 縦断データにおける欠損：調査の「場」にいないことの意味

ところで，典型人を想定するために，7回の調査日すべてに出席した51名のうちさらに少人数のクラスターとなった3名を除いて48名のデータを分析に用いた。これは移行体験を典型人法で記述するために必要な手続きであったが，反面，サンプリングバイアスの可能性も否定できない。特に，前項で述べた研究の視点そのものでもあるようなバイアスとは違い，このサンプリングバイアスはクラスター分析という統計操作の副産物[32]なので検討する必要がある。

欠損値が数値である場合，いくつかの推定方法[33]が提案されている。そして欠損データの推定が可能なら，欠損値のあった調査協力者を分析可能対象として新たに加えるか，少なくとも別群として分析を行い[34]結果を比較するという方法で，そのような調査協力者のデータを活かすことができる。

本研究のデータセットは数値データとテキストデータ

[31] フリック（Flick, U.）は信憑性（credibility）を高める戦略の1つとして，"さまざまな方法，研究者，データの種類のトライアンギュレーション"を挙げている。
Flick, U. 2002 *An introduction to qualitative research Qualitative Forschung.* 2nd. ed. Sage Publications. 小田博志・他（訳）2002 質的研究入門 春秋社
[32] クラスター分析にかけるために，7回すべてのVAMS得点が必要であった。それはあくまで，分析手続き上の都合である。何回か授業を欠席した調査協力者が，本研究の目的に照らして不適切であるはずもないが，実際には分析対象からはずされてしまうことがある。
[33] 従来の統計パッケージでは，おもにその変数の分布情報から欠損値を推定する（たとえば，欠損値にはその変数の最頻値などの代表値を入れておけば，分布は大きく狂わない）ことが多かった。しかし，近年では構造方程式のプログラムに実装されている完全情報最尤推定法によって，数学的に母数を推定することも推奨されている。これについては，以下の文献を参照のこと。
荘島宏二郎・清水武 2004 縦断データにおける欠測値に対する対処法：現在のソフトウェア状況を考慮して　発達心理学研究, 15, 101-102.
[34] これを定式化することは有益ではないだろうか。つまり，ある分析手法にそぐわないがそれ以外に排除する理由のないデータ，が多数あるときには別群と考え，必ず可能な分析方法を用いて検討しておくということである。ただし，結果の統合の仕方には考慮が必要であろう。通常は結果を併記した上で，両者をつなぐ論理（共通性，相違性，因果性，時系列関係など）を発見すればいいだろうが，さらにいえば，第1章で西條の提唱する構造構成主義は，この問題を解決する1つの有力な視点である。

からなっているが，テキストデータをカテゴリレベルで扱えば，同様に欠損値を推測することができるかもしれない。おそらく数学的な検討が必要だろうが，寡聞にしてそのような先行研究は知らないので，その方法は選択できなかった。ではどのように，あるいはどの程度まで検討できるか。これが第5のアイデアを必要とした点である。

ところで，本研究では短大への移行を記述することを目的としている。そして，授業に欠席することは直接的に短大との関係を調整する行為であり，環境との関わり方，目標の持ち方を反映している可能性があるだろう。そこでここでは，欠席をデータの欠損とみなすかわりに，欠席行為という移行体験の表現として捉え直し，分析することを試みた。

ただしそれには，ここまで理論的前提としてきた多元的志向性から考えると，「授業を積極的に志向していない」という以上の意味を読み取ることの限界がある。なぜなら，欠席は単に授業を受けたくないという気持ちの反映かもしれないし，アルバイトが忙しくてしかたなく授業を休んだということかもしれないが，「それらは言葉にされていない」からである。そこで，欠席もまた典型人の行為と仮定し，その意味を典型人のそれ以外の情報（ここまでの分析結果）で推測するという方法をとることにした。

具体的にみていこう。ここでは，欠席行為があるために分析に含まれなかった25名（以後有欠席者）を対象にする。まず先（2節2. で）に得られた5つのクラスターの，各調査日におけるVAMS得点の平均値を算出した。そして，有欠席者の出席した日のみを対象として，各クラスターのVAMS平均値との差の二乗和を求めた。

そしてこれを比較し，最も小さい値のクラスターにその有欠席者を分類した。要するに有欠席者の利用可能なVAMS得点を用いて，最も類似するクラスターを決定したのである。この手続きで25名は図6－1のa～dのいずれかに分類された。そこで，この4つの群をa型（5人），b型（7人），c型（11人），d型（2人）と呼ぶことにする[35]。

調査日ごとの欠席数を表6－1に示した。ただし，1人の有欠席者が複数回欠席している場合もあり，人数はのべ人数である。各セルの残差検定を10％の緩い危険率を設定して行った結果を判断基準とすると，a型は5回目に欠席が多く，b型は2回目に多く，c型は2回目に少なく，d型は3回目と7回目に多いという結果になった。

[35] この時点では，VAMSの得点からどの典型人に近いかを推測しただけなので，「型」という表現を用いている。いわばこれは仮説であり，もしb型の欠席行為を典型人bの行為と仮定するとうまく説明がつくだろうか，という推論を次の段階で行っている。

表6－1　分類型別欠席日数と残差検定

分類型	a型	b型	c型	d型
5月17日	0	1	2	0
5月24日	3	5 +	3 +	0
6月7日	1	0	2	1 +
6月14日	0	1	3	0
6月21日	3 +	1	3	0
6月28日	0	1	4	0
7月5日	0	0	0	1 **

＊＊ $p<.01$,　＊ $p<.05$,　+ $p<.1$

ここで，これらの欠席パターンが典型人の移行体験を表現しているものと考えると，最も推測が容易なのはb型であろう。すなわち典型人bは，ここまでの分析から，特に混乱期において環境移行の影響を受けて自分近傍の比率が高くなったことが確認されている。欠席行為はそのような状況での調整，つまり心身の不調による欠席と考えられるだろう。

また，典型人aに関しても，欠席行為が多くなった5

回目は気分スコアが低くなったときであり（図6-2），同様の可能性が推測できる。一方，d型に関しては頻度よりもむしろ有欠席者が少ないということが特徴的であり，独自型の典型人dは欠席行為によって心身の不調を調整する必要がないというように解釈できるのである。

ただし，この「欠席は心身の不調を調整する行為である」という推測ではc型の欠席パターンは理解できない。分布からみる限り，むしろ混乱期の2回目の欠席数が少ないようにみえるのである。これは，積極型である典型人cの移行体験においては，それぞれの時期で心身の不調以外の多様な目的をもった欠席がなされていると考えれば了解できる。混乱期，移行作業期を通じて，一定の欠席があることもこの説明に合致するだろう。ただし，「心身の不調を調整する行為としての欠席としては理解できないが，それ以外の欠席の機能を想定すればよい」というのでは何でもアリになってしまうので，解釈の一貫性に欠ける[36]という批判があり得る。結論づけるのではなく，欠席行為に関する仮説を生成したというべきかもしれない。

[36] ここがこのデータについての分析の限界であろう。多元的志向性を前提とすれば，多様な意味の欠席があり得るのだが推測しきれない。

7 具体例を読み取る：道具の有効性の確認

典型人構成は，実際には群分け，カテゴリ化，カテゴリ頻度を志向性と読み替えることなど，データの変形を重ねている。その結果として移行体験の過程と典型人の差はここまで記述されてきたが，調査協力者1人ひとりの反応，つまり素データがうまく説明できているかどうかを確認することも必要だろう。それはつまり典型人が記述の道具であると同時に，個々の体験を理解するためのツールとなる可能性を検討することである。

表6-2に各典型人に対応するクラスターから選んだ

表6-2 各典型人に対応する素データの例

	スコア	典型人a	スコア	典型人b	スコア	典型人c	スコア	典型人d
5月17日	−25	暑いから	6	これから友達に会う	−9	これからバイトがある	−21	体の調子＋サークルの人間関係
5月24日	8	雨が降りそう	−9	疲れた，眠い	6	眠いのが心地いい＋結構楽しい授業	−22	寝不足＋風邪で体調悪い
6月7日	0		−15	眠い	24	面白い漫画読んだ＋ちょっと眠く気持ちいい	0	
6月14日	0		−6	これからバイトで大変	16	寝起きですっきり＋明日よいこと（彼氏にあう）	10	明日サークルがある
6月21日	−14	徹夜明けでかったるい	−31	バイト先のお客のおばさんの態度が悪い	10	授業がアンケートだから	40	今まで考えてきたこと（人）が吹っ切れた
6月28日	23	今日はこの授業で終わり	−30	親とけんかした	0		40	今日はバイトがある
7月5日	−16	前の空き時間熟睡して無駄な時間をすごす	−32	テストが不安	−17	（すぐ怒る店長から）バイト休みもらわないと	20	今日もバイトがある（バイト先の人に会える）

素データを示す。これらは，ここまでの各典型人のモデルでうまく理解できるだろう。厳密にはどのくらいの事例がうまく典型人を通して理解できるのか／できないのか，について検討することも可能だろうがここでは省略する。

あるいは，この分析に用いなかった移行体験事例について，ここでの典型人をモデルとすると理解しやすいかどうかという検討も有用だろう。たとえば次の文章は他の研究[37]で得た移行体験の記述だが，典型人aの乖離型と理解できるように思う。

[37] 4年制大学の1年生に入学直後心理的距離地図を書いてもらい，それをもとに自分の生活を振り返って記述してもらったものである。
川野健治 2001 場所の語り──大学入学時の移行体験 やまだようこ・サトウタツヤ・南博文（編）カタログ現場心理学 金子書房 Pp.164-171.

▶事例　私の場合，自分の中での今までの環境の変化というものが，何ら不安定を感じないものだったわけではありません。ただ，人や周りのために，私自身が変わるというのはどうしても納得できず，ちょっと足を踏み入れてみて，あ，違うなと思うとあえて長居をしない，逃げる方法をとっていました。

高校で米国に3年間留学し，アットホームな寮生活を送っていた私にとっては，（日本の）大学で，いろいろ知らない人だらけのこの大学は，さみしい上に冷たい雰囲気がして馴染めず，1年間さぼり続けました。高校の友人とばかり遊んで，友人が一緒の時にだけ学校へ行く毎日でした。

3節　典型人構成の応用可能性について

最後に，研究の構造と応用範囲を確認しておきたい。

この方法をそのまま使える研究とは，「複数の人々が，共通する環境で時間を追って変化していく過程全体」を記述しつつ「個人の変化過程も同時に理解」することを目的とするものだろう。ただしデータは，「過程に関連する数値データ」と「その数値データに強く規定されたテキストデータ」を「セットにして」「縦断的」に収集されたものであり，このデータの特徴が研究テーマに合致しているかどうかが重要な問題になる。本研究の場合でいえば，移行体験を気分で捉え，その原因を自由記述する，というデータ化の適切さが評価されるべきであろう。[38]

最終的なアウトプットは，まず，複数の典型人の変化過程を図として示すことである。数値データを代表値と散らばりで示すように，図の上で典型人という複数の「典型」とそれを比較することにより「振れ幅」を示す。その上で，変化過程を読み取るという解釈を行う[39]。最後に素データまでもどり，典型人をモデルとすることで，よく理解できることを確かめる。

この方法では以下の操作が必要である。数値データを用いて調査協力者を群分けするため，クラスター分析等を用いる。テキストデータは，KJ法やパイルソート，あ

[38] その過程にどのように関わっているのかを反映する指標は一通りではない。できるだけよい指標を準備すべきであることはいうまでもない。ある意味で，この変数の選び方に研究の質がかかっている。従来なら複数の指標を準備するか，あるいは古典的テスト理論のもとで，尺度化を目指して複数項目による測定を試みるかもしれないし，テーマによっては，そのようなアプローチも有効だろう。ただし，VAMSのような単純なスケールを用いたほうが，「何かを感じているが言葉にならない」状態について回答を求めること，あるいは制約をできるだけ弱くして，自由記述の中で多元的志向性を引き出すことに適していると思う。

[39] 先にも述べたように，ここでは空間化した利点を活かし，できるだけ空間の特徴として把握した上で解釈を試みた。

るいはGTAなどで用いられるような手続きで，カテゴリ化の作業を行う。名義尺度レベルであるカテゴリを空間化するために，そのウェイトを算出する双対尺度法，数量化三類などの多変量解析を用い，さらに典型人をその空間上に同時に示すために，そのウェイトを利用した追加処理を行う。

しかし，典型人構成は一連の必要性に応じて工夫してきたアイデア群でもあるので，個別の応用も可能である。

アイデア1：気分についての物語を生成させるために，VAMSに回答してからその原因の自由記述することを求める。

VAMSのような数値データ（名義尺度レベルでもいいだろう）を得ておき，それについて自由記述を求める方法は，多くの研究に応用可能であるし，そもそもそのような形式の調査はよく実施されている。しかし特に，直接言葉になりにくい対象，あるいはそれが時間を追って変化していくであろう場合（本研究では移行体験）により有効だろう。なぜなら，まずより単純に反応してもらい（本研究ではVAMS），次にそれを説明してもらうという手続きは，「言葉にならない」という反応を分析の対象とできる[40]からである。

アイデア2：典型人を構成するために，数値データ（VAMS）をクラスター分析し，関連するテキストデータ（気分の原因帰属）のカテゴリをそのクラスターごとに集計する。

縦断データを1つの代表パターンに集約せずに，複数の提示によって相互の比較を促し，その結果現象の多様性を直感的に理解できるように示すことが，典型人構成のねらいである。これ自体は単に表現方法なので，多くの時系列データに対して利用できる。ただし，量的データにおける代表値と散らばりの表現はすでに多様に工夫されているので，特に本研究のような時系列「カテゴリ」

[40] たとえば，遊びや運動を習得するプロセスを記述する場合にうまく使えるかもしれない。逆上がりができるまでの観察評価，あるいは当人の「うまくできそう感」を数値化しておいて，あとで本人に言葉で表現してもらうのはどうだろう。あるいは，芸術作品を評価する際に，感動得点とその理由を記録する，というのも可能性があるだろうか。

データに有用[41]であろう。問題は，どのように何人の典型人を準備するか[42]だが，関連する数値データのクラスター分析が常に明確に結果を出すとは限らない。この群分けの作業について，手続きの適切さとは別に，結果の有効性によって十分に検討することがこの方法の成否を分けるだろう。

アイデア3：複数の縦断カテゴリデータ（典型人）を図の上で比較するために，まずそれらの平均値でカテゴリを空間化しておき，その上で追加処理する。

これらはもちろん，典型人構成のための開発されたものではないので，本来この研究の文脈には依存しない。全体の傾向を把握した後に，個人の傾向をあらためて把握する[43]目的がある場合に便利なツールである。

アイデア4：カテゴリ化の恣意性を避けるために，異なる視点からカテゴリを生成して分析し，総合的に考察する。

この作業も，もちろんあらゆる質的データのカテゴリ化において実施可能であるが，すべての研究に必須ではない。まず作業量が倍加するし，そもそもその恣意性こそが，「視点」であり分析に重要であることは先に述べた。しかし，逆にデータをどのように見るべきか研究者側に明確になっていないとき，あるいは気になる視点が複数あるときには，カテゴリ化の段階で悩むよりも，意識的に複眼化して分析することで，厚い記述になる。あるいは，それら視点間の関連に気づく[44]こともある。

アイデア5：欠損値を含む縦断データについて，たんに削除するのではなく，欠損値を反応と捉え，その意味を他の変数との関係から検討する。

本研究における欠損値は移行の重要な対象である短大の授業を欠席することを意味するので，その検討は重要であり，あるいは有欠席者を分析から省くことに問題が

[41] 双対尺度法と追加処理による空間化を行わないなら，必ずしも数値データでなくてもよい。テキスト，絵画など質的データを分類するときに，相互に関連づくように整理することは有益だろう。

[42] たとえば，単純に性別と年齢で群を分けて典型人を構成したほうが，全体のプロセス，個別事例と相互比較，あるいは個別事例の理解が明確になるのならそれでもよいだろう。

[43] 先に述べたように，平均値は唯一の選択肢ではない。また，典型人の候補を事前に1つに絞り込んでおく必要もない（上記[23]を参照）。

[44] 本研究の原因カテゴリの場合，当初は「場所」「人」「時間」といった分析視点を考えていたが，場所と人の関係が交絡したので「原因を帰属する対象」というように，いわば語用論的に基準を認識し，カテゴリを考え直した。

あった。これは欠損値が研究テーマと結びついている場合[45]に，重要なアプローチである。

本章では，典型人構成を「アイデア」の組み合わせと表現してきた。それは，筆者の「オリジナル」として1から開発したものではないという意味を込めている。本来データを分析し，あるいはその構造を可視化するツールはかなり多様に開かれている。

しかし，私たちはともすれば既存の使い方に頼って，研究やデータ分析を発想してしまう。セットメニューのような分析手続き――たとば尺度を準備し，因子分析し，群に分けて検定する――もまた，選択肢の1つであると相対化すべきであろう。

重要なことは，そのツールの限界と可能性を認識して利用することであり，その研究文脈に応じた「組み合わせ方」ではないだろうか。ご紹介した分析法を直接，あるいは部分的に理解・継承していただけることが本章の目的の1つではあるが，もう1つ，関心やデータの性質に応じて分析ツールの組み合わせ方を工夫する，その仕方を批判的に読み取ってくだされさらにうれしく思う。

[45] たとえば，先の遊びの例でいえば，逆上がりの練習がいやでサボった場合は有効だろう。あるいは，自殺への態度調査のような，調査協力者に心理的負担がかかるような場合も，回答拒否は重要な変数になる。この点については以下を参照のこと。
川野健治・宮崎朋子・高崎文子・清水新二 2004 自殺問題に対する態度（1）――回答拒否データによる調査抵抗感の分析 日本社会心理学会第45回大会発表論文集，508-509.

Column 8

縦断研究における倫理：保育園というフィールドで

広瀬美和

　縦断研究ではどのような倫理的側面に配慮しなければならないのだろうか。近年日本発達心理学会も詳細なガイドラインを提供している（日本発達心理学会，2000）ことから，一般的な倫理問題はそちらに譲り，ここでは縦断研究ならではの倫理という点に焦点化して私の経験に基づいて考えたい。

　［研究対象者とのつきあい方の倫理］　研究の対象者になっていただく場合，特にフィールド研究などではその方々との信頼関係（ラポール）の形成が重要になる。それは縦断研究となるとなおさらである。なぜなら，たいした見返りもなく，短くても数か月から数年，長ければ十数年を通して，対象者につきあっていただかなくてはならないからだ。長期間の縦断研究の場合，多くの対象者を集めることが困難な上に，年数を経るごとに種々の理由で対象者に協力いただけなくなり，データがさらに減ることはある程度避けられないが，これも信頼関係の形成と無関係ではないだろう。

　私の場合は縦断研究の開始時には，保護者と園から許可を得た上で，保育環境を阻害せず，子どもの日常を乱さないことをただ心がけていればよいと思っていたが，実際に観察してみるとそう単純でないことがしだいにわかってきた。

　あるときふだんとは違う保護者が迎えに来られ，カメラを構えた私は明らかに違和感をもった視線にさらされあわてたことがあった。カメラは幼児にとっては好奇の対象であり，カメラに群がりそれが事故につながることもある。また園としては多少の事故やけがは体験させる方針のため，よほどの危険な場面でない限り，いざこざにも事故にも私は介入しない。しかし私は葛藤場面を対象に研究していることもあり危険に見える場面に遭遇することも少なくなく，つい手を出したい気持ちがわいてしまうこともあった。

　今私は，許可だけでなく送迎時の保護者との接し方や，園だよりの場を借りての定期的な説明，また園行事への参加とできる限りの協力も重視している。さらにできる限り黒子に徹しつつも，子どもを危険にさらさないよう細心の注意を払っている。また親しく接触するあまり，たとえば育児態度や方針に安易

に介入するなど，研究者としての範疇を超えて，対象者のプライベートな領域を侵してしまう危険性もあることを心にとめておく必要があると考えている。

　私は今4回目の卒園児を見送ろうとしている。長期にわたり観察してきた子どもたちの卒園となると感慨深く，思い入れや，保育士や家族を除けば誰よりも彼らをわかっているという自負もある。しかし同時に，自分の思いの強さを自覚しているがゆえに，フィールドへ過度に関与することのないよう注意したいとも思っている。アクション・リサーチのような研究は別として，通常の研究では適度な距離を保ちつつきあっていく「距離感覚」が大切だろう。

　こうした経験を積み重ねフィールドに入る場合，対象者は子どもでありながら，保育士や保護者の方々といった3方向との信頼関係形成を心がける必要があるということに気づいた。このように縦断研究の対象者とのバランスのとれた信頼関係の形成はきわめて重要であり，その意味では「裏の縦断研究法」ということもできるだろう。そしてそれは良質の縦断研究にもつながることだろう。

［研究対象者へのフィードバックの倫理］　フィールドと保護者へのフィードバックも信頼関係形成のためには重要だろう。数年，十数年にわたって協力いただく場合，最終的な結果が出るまで放っておいてよいものではない。たとえ途中経過であっても，その時点でどのような状態にあるのかを協力者にはどこかの時点で定期的に報告すべきだろう。自分からとられたデータがどのような状態にあるのかを，知らされないまま長期間つきあわされるのでは，研究者に対する信頼を失ったとしてもけっして不思議ではない。途中でフィードバックを行うことで，協力者との信頼関係を維持し，さらに良質な関係を継続していくことができるだろう。

　たとえば乳幼児を対象に研究を始めたのであれば，協力者の親子集会などを定期的に企画し，そこで報告を行うのも一案かもしれない。私の場合は，子どもたちの卒園ごとに保育士向けの報告の会を設けていただき，保護者の方々が報告書を閲覧できるよう，園に置かせていただいている。私の場合は，卒園ごとの報告会での保育士の方々からのご質問やご指摘が，計画の練り直しや，先述の思い入れや過度の接触の気づき，あるいは子ども・保育士（園）・保護者という3方向とのバランスのとれた関係形成・維持という，縦断研究での倫理への留意にもつながっていると思うのだ。

●引用文献

日本発達心理学会（監修）　古澤頼雄・斉藤こずゑ・都筑学（編著）(2000)『心理学・倫理ガイドブック：リサーチと臨床』有斐閣

Column 9

縦断研究とフィードバック

菅野幸恵

　初めて子どもをもつ家庭を対象として始めた縦断研究は今年で8年目に入る。この縦断研究プロジェクト（かんがるぅプロジェクトと呼んでいる）では，共同研究者や著者が個別に家庭を訪問し，親子の自由遊び場面の観察と親へのインタビューをおもに行っている。縦断研究を継続していくために研究協力者との関係作りは欠かせない。そこには当然フィードバックの仕方も関わってくる。

　フィードバックとは，研究結果を学会誌や学会において発表すること，研究協力者や研究協力機関に直接研究結果を報告することである（古澤ら，2000）。研究結果を学会等で発表することは研究者として当然しなければならないことである（このプロジェクトの学会発表はようやく20回を迎えた。ただ研究結果を協力者にどのように報告していくのかということも，協力者との関係を築いていく上では重要なことである。

　このプロジェクトでは，年に1回発行する「かんがるぅ通信」というミニ新聞紙上と，年に1回行う「かんがるぅ親睦会」という協力家庭に集まってもらう機会を通して研究結果を報告してきた。「通信」では研究結果の報告コーナーを設け，コラム形式で結果をできるだけわかりやすく（専門用語でなく母親たちの言葉で）報告している。「親睦会」は，研究者と協力者，および協力者どうしの交流と情報交換を目的に行っているもので，報告の時間はできるだけ子どもたちと離れ，親たちだけで話が聴けるようにしている。親睦会での報告は，当初研究者がレジュメやOHPを用意して，それを報告するというごく一般的な報告会の形をとっていた。何回目かの報告会を行うにあたり，共同研究者たちから従来のやり方ではどうしても研究者が一方的に話し，それを参加者が聞くという形になってしまうので，なんとかして参加者を巻き込む形で報告しようという提案があった。そこでプロジェクトのメンバーがさくらとなって登場するミニシンポジウムを行うことになった。具体的には，プロジェクトのメンバーが，結婚したばかりで近々親になる可能性のある者，未婚の者（この配役

は共同研究者のプライベートを反映している)としてシンポジウムに参加し，参加者にはフロアから子育て経験者として参加してもらうことにした。まずは研究結果の報告を簡単にしてから，さくらシンポジストがフロア(参加者)に対して具体的な質問を投げかけ，参加者に経験者の立場から意見を求めたのである。このしかけのお陰でそれまでの報告会よりも双方向的な形になり，「自分が苦労して考えて答えたものが，このようにまとめられるとわかってよかった」「子どもが生まれた当時の気持ちを思い出した」など，研究結果の報告に対する協力者たちの素朴な意見や感想を聞くことができた。

しかしフィードバックというのはたんに研究結果を報告するだけのものなのであろうか。家庭訪問の最中「よそのお子さん(お宅)はどうですか」という質問をよくされた。協力者たちはわれわれがいろいろな家庭に行っているのを知っているので，このような質問が投げかけられるのだが，ここでよその子どもや家庭の様子を伝えること(もちろんプライバシーには十分配慮しながら)も1つのフィードバックになるのではないだろうか。研究結果の報告(発表)はあくまでも研究者の問いに対する答えを報告するものである。よその子どもの様子を伝えることは本来の研究目的に沿うものではないが，協力者の問いに縦断研究を行う中で見聞きしたことに基づき答えるという意味では，1つのフィードバックであるといえないだろうか。実際よその子ども(家庭)の様子を話すと，「みんな同じなんだ」「うちの子だけじゃないんだ」と安心したり納得してもらえたようだった。また書籍や雑誌等に縦断研究を行う中で出会った数々のエピソードを紹介することも，直接協力者に還元されるものではないが，間接的に還元していることになるのではないだろうか(たとえば子育て中の母親が対象になっている雑誌にコメントを寄せることは，協力者と同じ立場の読者を通じて間接的に還元していることになる)。

フィードバックというと研究者の視点で行われた研究の結果の発表や報告を考えがちだが，研究協力者の視点を意識した還元の仕方もあるのではないだろうか。研究結果を義務として報告するだけで終わらせてしまうのではなく，協力者にとってわかりやすい報告を意識し(岡本，2001)，協力者(に近い立場の人々)からの問いに答えていくことも大切にしていかなければならない。

●引用文献

日本発達心理学会(監修)古澤頼雄・斉藤こずゑ・都築学(2000)『心理学・倫理ガイドブック――リサーチと臨床』有斐閣

岡本依子(2001)母子のやりとりを観る 尾見康博・伊藤哲司(編著)『心理学におけるフィールド研究の現場』北大路書房 Pp.38-47.

あとがき

　本書の成立経緯を述べることにより，あとがきに代えたい。本書は新たな認識論を発達研究法へと援用した「構造構成的発達研究法」を理論的，実践的に展開するものであり，特に「縦断研究法」に焦点化して編まれたものである。

　発達研究とは時間を内包する現象過程を扱う領域ということができる。しかし，これまで発達研究領域において，発達を，時間を内包する現象過程として捉えるための方法論は十分に整備されてこなかった。発達心理学や発達研究法に関するハンドブックのような著書は数多く公刊されているが，それらの方法・技術の部分をみればわかるように，経時的変化としての「動的な発達」を扱うための技法に焦点化してまとめられたものはほとんどみられなかったといえよう。

　こうした問題意識から，私は「縦断研究のための土壌創り：『縦断研究法』の体系化に向けて」という短い論文を書いたのだが，実際に縦断研究法を体系化しようと考えると，筆者の独力では手に余る仕事のように思えた。そこで卓越した縦断研究を行っている研究者を集めたラウンドテーブルを企画し，「歩きながら考える」という方法をとることにした。

　2002年の発達心理学会では，「『縦断研究法』の体系化へ向けて──縦断研究の特長を活かす具体的技術の探求」というラウンドテーブルを主催した。その時は，縦断データの中で特に分析が困難な中標本から多標本縦断データの特徴を十分に活かし研究論文をまとめている秦野悦子氏，川野健治氏を迎え，私自身はダイナミック・システムズ・アプローチの研究実践例を示した。なお，その際に，氏家達夫氏，山田一之氏には指定討論者として参加していただき，大いに議論を盛り上げていただいた。この場を借りてあらためて感謝申し上げたい。

　そしてその2年後の2004年の発達心理学会においても，「縦断研究法の体系化へ向けて2──質と量の特長を活かす技術・枠組みの探求」というラウンドテーブルを企画した。話題提供者には私の他に，荘島宏二郎氏（心理統計学者），松嶋秀

明氏（質的心理学者），山森光陽氏（教育心理学者）の20歳代を中心とする新進気鋭の研究者を，そして指定討論者には無藤隆氏，秦野悦子氏をお招きし，建設的な意見交換がなされた。話題提供者，指定討論者として2度のラウンドテーブルに参加し，議論を深めてくださった秦野悦子氏には，心から謝意を表したい。

　私は，この2回目の議論を重ねた後，縦断研究法の体系化の見通しが立ったように感じた。もちろん本書も縦断研究法の体系化という観点からすれば，十分にまとめられたとはいえないであろう。ただし，縦断研究法の網羅的な整備を目的とした場合は，それが達成されるのは10年，20年先になりかねないという危惧もあった。そして，それは発達心理学全体の発展という観点から総合的に考えて，よいことには思えずにいた。

　他方，私は「構造構成主義」という新たな原理・認識論・メタ理論となる枠組みの体系化を進めてきた（『構造構成主義とは何か』参照）。そして構造構成主義の原理を発達研究法へ導入し，「構造構成的発達研究法」を提唱してきた。この発達研究のメタ理論は拙著『母子間の抱きの人間科学的研究：ダイナミック・システムズ・アプローチの適用』で最初に展開されたものである。そこでは，構造構成的発達研究法の理論的原型が示されており，その著書自体が，その研究実践例でもあった。ただし，そこでは構造構成的発達研究法の十分な理論的説明はしておらず，また研究方法や実践例も充実させる必要があると考えていた。

　このように「縦断研究法」と「構造構成的発達研究法」とを個別に考え進めてきたのだが，ふとした時に——それは2004年春に非常勤先の大学に向かう電車の中だった——それらがある種の必然性を帯びた形で結びついたのである。というより，それらが結びついていたことに気づいたといったほうが適切かもしれない。

　構造構成主義を認識論とすれば，現象を第一義に尊重することになるため，必然的に発達現象の動的側面と多様性を視野に入れることになる。そして，そうした側面を研究する際には，多様で動的な発達を構造化するための方法論が求められることになる。このようにして「縦断研究法」は「構造構成的発達研究法」の方法論的中核に位置づけられることにより，それらが1つの体系として立ち現れたのである。

こうした経緯から，本書では構造構成的発達研究法を前面に出し，縦断研究法体系化の一里塚として公刊することにした。主題を「構造構成的発達研究法の理論と実践」とし，副題を「縦断研究法の体系化に向けて」としたのはこうした考えによる。

本書のモチーフに賛同し，執筆に尽力してくださった皆様に，編者としてあらためて感謝の意を表したいと思います。各章とも初稿から編者の高い期待を凌駕するすばらしい論考を送っていただき，大きな刺激と感銘を受けた。その後も，ご多忙な中，編者のコメントをたたき台に，さらにすばらしい論考に磨き上げてくださったことに心より御礼申し上げます。

そして1人ひとりが多様な発達を辿ることを教えてくださった縦断研究の協力者の皆様にも深く感謝いたします。また，本書のモチーフと独自の構成に賛同し，卓越した技能により出版を実現してくださった北大路書房の関一明氏に心より感謝いたします。

本書校正時に，私が研究者として大きな影響を受け，本書執筆者の多くがお世話になった足立自朗先生（埼玉大学名誉教授）の訃報に接しました。足立先生のお力添えがなければ，本書は企画されることもありませんでした。感謝申し上げるとともに，ご冥福をお祈りいたします。

執筆者全員の賛同のもとに，本書を故足立自朗先生に捧げたいと思います。
　2005年2月

編著者　西條剛央

〔執筆者紹介〕（執筆順）

西條剛央（さいじょう・たけお／1章・編者）

無藤　隆（むとう・たかし／2章）
1946年　東京都に生まれる
1977年　東京大学大学院教育学研究科博士課程中途退学
現　在　白梅学園短期大学学長・お茶の水女子大学客員教授
主　著　協同するからだとことば　金子書房　1997年
　　　　知的好奇心を育てる保育　フレーベル館　2001年
　　　　心理学（共著）　有斐閣　2004年

荘島宏二郎（しょうじま・こうじろう／3章）
1976年　神奈川県に生まれる
2004年　早稲田大学大学院文学研究科博士後期課程単位取得満期退学
現　在　独立行政法人大学入試センター研究開発部助手
主論文　項目反応理論における Cronbach の α 係数の推定（共著）　心理学研究，73(3)，227-233，2002年
　　　　実験計画のための項目反応モデル　心理学研究，73(6)，506-511，2003年
　　　　Linking tests under the continuous response model. *Behaviormetrika*, 30(2), 155-171, 2003.
　　　　テストが複数の出題形式を含むときの項目母数の推定（共著）　教育心理学研究，52(1)，61-70，2004年
　　　　連続反応モデルの等化係数の EM サイクル内非反復推定（共著）　行動計量学，31(2)，89-106，2004年

山森光陽（やまもり・こうよう／4章）
1975年　神奈川県に生まれる
2003年　早稲田大学大学院教育学研究科博士課程中途退学
現　在　国立教育政策研究所初等中等教育研究部研究員
主　著　英語教師のための教育データ分析入門──授業が変わるテスト・評価・研究（共編著）　大修館書店　2004年
主論文　中学1年生の4月における英語学習に対する意欲はどこまで持続するのか　教育心理学研究，52，71-82，2004年
　　　　Using cluster analysis to uncover L2 leaner differences in strategy use, will to learn, and achievement over time.（共著）*International Review of Applied Linguistics in Language Teaching*, 41, 381-409, 2004年

松嶋秀明（まつしま・ひであき／5章）
1972年　滋賀県に生まれる
2003年　名古屋大学大学院教育発達科学研究科博士後期課程修了
現　在　滋賀県立大学人間文化学部講師［教育学博士］
主　著　私たちを知る心理学の視点（共著）　勁草書房　2004年
　　　　ワードマップ質的心理学（共著）　新曜社　2004年
主論文　非行少年の「問題」はいかに語られるか──ある更生保護施設職員の語りの事例検討　発達心理学研究，14，1-11，2004年

川野健治（かわの・けんじ／6章）
1962年　大阪府に生まれる
1996年　東京都立大学人文科学研究科博士課程中途退学
現　在　国立精神・神経センター精神保健研究所心理研究室長
主　著　間主観性の人間科学（共著）　言叢社　1999年
　　　　身体から発達を問う──衣食住のなかのからだとこころ（共編著）　新曜社　2003年
主論文　精神分裂病から統合失調症への呼称変更が偏見に与える影響　精神保健研究，49，73-78，2003年

陳　省仁（ちん・せいじん／コラム1）
1946年　台湾・新竹県に生まれる
1984年　北海道大学教育学研究科博士課程単位取得退学
現　在　北海道大学大学院教育学研究科教授［教育学博士］
主　著　Japanese Childrearing: Two Generations of Scholarship.（共著）　Guilford Press, 1996年
　　　　Images of Childhood.（共著）　LEA, 1996年
　　　　子育ての発達心理学（共著）　同文書院　2003年
　　　　「個の理解」をめざす発達研究（共著）　有斐閣　2004年

近藤清美（こんどう・きよみ／コラム2）
1955年　京都府に生まれる
1985年　大阪大学大学院人間科学研究科博士課程修了
現　在　北海道医療大学心理学部教授［学術博士，臨床発達心理士，臨床心理士］
主　著　社会・情動発達とその支援（共著）　ミネルヴァ書房　2002年
　　　　共同注意の発達と臨床（共著）　川島書店　2004年

金子龍太郎（かねこ・りゅうたろう／コラム3）
1956年　広島県に生まれる
1981年　広島大学大学院教育学研究科修士課程単位取得満了
1985年　社会福祉法人広島修道院児童指導員
現　在　龍谷大学社会学部教授［学術博士］・NPO法人子どもの村を設立する会代表
主　著　実践発達心理学——乳幼児施設をフィールドとして　金子書房　1996年
　　　　傷ついた生命を育む——虐待の連鎖を防ぐ新たな社会的養護　誠信書房　2004年

根ヶ山光一（ねがやま・こういち／コラム4）
1951年　香川県に生まれる
1977年　大阪大学大学院文学研究科博士課程単位取得退学
現　在　早稲田大学人間科学学術院教授［博士（人間科学）］
主　著　子別れの心理学（共著）　福村出版　1995年
　　　　母性と父性の人間科学（共著）　コロナ社　2001年
　　　　発達行動学の視座——〈個〉の自立発達の人間科学的探究　金子書房　2002年
　　　　身体から発達を問う——衣食住のなかのからだとこころ（共著）　新曜社　2003年

明和政子（みょうわ・まさこ／コラム5）
1970年　富山県に生まれる
1999年　京都大学大学院教育学研究科博士後期課程修了
現　在　滋賀県立大学人間文化学部講師［博士（教育学）］
主　著　Primate Origin of Human Cognition and Behavior. Springer, 2001年
　　　　カタログ現場心理学——表現の冒険（共著）　金子書房　2001年
　　　　チンパンジーの認知と行動の発達（共著）　京都大学学術出版会　2003年
　　　　なぜ「まね」をするのか　河出書房新社　2004年
主論文　Factors influencing imitation of manipulatory actions in chimpanzees (Pan troglodytes).（共著）Journal of Comparative Psychology, 113, 128-136, 1999年
　　　　Preference for human direct gaze in infant chimpanzees (Pan troglodytes).（共著）Cognition, 89, B53-B64, 2003年
　　　　Imitation in neonatal chimpanzees (Pan troglodytes).（共著）Developmental Science, 7, 437-442, 2004年

白井利明（しらい・としあき／コラム6）
1956年　愛知県に生まれる
1984年　東北大学大学院教育学研究科博士課程後期中途退学
現　在　大阪教育大学教育学部教授［博士（教育学）］
主　著　時間的展望の生涯発達心理学　勁草書房　1997年
　　　　生活指導の心理学　勁草書房　1999年
　　　　［図解］よくわかる学級づくりの心理学　学事出版　2001年
　　　　＜希望＞の心理学——時間的展望をどうもつか　講談社　2001年
　　　　大人へのなりかた——青年心理学の視点から　新日本出版社　2003年

則松宏子（のりまつ・ひろこ／コラム7）
1965年　福岡県に生まれる
1998年　フランス国立社会科学高等研究院心理学博士課程修了
現　在　トゥールーズ第二大学　心理学教育研究機関発達心理学部助教授［心理学博士］
主　著　*Propos sur l'enfant et l'adolescent : quels enfants, pour quelles cultures.*（共著）l'Harmattan, 1999年
　　　　共同注意の発達と臨床（共著）　川島書店　2004年
主論文　Development of child autonomy in eating and toilet training: one to three year-old Japanese and French children. *Early Development and Parenting*, vol. 2(1), 39-50, 1993年
　　　　Conceptions japonaises sur l'enfance et stratégies éducatives parentales : approche culturelle comparative. *Japon Pluriel*, 5, 349-361. Editions Philippe Picquier, 2004年

広瀬美和（ひろせ・みわ／コラム8）
1971年　東京都に生まれる
1995年　東京女子大学現代文化学部コミュニケーション学科卒業
2000年　早稲田大学人間科学部学士編入
2004年　早稲田大学大学院人間科学研究科前期課程修了
現　在　早稲田大学大学院人間科学研究科博士後期課程在学

菅野幸恵（すがの・ゆきえ／コラム9）
1971年　神奈川県に生まれる
1999年　白百合女子大学大学院文学研究科博士課程中途退学
現　在　青山学院女子短期大学児童教育学科専任講師
主　著　心理学におけるフィールド研究の現場（共著）　北大路書房　2001年
　　　　エピソードで学ぶ乳幼児の発達心理学（共著）　新曜社　2004年
主論文　母親が子どもをイヤになること：育児における不快感情とそれに対する説明づけ　発達心理学研究, 12, 12-23, 2001年

〔編著者紹介〕

西條剛央（さいじょう・たけお）
 1974年　宮城県仙台市に生まれる
 2002年　次世代人間科学研究会設立・主宰
 2002年～2004年　日本学術振興会特別研究員
 2004年　早稲田大学大学院人間科学研究科にて博士号（人間科学）取得
 2005年3月現在　非常勤講師として以下を兼任。東洋大学（人間関係論），立教大学（社会論），東京福祉大学（社会心理学・生涯発達心理学・児童心理学・心理学基礎実験）。また，研究生として国立精神・神経センター精神保健研究所にも所属。

主　著　母子間の抱きの人間科学的研究：ダイナミック・システムズ・アプローチの適用　北大路書房　2004年
   構造構成主義とは何か：次世代人間科学の原理　北大路書房　2005年

主論文　縦断研究のための土壌創り：「縦断研究法」の体系化に向けて　発達心理学研究，12, 242-244. 2001年
   母子間の「横抱き」から「縦抱き」への移行に関する縦断的研究：ダイナミックシステムズアプローチの適用　発達心理学研究，13, 97-108. 2002年
   菅原ら論文（1999）を改めて検証する：発達研究枠組みの再考（共著）　発達心理学研究，14, 90-92. 2003年
   母子間の"離抱"に関する横断的研究：母子関係を捉える新概念の提唱とその探索的検討　発達心理学研究，15, 281-291. 2004年

構造構成的発達研究法の理論と実践
――縦断研究法の体系化に向けて――

| 2005年3月10日 | 初版第1刷印刷 | 定価はカバーに表示 |
| 2005年3月20日 | 初版第1刷発行 | してあります。 |

<table>
<tr><td>編 著 者</td><td>西 條 剛 央</td></tr>
<tr><td>発 行 者</td><td>小 森 公 明</td></tr>
<tr><td>発 行 所</td><td>㈱北大路書房</td></tr>
</table>

〒603-8303 京都市北区紫野十二坊町12-8
電　話　(075) 4 3 1 - 0 3 6 1 (代)
ＦＡＸ　(075) 4 3 1 - 9 3 9 3
振　替　0 1 0 5 0 - 4 - 2 0 8 3

Ⓒ2005　印刷／製本　亜細亜印刷㈱
検印省略　落丁・乱丁本はお取り替えいたします

ISBN4-7628-2428-3　　　Printed in Japan